SDGs
の基礎
～みずから学ぶ世界の課題

BASICS OF SDGS:
AN INTRODUCTION TO GLOBAL ISSUES

武蔵野大学教養教育部会 編著

まえがき

　SDGsに関する本は世に溢れています。新書の形をとる懇切な概説書から、色鮮やかな写真をふんだんに使用した啓蒙書に至るまで、書店の棚（Webページ）の実にたくさんの本が、書名にSDGsの文字を躍らせています。いま試みに世界最大の書籍検索サイトに「SDGs」の文字列を入れたところ1,520,000件という数字が現れました。「SDGsバッヂ」などの商品も含まれているようですから、この中のどれほどの数がSDGsについての本なのかわかりませんが、雑誌の特集等も数えるなら、電子ブックも含めてかなりの数の本がSDGsを扱っているであろうと想像できます。

　このようにSDGsの本が世の中に溢れかえっている状況で、あえて新たな1冊を作ろうと思い立つ理由は、ここに1つの形を取った「他ならぬこの本」を読んでほしいと思う読者が、われわれの身近にたくさんいるからです。彼ら・彼女らにぜひ読んでほしい、ぜひ読んでもらって感想がほしい、ずばり批評してほしい。そう思う読者の顔が、さまざまな個性溢れる表情をともなって、一つひとつ思い浮かんでくるからです。

　これは、大学に入ってすぐ、青葉の緑がみずみずしい季節に、新入生たちが初年次教育の一科目として受講する「SDGs基礎」の授業で使用する教科書として作られました。隣の机に座って無愛想な顔をしているコイツは誰だ。うしろの席に座っていてやたら目立つ派手なアイツは誰だ。おや、教壇にちょっと垢抜けないのが現れた。大学の先生って、いったいどんな人種なのだろう。ちょっとコワそうな雰囲気で、おや、いま口を開いた……。

　この本は、そんな期待と混乱と出会いとすれ違いが渦巻く新学期の教室で、新入生たちに読んでもらいたい教科書です。大学で学ぶことの意味がまだわからずにいる、でも学びたい意欲にあふれている学生たちを目当てに書いた教科書です。彼ら・彼女たちにこの本を読んでほしい、彼ら・彼女たちならここは理解してくれるだろう。ここはむずかしいかもしれないから、教室で補足しておく必要がありそうだ……。これは、そんなふうにあれこれ考えながら作った教科書です。

　そもそも大学に入学したての、昨日までは高校生（予備校生、etc...）だった彼ら・彼女たちは、SDGs（持続可能な開発目標）についてどれほどの知識を持っているのでしょう。SDGsにつ

いてどこから説明を始めればいいのでしょう。教室には実に多様な学生が混じっています。「SDGsは小学校の時から勉強しました」という学生がいてもおかしくはありません。一方で「SDGs」の読み方すらあやしい学生がいてもおかしくはありません。大学の初年次教育であれば、どんな科目であれ多かれ少なかれ問題となる、はじめかたの難しさにも、この本は配慮したつもりです。

　本書は、武蔵野大学の全学共通基礎課程「武蔵野INITIAL」で開講されるSDGs科目のうち「SDGs基礎」の授業で使用することを想定して作成した教科書です。武蔵野大学の「武蔵野INITIAL」には建学科目、情報科目、外国語科目、スポーツと身体科学、教職科目、司書科目などが配置されていますが、SDGs科目はそれらの中でも基礎科目の中核と位置づけられる重要な科目です。

　SDGs科目はさらに「SDGs基礎」と「SDGs発展」とに分かれます。SDGs発展は、武蔵野大学の各学部・学科の先生方に輪番で担当をお願いし、SDGsのいずれかのゴールについて、専門の立場から深く掘り下げた内容の講義を行っていただいています。学生にはなるべく多様な領域に触れてもらえるよう、3つの分野から3つの授業を選択してもらう設計になっています。

　SDGs基礎は、新入生全員が新学期の始めの7週間、少人数クラスの教室で学ぶSDGs入門の授業です。SDGsについて初めて耳にする学生も、高校までの教室で多少学んできている学生も、同じクラスで、同じ教科書を使って、1からSDGsを学ぶ。この教科書は、そのような授業での使用を想定して作られています。

　第Ⅰ部「SDGsはじめの5講」は、全く初めてSDGsに触れる学生も、ある程度予備知識を持つ学生も、SDGsがこころざすものが何であるか、ある程度見通しがつけられるよう工夫しました。SDGsが英語で記されているというあたりまえの事実に立ち返って、英語と日本語という異質な言語の橋渡しを試みたのも第Ⅰ部の特色です。

　第Ⅱ部は、SDGsがわれわれに投げかける課題を中心に、SDGsを理解するため最も重要となるトピックを、それぞれのご専門の先生に論じていただきました。なかには、SDGsをとりまく現在の論調とは相容れない趣旨のものも含まれますが、これは自由な言論を重んじる大学という場で編まれる本である以上当然のことです。また、SDGsの諸問題を哲学的に考えた際

の不思議さ・面白さは大学でこそ味わえるものです。

　第Ⅲ部は、総合大学としての武蔵野大学の強みを活かし、学部・学科の先生方から、大学の学問とSDGsについて自由に書いていただきました。学問分野によって、あるいは専門的な訓練の違いによって、SDGsがどれほど多様なあらわれを示すのか、いかにたくさんの（未知の）問題につながっていくのか、考え方の違い、取り組み方の違いがどんなにたくさんあるものなのか。そのことがよくわかることでしょう。

　武蔵野大学のSDGs科目は、2021（令和3）年に開講されました。まだ新型コロナウイルス感染症による大学の混乱が十分には収まっていなかった時期です。カリキュラム改革と授業設計に追われ、当初から構想はあった教科書の編纂がやや後まわしになってしまったのは残念です。SDGs科目という、全く新しい科目の教科書をどう編纂すればよいのか、イメージしにくかったという事情もありました。ともあれ2022（令和4）年3月末に編纂の作業を始め、6月におおよその構成を固めて、7月には原稿の依頼が始まりました。執筆の依頼に快く応じていただいた先生方には感謝のことばもありません。この場を借りて深くお礼申し上げます。

　本書は武蔵野大学のSDGs科目の教科書という体裁をとりますが、多くの一般読者にも手に取っていただきたいと考えています。この本には類書にない強みがあるとひそかに自負しています。また、この本を通じて武蔵野大学についての一層の理解が深まればとも願っています。

　本書によって、多くの方々とご縁が結ばれますよう。

武蔵野大学教養教育部会

部長　菅原　克也

＊【注・参考文献】（pp. 218-229）にはインターネットのURLを含むものがあります。アクセスを容易にするためURLのリンクを埋め込んだ【注・参考文献】のファイルを用意しました。ファイルには https://www.cis-trans.jp/basis_sdgs/ または右のQRコードから無料でアクセスできます。

Contents

第Ⅲ部　SDGsと大学

第Ⅰ部

SDGs
はじめの5講

SDGsはじめの**第1講**

1. SDGsとは何か

　SDGsとはSustainable Development Goals の略で「持続可能な開発目標」と訳されます。これは2015年9月の国連サミットで採択された「持続可能な開発のための2030アジェンダ」に記載された開発目標で、2030年を達成すべき年に定めています。

　SDGsは17のゴール（goal）と169のターゲット(target)から成ります。日本語ではgoalもtargetも同じく「目標」と訳すことができますが、SDGsを話題にする際には両者を区別してgoalをゴール、targetをターゲットとして論じることが多いようです。17の目標に続いて列挙されるターゲットには、より具体的な到達目標が示されています。

　＊ SDGs は SDG (Sustainable Development Goal)の複数形を表します。読み方は「エス・ディー・ジーズ」です。17のゴールそれぞれが Sustainable Development Goal です。
　＊アジェンダ（agenda）とは一般に政策的課題を意味します。

2. SDGsの理念

5つの観点（5つのP）

　「2030アジェンダ」は、2030年までに我々がとるべき行動を、人間、地球、繁栄、平和、パートナーシップという5つの観点から論じています。5つの観点は、英語で表すと People（人間）、Planet（地球）、Prosperity（繁栄）、Peace（平和）、Partnership（パートナーシップ）となり、5つのPともいわれます。以下にその要点を箇条書きにしてみましょう (UN, 2015)。

◎人間
　貧困と飢餓に終止符を打つ。人々が生きる上での尊厳と平等と健康を重視する。

◎地球

持続可能な消費行動、生産活動を促す。天然資源を適切に管理し、気候変動に対処する。

◎繁栄

豊かで充実した生活の実現と、自然環境と調和した経済、社会、科学技術の進展を目指す。

◎平和

恐怖や暴力のない、平和で、公正で、誰も排除しない社会の実現を求める。

「平和なくして持続可能な開発なし、持続可能な開発なくして平和なし」とされる。

◎パートナーシップ

国際協調によってさまざまな手段を講じ、目指すことがらの実現を図る。最も貧しい人々、最も弱い立場にある人々が何を必要としているかに着目し、すべての国、人類社会のすべての当事者、すべての人々に参加を求める。

以上、5つの観点から論じられていることを具体的に記述したのが、17のゴールと169のターゲットです。

「誰ひとり取り残さない」

SDGsが掲げる理念に「誰ひとり取り残さないleave no one behind」があります。この言葉は「2030アジェンダ」では、次のような文脈の中にあらわれます。

　　人類と共に歩みだすこの壮大な旅において、我々は誰ひとり取り残さないことを誓う。人間の尊厳こそすべての根元にあるとの認識に立つ我々は、ここに示すゴールとターゲットが、すべての国々、すべての人々、社会のすべての層に見あうものであることを願う。その上で我々は、はじめに、最も遅れたところにある人々に手を差しのべようと努める。

ここで「すべての」とされることを確認しておきましょう。

国については、世界の多くの国々の中でも、特にアフリカ、後発開発途上国、内陸開発途上国、小島嶼開発途上国などに目を向ける必要があります。

＊後発開発途上国（Least Developed Countries）とは、国連が認定する特に開発の遅れた国々。2021年には46カ国が認定されている。

＊内陸開発途上国（Landlocked Developing Countries）とは、国土が海から隔絶され、社会発展上の制約を抱える途上国。32カ国あり、うち17カ国は後発開発途上国。

＊小島嶼開発途上国（SIDS：Small Island Developing States）とは、小さな島で構成され、海面上昇の影響を受けやすい発展途上国。38の国連加盟国が該当する。

人及び社会層については、子どもや若年層、障害者、難病に苦しむ人々、高齢者、先住民、難民、移民、避難民等、いわゆる弱者とされる人々や、貧困にあえぐ人々などが、特に配慮を必要とする対象となるでしょう。

「2030アジェンダ」の「誰ひとり取り残さない」取り組みにおいては、こうした多様な国々や人々に目を向けることが求められています。いわゆる先進国とそこに生きる人々も、今日様々な状況に苦しめられています。SDGsは先進国も発展途上国もひとしく取り組むべきユニヴァーサルuniversalな（万人に共通の、全世界で取り組むべき）目標とされています。

3. SDGsのゴールとターゲット

SDGsには17のゴールがありますが、それぞれのゴールにはターゲットが定められています。169あるターゲットには、17のゴールの内容に対応する記述が盛りこまれています。

ゴール1は「貧困をなくそう」（あらゆる場所で、あらゆる形の貧困をなくす。）ですが、これには5つのターゲットが続いています。ゴールとターゲットがどのような関係にあるのかを理解するために、ゴール1のターゲットを以下に示します。

【1.1】

2030年までに、現在は一日1.25ドル未満での生活と定義される極端な貧困を、あらゆる地域のあらゆる人々から根絶する。

【1.2】

2030年までに、各国の指標によって、あらゆる面から貧困状態にあると見なされる、すべての年齢層の男性と女性及び子どもたちの比率を、少なくとも半減させる。

【1.3】

すべての人々のため、各国の基準に照らし適切とされる社会的保護制度及び施策を、最低限の保障を含めて実現し、2030年までに貧困・弱者層の十分な保護を達成する。

【1.4】

2030年までに、すべての男性と女性、ことに貧困・弱者層に対し、経済的資源への同等の権利を保障するとともに、基本的サービスの利用機会、土地及びその他の財産の所有権と管理権限、相続権、天然資源、適切な新技術やマイクロ・ファイナンスを含む金融サービスを確実に提供する。

【1.5】

2030年までに、貧困・弱者層の復元力を強化し、貧困・弱者層が、激烈な気象現象やその他経済、社会、環境に関わる突発的事象及び災厄の危険に曝され、脅かされることを減らす。

【1.a】

発展途上国、特に最も開発の遅れた国が、あらゆる次元の貧困状態をなくすための計画や政策を実行に移すにあたり、適切かつ予測可能な手段が講ぜられるよう、開発協力を促進することなどにより、多種多様な資源を最大限活用できるよう努める。

【1.b】

貧困層を支援し、かつジェンダーに配慮した開発戦略を基盤とする、国、地域、国際的レベルでの適正な政策的枠組みを作りだし、貧困根絶のための行動に対する投資拡大を促す。

ゴール1では、貧困をなくすことが課題となります。この課題に取り組むためには、そもそも貧困とはどのような状態をいうのか、貧困をなくすにあたり何を指標とすべきか、何をする必要があるのかを明確にする必要があるでしょう。ターゲットは具体的にその点に言及しています。

1.1において、一日1.25ドル未満で暮らす状態と定義されている貧困は「絶対的貧困」と呼ばれるもので、すべての国・地域に暮らす人々にあてはまるものです。それに対して1.2は、国・地域によって経済状態が大きく異なる点を考慮し、それぞれの国や地域の基準で貧困と見なされる人々に言及しています。豊かだとされる国・地域にも貧困に苦しむ人々はたくさんいます。前者（絶対的な貧困に苦しむ人々）は2030年までに根絶し、後者（それぞれの国・地域で貧困と見なされる人々）は半減させるというのが、ゴール1のターゲットです。以下、1.3は貧

困層の保護について、1.4は貧困層に保障すべき権利と提供すべきサービスについて、1.5は人々が貧困を脱するための条件の整備について述べています。1aと1bは実施手段とされるものです。1aは発展途上国について、1bはより一般的な貧困対策の政策課題について述べています。

＊絶対的貧困の指標とされる国際貧困ラインは現在一日 1.25 ドルから 1.90 ドルに引き上げられています。

＊貧困の定義としては、絶対的貧困のほかに「相対的貧困」があります。これは「貧困線」を下回る場合について言うもので、貧困線とは、等価可処分所得（世帯の可処分所得──収入から税金・社会保険料等を除いたいわゆる手取り収入──を世帯人員の平方根で割って調整した所得）の中央値の半分の額をいいます（厚生労働省）。算出方法は経済協力開発機構 Organisation for Economic Cooperation and Development（OECD）の作成基準に基づくものです。日本独自の貧困の定義はありません。

このように、17のゴールのそれぞれについて、その課題をより具体的に理解するためには、それぞれのゴールに続いて記載されているターゲットをも、よく読んでおく必要があります。

＊SDGs の 17 のゴールについては第 3 講と第Ⅱ部第 2 章で詳しく紹介します。ターゲット本文については巻末の参考文献を参照してください。

SDGsはじめの第2講

1. 持続可能な開発

　SDGsのゴールとターゲットを考えるためには、はじめに「持続可能な開発sustainable development」という言葉と、その意味を確認しておく必要があります。なかでも「持続可能なsustainable」という形容詞で表される「持続可能性sustainability」（サステナビリティ）という概念について理解しておかなければなりません。

「ブルントラント報告書」

　「持続可能な開発」という言葉は、1987年に開かれた「環境と開発に関する世界委員会」の報告書「我々の共通の未来Our Common Future」を通じてよく知られるようになりました。委員長を務めたブルントラント元ノルウェー首相（1939 ～）の名をとって「ブルントラント報告書」とも呼ばれるこの文書において、「持続可能な開発」は以下のように定義されています（UN, 1987）。

> 将来の世代が自分たちの欲求を満たそうとする力をそこなうことなく、現在の欲求を満たす開発
> development that meets the needs of the present without compromising the ability of future generations to meet their own needs

　つまり、将来の世代が自分たちのさまざまな欲求（これには健康で文化的な生活を送るための最低限の欲求が含まれるでしょう）を満たそうとするとき、環境や資源の制約のためその力を十分に発揮できないような状況——やむを得ず妥協せざるを得ない状況——を招くことのないよう十分配慮した上で、現在私たちが必要と認める開発を進めるべきだ、ということです。
　「開発」ということばについて、上記「ブルントラント報告書」は、「環境」とからめて以下

のようにいっています。

> …「環境」とは我々が生活する場のことであり、「開発」とは、自分たちが住む場所において、自分たちの境遇をよりよいものにしようと、我々が行う努力を意味する。両者は不可分の関係にある。

developmentの訳語としての「開発」という言葉は、ブルドーザーで森の木を切り倒したり、海を埋め立てたりするイメージを持つことがありますが、ここでは生存の条件として与えられている環境において、我々が日々営んでいる生活のありかたそのものを意味していると考えられます。よりよく生きようとするのは人間の本性であり、我々はそのための努力を惜しまない存在だからです。

「環境」と「開発」

「持続可能な開発」という言葉は、先進国と呼ばれる国々が重視する「環境」の立場と、発展途上の国々が求める「開発」の立場との、両者に配慮した表現であったとされます。1970年代には、大気汚染や水質汚濁といった環境破壊の現実を前に、先進国において環境意識が一気に高まりました。一方、発展途上国では、貧しさから脱却するための経済成長がなお重視されていました。環境を保全しようとするなら開発は制限されざるを得ないのではないか。そのような途上国の懸念にこたえつつ、環境と開発の両立を図ろうとしたのが「持続可能な開発」という概念だというわけです。

そもそもdevelopmentを「開発」という日本語に置き換えることが問題だとする立場もあります（本書第Ⅱ部第3章、及び蟹江, 2020）。確かにdevelopという動詞には、潜在的なものを引き出す、発現させる、という意味があります。そうした立場からは「持続可能な発展」という表現がよりふさわしいとされます。これは「ブルントラント報告書」にあらわれる考え方により近いと考えられます。

「強い持続可能性」と「弱い持続可能性」

ただし「持続可能な開発」という言葉の意味、特に「持続可能性」については、やや曖昧なところが残ります。

本書第Ⅱ部第3章では、「強い持続可能性」と「弱い持続可能性」という概念が紹介されて

いEます。「強い持続可能性」とは、人間は自然資本（太陽光をはじめ大気や海や森林や大地といった自然が与えてくれるもの）の制約を超えて成長することは不可能だと考え、自然にとって最適な規模を探りつつ経済の成長を図るべきだとする立場を反映する考え方です。一方、「弱い持続可能性」とは、自然資本は人間が作り出すものによって代替が可能だとする立場を反映しています。両者は自然観そのものを異にしており、「持続可能性」について共通の理解を得ることは、いまのところ困難だと見られています。そのため「持続可能性とは何かという問いに対する国際社会での確固とした定義や共通理解はいまだ確立されていない」（一方井）ともされます。

世界の人口はいまも増加の一途をたどっています。1950年に約24億人だった人口は、1980年には約44億人にふえ、2022年には80億人に達しました。およそ70年の間に3倍以上になったわけです。増加する人口を支えるには「自分たちの境遇をよりよいものに」するための「開発」が必要になります。一方で、環境保全の取り組みを後退させることもできません。「持続可能な開発」は、この2つの要請を同時にかなえようとする立場を表現しています。我々は「強い持続可能性」を追求すべきなのか、あるいは「弱い持続可能性」の維持で十分なのか。その点については、これから広く社会全体で議論していく必要があります。

2．SDGsの目標にあらわれることばと概念

あらためて言うまでもなく、国連が策定したSDGsの17のゴールと169のターゲットは英語で書かれています。わたしたちの多くはこれを日本語訳で読むことになりますが、英語を日本語にうつすにあたり、的確な訳語を定めにくい場合が少なからずあります。sustainable developmentを「持続可能な開発」とするか「持続可能な発展」とするかという問題なども、この例にあたります。また、日本語訳を読んだだけでは意味のとりにくいものがあるのも事実です。ここでは、ゴールとターゲットにあらわれる重要な語で、原文のニュアンスが日本語では伝わりにくいものをいくつか取り上げることにします。

inclusive　誰も排除しない

inclusiveということばは、動詞のinclude（含む、含める）及び名詞のinclusion（包摂、包含）から派生する形容詞で、一般に「包摂的」「包括的」と訳されますが、SDGsでは「誰も排除しない」という意味で使われています。誰もが受けられる教育（ゴール4）、誰もがその恩恵にあずか

ることのできる産業化（ゴール9）、誰もが受け入れられる社会（ゴール16）といった文脈に、このinclusiveという語はあらわれています。近年は「インクルーシブ」とそのままカタカナで表記する例も多く見られます。

includeの反意語はexclude（除外する、排除する）で、名詞はexclusion（除外、排除）です。この「エクスクルージョン」の社会的な意味は以下のように定義されます（UN, 2016）。

> 個人が経済的、社会的、政治的、文化的生活に十分に参加できない状態、またそのような状態を引きおこし、その状態を持続させるプロセス。

これとは正反対の状態を表す「インクルージョン」の社会的意味は次のように定義されます（UN, 2016）。

> 年齢、性別、障害、人種、エスニシティ（ethnicity）、出自、宗教、貧富の状態、及び他の社会的地位により不利益を被っている人々が、機会向上、社会的資源の提供、発言権と諸権利の尊重を通じ、社会に参加する条件を改善していくプロセス。

したがって「インクルーシブ」とは、このようなプロセスを推し進める社会的条件が整った状態を表すことになります。SDGsではこの意味をやや拡張して用いています。

近年、日本では「インクルーシブ教育」という表現を目にすることが多くなりました。これは障害の有無、程度にかかわらず、すべての子どもを受け入れる教育のことです。人間の多様性の尊重という理念のもと「障害のある者とない者が共に学ぶ仕組み」であり、障害者を排除せず、個人に対し「合理的配慮reasonable accommodation」を提供することが求められています（文部科学省, 2012）。この場合は「誰も取り残さない教育」という意味で理解すべきでしょう。

また、誰もが受け入れられる社会では、国連憲章にもあるように、人種、肌の色、性別、言語、宗教、政治的信条、国籍、社会的出自、貧富、家系等によって差別されることがあってはなりません。現在は、性的志向に関わる問題が大きな話題になっていますが、差別の撤廃という観点からもinclusive（誰も排除しない）という語は捉えておく必要があるでしょう。

つまりinclusiveという語は、「2030アジェンダ」にうたわれる「誰ひとり取り残さない」という理念と響きあうことばだということになります。

resilient　復元力のある／強靱な

　resilientということばは名詞のresilience（弾力、弾性、復元力、回復力、元気）から派生する語で「（病気や逆境から）立ち直る力がある、すぐに元気を取り戻す」という意味を持ちます。一般には「復元力のある」「強靱な」と訳されますが、意味内容を簡潔な日本語で表現するのが難しいため「レジリエント」とカタカナで表記されることもあります。SDGsのゴールでは、復元力のある強靱な社会経済基盤（ゴール9）、復元力のある強靱な都市（ゴール11）といった表現の中にあらわれています。

　ある経済学者によれば、「レジリエント」であるとは、ショックが生じた時に対策を講じ得ること、その後の事態に対処できる力を有することです。ショックから立ち直る力、復元力が重視され、あくまで抵抗し耐える力を意味するrobust（頑強、剛い）とは区別されます（Brunnermeier, 2021）。「ショック」には天変地異や疫病や戦争や経済不況などさまざまなものがあるでしょう。

　インフラ（infrastructure: 道路、橋、鉄道、上下水道網といった社会経済生活の基盤）や都市がレジリエントであるとは、地震や風水害、火災などの災害に見舞われた場合、これに対応する力を持ち、災害の後もいちはやく元の状態を回復する力、復元力があるということです。復元力があるからこそ、インフラや都市が「強靱」であると見なされることになります。

　一方で、第1講で紹介したゴール1のターゲットには「貧困・弱者層の復元力 the resilience of the poor and those in vulnerable situations」という表現もあらわれます。貧困・弱者層は、自然災害や、伝染病、戦争、暴動、経済不況といった事態の影響を最も受けやすい人々です。そのような人々が災厄を生き延び、困難にうち勝ち、生活を守っていく力を、この場合はレジリエンスという表現で言い表していると考えられます。

　ちなみに、ここにあらわれるvulnerableという形容詞は「2030アジェンダ」やSDGsのターゲットに頻出する語です。「影響を受けやすい、傷つきやすい、損害を被りやすい」という意味の形容詞で、「脆弱な」とも訳されますが、多くは社会的弱者と社会的弱者が置かれている状況をさしています。

well-being　生活の充足

　well-beingは「幸福、安心、健康」などと訳されますが、いずれもwell-beingの意味を的確には捉えきれていません。そのため、これについても「ウェルビーイング」とカタカナで表記

して済ませてしまうことがあります。

　well-beingとは、身心が健康でいられる状態、社会的存在としての自己を肯定できる状態、「生きていてよかった」と思える条件が揃っていることです。happiness（幸福）が、人それぞれの心の持ち方に依存するところが大きい、主観性に強く依存する概念であるの対し、well-beingは、第三者が見てもある程度は確認可能であるような状態です。人が幸福であるための必要条件といってもいいかもしれませんし、逆境に対する「順境」であると考えてもよいでしょう（ただし逆境にあってなお幸福であるという人がいてもおかしくはありません）。

　well-beingの反意語はill-being（イルビーイング）で、社会的に劣位にある（と感じる）こと、孤立していること、身体的に虚弱であること、外的影響（自然災害、戦争、経済不況等）に対し脆弱であること、無力で屈辱感を持つこと、などを表します（SDC）。これを裏返した意味を持つ「ウェルビーイング」は、物質的に恵まれていること、身体的に恵まれていること、人間関係・社会関係に恵まれていること、行動と選択の自由があること、安全安心であること、などを意味します。

　このことばがあらわれるゴール3は「すべての人に健康と福祉を」ですが、この場合の「福祉」は、身体の健康とともに忘れてはならない、生活の充足を表します。「福祉」ということばによって一般に了解される、公的扶助等によって物質的な生活の安定を図ることは、その前提であると考えるべきでしょう。ちなみに、漢語としての「福祉」には、本来「さいわい、幸福」という意味があります。【ゴール3：すべての人に健康と福祉を】の「福祉」は、そのような広い意味で捉えておかなくてはなりません。

1. SDGsの17のゴール

　SDGsには17のゴールがありますが、具体的に何がめざすべき目標と定められているのでしょうか。ここでは17のゴールの英語原文とその日本語訳をあらためて1つひとつ確認していくことにします。SDGsについては17の標語（ゴール1であれば【貧困をなくそう】の部分）がよく知られていますが、後に続く内容もしっかり読んで、内容の理解を深めておく必要があります。

　*以下、意味が伝わりにくい英語は色付きにし、日本語訳のあとに語釈を示しました。

【ゴール1：貧困をなくそう】

NO POVERTY: End poverty in all its forms everywhere.

貧困はあってはならない―。

あらゆる場所で、あらゆる形の貧困をなくす。

【ゴール2：飢餓をゼロに】

NO HUNGER: End hunger, achieve food security and improved nutrition and promote sustainable agriculture.

飢えがあってはならない―。

餓えをなくし、食料の安定供給と栄養改善を実現し、持続可能な農業を促進する。

【ゴール3：すべての人に健康と福祉を】

GOOD HEALTH AND WELL-BEING: Ensure healthy lives and promote well-being for all at all ages.

健康と生活の充足を―。

あらゆる年齢のあらゆる人々に対し、健康な生活を保障し、生活の充足が実現できるようにする。

* well-being（生活の充足）：第2講を参照。

【ゴール4：質の高い教育をみんなに】

QUALITY EDUCATION: Ensure inclusive and equitable quality education and promote lifelong learning opportunities for all.

質の高い教育を―。

あらゆる人々に対し、包摂的で衡平かつ質の高い教育を保障し、生涯を通じて学ぶ機会を拡充する。

* inclusive（包摂的な）：第2講を参照。
* equitable（衡平な）：一律に「公平」なのではなく、人それぞれの違いや事情に応じた対応をとること。教育における衡平（equity）とは、性別、民族的出自、家庭環境といった児童・生徒の個人的・社会的状況により教育の可能性が閉ざされないこと、すべての児童・生徒が基礎的知識・技能の最低限の水準に達すること、を意味する（OECD, 2012）。
* quality（上質の）：quality は通常「特質」「性質」を表す名詞として用いられるが、ここでは「良質な」という意味を表す形容詞。具体的には、教員、学校の設備・環境、保護者や地域社会との連携の質が高いこと。

【ゴール5：ジェンダー平等を実現しよう】

GENDER EQUALITY: Achieve gender equality and empower all women and girls.

ジェンダーの平等を―。

ジェンダーの平等を実現し、あらゆる女性と女児の力を高める。

* empower（力を高める）：（人に）権利・権限を与え、（人の）地位を向上させること。差別や搾取、抑圧等で力を奪われていた人々に力（権利や権限）を与えること。そのような人々が力をつける環境が整うよう社会を変革すること。名詞は empowerment で「エンパワーメント」とカタカナ表記されることが多い。

【ゴール6：安全な水とトイレを世界中に】

CLEAN WATER AND SANITATION: Ensure availability and sustainable management of water and sanitation for all.

きれいな水と衛生設備を―。

あらゆる人が水と衛生設備が使えるようにし、かつ持続的に維持管理できるようにする。

* availability（使えること）< available（形容詞）：人が使いたい時に使える状態にある、手の届く範囲にあっていつも使える、必要とする時に必要を満たしてくれる、こと。
* sanitation（衛生設備）：排泄物、汚物、汚水・排水等を衛生的に処理できる設備。トイレや下水設備、またはそのような設備が整っている状態をさす。

【ゴール７：エネルギーをみんなにそしてクリーンに】

AFFORDABLE AND CLEAN ENERGY: Ensure access to affordable, reliable, sustainable and modern energy for all.

みんなが使えるクリーンなエネルギーを―。

あらゆる人が、無理のない対価で、信頼できる、持続可能な、現代的なエネギーを利用できるようにする。

* affordable（無理のない対価の）：（人が）あまり無理せず購入することができる、代金・料金を無理なく負担できる、適正と考えられる価格に設定されている、こと。

【ゴール８：働きがいも経済成長も】

DECENT WORK AND ECONOMIC GROWTH: Promote sustained, inclusive and sustainable economic growth, full and productive employment and decent work for all.

人間らしい労働と、経済成長を―。

持続的で、誰も取り残さない、持続可能な経済成長を促し、あらゆる人々に完全で生産的な雇用と人間らしい仕事を提供する。

* productive employment（生産的な雇用）：労働者とその家族が貧困レベルを上まわる消費活動をいとなむのに十分な収入をもたらす雇用（ILO, 2017）。
* decent work（人間らしい仕事・労働）：人間としての尊厳が損なわれない労働環境での仕事。適正な収入が得られる仕事、安全で心身の健康が維持できる職場での仕事、人としての成長と社会への参加が実現できる仕事、懸念・心配等を自由に表明できる職場での仕事、自身の生活に関わる判断・決定に参加できる職場での仕事、男女の機会・待遇が平等である職場での仕事、などを表す（ILO）。

【ゴール９：産業と技術革新の基盤をつくろう】

INDUSTRY, INNOVATION AND INFRASTRUCTURE: Build resilient infrastructure, promote inclusive and sustainable industrialization and foster innovation.

産業、技術革新、社会経済基盤に目を向ける―。

復元力のある強靱な社会経済基盤を構築し、誰も取り残さない持続可能な産業化を図り、技術革新を育てる。

＊ resilient（復元力のある強靱な）：第２講を参照。

＊ infrastructure（インフラ）：道路、鉄道、橋、上下水道、送電網等、社会の基幹となる構造物。社会・経済活動の基盤。

【ゴール10：人や国の不平等をなくそう】

REDUCED INEQUALITIES: Reduce inequality within and among countries.

不平等の縮減を―。

国内において、また国と国との間において、不平等を減らす。

【ゴール11：住み続けられるまちづくりを】

SUSTAINABLE CITIES AND COMMUNITIES: Make cities and human settlements inclusive, safe, resilient and sustainable.

持続可能な都市とコミュニティを―。

都市と人間の居住地を、誰も排除しない、安全で、強靱で復元力のある、持続可能な場所にする。

＊ settlement(s)（人間の居住地）：人が住みついた場所、または定住・居住すること。

【ゴール12：つくる責任・つかう責任】

RESPONSIBLE CONSUMPTION AND PRODUCTION: Ensure sustainable consumption and production patterns.

責任ある消費行動と生産活動を―。

持続可能な消費及び生産の様態を確立する。

【ゴール13：気候変動に具体的な対策を】

CLIMATE ACTION: Take urgent action to combat climate change and its impacts.

気候問題に行動を―。

気候変動及びその影響と闘うべく直ちに行動を起こす。

【ゴール14：海の豊かさを守ろう】

LIFE BELOW WATER: Conserve and sustainably use the oceans, seas and marine resources for sustainable development.

水面下の生き物に目を向ける—。

持続可能な開発のために、海や海洋資源を保全し、持続可能なかたちで使用する。

【ゴール15：陸の豊かさも守ろう】

LIFE ON LAND: Protect, restore and promote sustainable use of terrestrial ecosystems, sustainably manage forests, combat desertification, and halt and reverse land degradation and halt biodiversity loss.

陸の生き物に目を向ける—。

地上の生態系を保全、修復し、その持続可能な使用を促進する。森林を持続可能なかたちで管理し、砂漠化をくいとめ、土地の劣化を押しとどめて豊かさを回復し、生物多様性が失われるのを押しとどめる。

【ゴール16：平和と公正をすべての人に】

PEACE, JUSTICE AND STRONG INSTITUTIONS: Promote peaceful and inclusive societies for sustainable development, provide access to justice for all and build effective, accountable and inclusive institutions at all levels.

平和と公正と強力な社会制度を—。

持続可能な開発のために、平和な、誰も排除しない社会を構築し、あらゆる人が公正な手続きを求めることを可能にし、あらゆる局面において効率的で、説明責任を果たし得る、誰も排除しない社会制度を作り上げる。

＊ accountable（説明責任を果たし得る）：みずからの決定、行動が正しいことを説明できる。決定・行動について正当化が求められた際に、説得力のある十分な説明ができて、かつそれが理解され得ること。名詞は accountability で日本語ではしばしば「アカウンタビリティ」とカタカナ表記される。

【ゴール17：パートナーシップで目標を達成しよう】

PARTNERSHIPS FOR THE GOALS: Strengthen the means of implementation and revitalize the global partnership for sustainable development.

目標のために協調・協力する─。

持続可能な開発のための実行手段を確固たるものとし、世界の協調・協力関係を活力あるものとする。

2. 17のゴールの全体像と優先課題

「2030アジェンダ」前文

　SDGsの17のゴールのなかで最も重視されているのは、ゴールの最初にあげられている【ゴール1:貧困をなくそう】です。そのことは「2030アジェンダ」前文の第一段落に「我々は、極度の貧困を含む、あらゆる形態と次元の貧困を根絶することが、地球規模の最大の課題であり、持続可能な開発のためには欠くことのできない要件であることを認識している」と記されていることでもわかります。そのあとゴール2以下には、生きる人間の尊厳に関わる目標が続いています。ただし17という数の多さもあり、SDGsの17のゴールが全体として何を目指すのかは、必ずしも明白ではありません。

　SDGsの全体像を理解するためには、「2030アジェンダ」の本文に記されていることが参考になります。例えばアジェンダ5には、今後取り組むべき課題が以下の順序で列挙されています。

・あらゆる貧困と飢餓に終止符を打つこと。
・国内及び国家間の不平等と闘うこと。
・平和で、公正で包摂的な社会を建設すること
・人権を保護し、ジェンダー平等及び女性と女児の力の向上を促進すること。
・地球と地球の持つ天然資源の永続的な保護を確実にすること。
・持続可能（sustainable）で、包摂的で、持続的な（sustained）経済成長の条件を作ること。
・すべての人が繁栄を共有し、人間らしく働ける条件を作ること。

　これを、SDGsの17のゴールそれぞれと対照するなら、SDGsが優先課題とするものがより明確になることでしょう。

われわれのヴィジョン

　「2030アジェンダ」のアジェンダ7〜9には「われわれのヴィジョンOur Vision」として、

以下のような3つのヴィジョンが示されています。SDGsが全体として目指すところを簡潔に表現した文章ですので、SDGsの全体像を把握しようとするにあたって参考になります。

（アジェンダ7）

　これらゴールとターゲットにおいて、我々はきわめて志の高い改革の理想像を求めようとしている。我々は思い描く。貧困と飢餓と病と欠乏から解放され、すべての人々の生活が繁栄する世界を。われわれは思い描く。恐怖と暴力のない世界を。みんなが読み書きのできる世界を。あらゆるレベルにおいて、質の高い教育が衡平にみんなの手に届く世界を。体と心と社会生活の充足が感じられる、保健医療や社会的保護制度が、衡平にみんなの手に届く世界を。安全な飲み水や衛生設備のあることが、人権に関わる重大事だと断言できる世界を。衛生状態が改善し、食料が十分で、安全で、無理なく手に入り、栄養に欠くことのない世界を。人間の居住する場所が安全で、強靭で、持続可能であることを。そして、無理のない対価で、信頼性のある、持続可能なエネルギーをみんなが使える世界を。

（アジェンダ8）

　我々は思い描く。人権や人間の尊厳、法の支配、正義、平等、差別の撤廃をみんなが尊重する世界を。人種、民族性、文化の多様性が尊重される世界を。人間の潜在力を十分に発揮する場が与えられ、それにより繁栄が分かちあえる、機会が平等に与えられる世界を。子どもたちへの投資があり、すべての子どもの成長過程において暴力と搾取のない世界を。すべての女性と女児が完全なジェンダー平等のもとに生き、女性と女児の力を高める上で、あらゆる法的、社会的、経済的障壁が取り除かれている世界を。最弱者層の人々の欲求が満たされる、公正で、衡平で、寛容で、開かれた、社会全体が包摂する世界を。

（アジェンダ9）

　我々は思い描く。すべての国に、持続的で、包摂的で、持続可能な経済成長が見られ、あらゆる人に人間らしい仕事が提供される世界を。消費と生産の様態とならんで、大気から大地、あるいは河川や湖沼や帯水層から海洋に至る、あらゆる天然資源の使用が、持続可能である世界を。民主主義と良きガバナンスと法の支配が行われ、国内及び国際社会にこれが可能とされる環境の存在することが、持続可能な開発をはじめ、持続的で包摂的な経済成長、社会発展、環境保護、貧困と飢餓の撲滅のために不可欠である世界を。開発行

為と科学技術の応用が、気候への配慮と生物多様性の尊重のもとにあり、強靭かつ復元力を備えた世界を。人間が自然と調和しつつ生き、野生動物やその他の生物種が保護されている世界を。

統合されたもの／不可分なもの

「2030アジェンダ」はSDGsのゴールやターゲットを以下のように性格づけています。

（これらは）統合された、互いに不可分なものであり、経済的次元と、社会的次元と、環境の次元という、持続可能性の3つの次元を並立させる。

上に示した3つのビジョンは、経済、社会、環境の3つの次元を統合した、これからの世界において実現すべき理想像を描いたものといえるでしょう。また、アジェンダ13では次のようにも表現されています。

持続可能な開発の立場からいえば、あらゆる形態及び次元の貧困を根絶すること、国内及び国家間の不平等と闘うこと、地球という惑星を保全すること、持続的かつ包摂的で持続可能な経済成長をつくりだすこと、社会全体で包摂する機運を高めること、これらは互いに結びあわされており、相互依存の関係にある。

貧困と不平等をなくし、環境に配慮し、経済成長を持続させ、相互に助けあうことが、持続可能な開発の名の下、ひとしく推し進めるべき課題となる。そのような見通しに基づいて、SDGsの17のゴールは定められているようです。

SDGsはじめの 第4講

SDGsは「誰ひとり取り残さない」という理念を掲げ、2030年までに達成すべきさまざまなゴール及びターゲットを設定しています。逆にいえば、目標の水準を下まわる環境の下に苦しむ人々が、現在の世界には数多く残されているということです。では、どれほどの人々が、どんな生活を強いられているのでしょうか。

1. 水に恵まれない人々

日本では、2019年に始まった新型コロナウイルス感染症（COVID-19）の感染者急増の事態を受けて、いわゆる三密を避けるとともに、「うがい、手洗い」を心がけることが求められました。三密（密閉―換気が不十分な閉ざされた空間にいる状況、密集―同じ場所に多数が集まる状況、密接―近距離で会話や発言がある状況）を避けることは現代の社会ではそれほど容易ではありませんが、うがいと手洗いの励行は個人の心がけ次第で徹底を図ることが可能です。日本に住む限り、きれいな水と石鹸で手を洗いうがいをすることに、特に困難があるわけではありません。

一方で、これが容易には実行できない人々がいます。新型コロナウイルス感染の世界規模の拡大が盛んに報道された時期、石鹸で手を洗う練習をする人々、つまり生まれて初めて石鹸で手を洗う経験をする人々の映像がニュースで流れました。世界には、石鹸ときれいな水で手を洗う環境が家にない人々が、2020年の時点で約23億人いたとされています（UNICEF, 2021; WHO, 2022）。

このような状況を踏まえて策定されているのが【ゴール6：安全な水とトイレを世界中に】です。「あらゆる人が水と衛生設備が使えるようにし…」とある衛生設備とは、具体的には安全で衛生的なトイレのことですが、世界には安全に管理された飲み水を利用できない人々が約20億人、安全で衛生的なトイレを使う環境にない人々が約36億人いるとされます。いずれも2020年の推計です（UNICEF, 2021/2022）。

衛生的で管理されたトイレがないため、飲み水が汚染されてしまう例、そもそもトイレで排泄等を行う習慣のない人々の例は、世界では決して珍しくないとされます（日本トイレ協会, 2022）。

日本における上水道の普及率は98％（厚生労働省, 2021）、下水道の普及率は約80％（日本下水道協会, 2021）です。温水洗浄便座（いわゆる「ウォシュレット」等の高機能水洗トイレ）の普及率も80％を超えています（内閣府, 2021）。日本から見ると、安全に管理された水が飲めない、安全で衛生的なトイレが使えない生活は、想像しがたいところがあります。しかし、それが世界の現実です。「誰ひとり取り残さない」どころか、世界のおよそ半数近い人々が「安全な水とトイレ」に恵まれずにいます。

2. 餓えに苦しむ人々

食料はどうでしょうか。SDGsには【ゴール2：飢餓をゼロに】があります。これが目標になるということは、世界にはまだ餓えに苦しむ人々が数多くいることを意味します。

現実には、世界中で8億人以上の人々が十分な食料を持たず、約5千万人の人々が飢餓の瀬戸際にあります。また「控えめにいっても」23億人の人々が食料の不安を抱えており、約30億人の人々は健康的な食生活を営むことができずにいるとされます。新型コロナウイルス（COVID-19）の影響はここにも現れていて、食料不足に陥った人々の数の割合（世界人口比）は、2019年の8％から2020年の9.3％に上昇しました（FAO, 2022）。

食料の問題は子どもたちにおいて特に深刻です。2020年の時点で、5歳未満の子どもの22％が発育阻害、6.7％が消耗症（重度の栄養失調）の状態にあると推計されています（FAO, 2022）。

一方で、日本では年間一人あたり約47キログラム（1日約130グラム）の食品ロスが発生しています（農林水産省, 2021）。これは一人が毎日お茶碗約1杯分のご飯を捨てていることに相当します。

3. 教育の問題

日本では明治期（1868～1912）に義務教育が普及しました。およそ100年前の1905（明治38）年に小学校の就学率は96％に達しています（文部科学省「学制百年史」）。現在では、

高等学校（通信制を含む）への進学率が98.8％に達し、大学（短大を含む）への進学率も58.9％にのぼっています（文部科学省，2021）。

　世界に目を向けると、日本の中学校課程にあたる前期中等教育の修了率（2010 ～ 2019年）は70％弱（男子70％、女子68％）です。この数字は、サハラ以南のアフリカや後発開発途上国では40％に達しません。これらの地域では、日本の小学校課程にあたる初等教育の修了率も60％前後を低迷しています（UNICEF世界子供白書2021）。2019年の世界の若者（15 ～ 24歳）の識字率は男91％、女93％とされていますが（同上）、裏を返せば、20歳前後の人々の1割弱が文字による情報を取り入れることができない状況にあることになります。

　学校そのものに目を向けると、世界の学校の25％では、電気や、安全に管理された飲み水や、安全で衛生的なトイレが使えません（UN）。学校に安全で衛生的なトイレ設備がないため、学校に行くのをためらう思春期の女生徒の話も伝えられています（日本トイレ協会，2022）。インターネットへの接続環境が整っている学校は、世界では5割にすぎません。

4.　コロナ禍と教育

　コロナ禍が学校教育にもたらした混乱は、いまなお記憶に新しい出来事です。2020年4月末の時点で、小中学校の95％、高等学校の97％が臨時休校に追い込まれました（文部科学省，2020.4）。2020年6月には、授業の短縮や分散登校の措置も含めて公立学校の99％が授業を再開していますが（文部科学省，2020.6）、この時期の混乱が児童生徒の心身にどのような傷跡を残し、その影響がどのようなかたちで現れることになるのかは、これから長期的に検証すべきことでしょう。

　世界では、コロナ禍の影響はさらに長引きました。2020年3月には、全世界の児童生徒の半分以上にあたる15億人の子どもたちが学校に行く機会を奪われましたが、2021年9月の時点においてもなお、世界の8％の国の学校が閉鎖されていて、19％は部分開校にとどまっています。この数字は、東アジア及び太平洋諸国では、閉鎖と部分開校がともに21％となっています（UNICEF, 2020/2021）。

　学校の閉鎖が引き起こした深刻な問題が、児童生徒への給食の問題でした。子どもたちにとって、学校で支給される給食が1日の食事のすべてであったり、必要とされる栄養を満たす唯一の食事であったりという例は、世界では珍しくありません。コロナ禍による学校閉鎖のため、3億5千万人以上の児童生徒に学校給食が提供できなかったという事態が何を意味したか、想

像するにあまりあります。日本でも、休校期間中に栄養のバランスに配慮した食事が摂取できない児童生徒の存在が関心を集めました。そのため各地の教育委員会でさまざまな取り組みがありました（文部科学省, 2020.5）

2020年以降、日本ではオンラインによる授業が急速に普及しましたが、受講する側のインターネット接続、端末の有無等、さまざまな事情があらわになりました。いわゆる「デジタル・デバイド digital divide」――情報通信技術（ICT）の恩恵を享受する人々と、享受する環境にない人々の間に横たわる溝、格差――の問題です。世界に目を向ければ、この格差は著しいものがあります。これもコロナ禍が浮き彫りにした問題の1つです。

5. 社会的弱者――脆弱な環境にある人々

コロナ禍は、疫病の流行がvulnerable（ヴァルネラブル）とされる人々を直撃することを示しました。第2講でも少し触れましたがthe vulnerable とは「影響を受けやすい、傷つきやすい、損害を被りやすい人々」のことです。脆弱な環境にある人々、社会的弱者が意味されることになります。

コロナ禍にあって感染を予防しようにも石鹸ときれいな水で手を洗う環境を持たない人々。コロナ禍による物流の停滞（と価格の高騰）で食料の調達が困難になった人々。コロナ禍で学校が閉鎖され給食の提供が受けられなくなった子どもたち。オンラインによる授業を受ける環境を持たない児童生徒たち。こうした人々は、コロナ禍にあって脆弱な環境にあった人々です。劣悪な衛生環境に生きる人々、必要とされる栄養の摂取がままならない人々、健康に不安を抱えつつも、適切な医療サービスを利用するすべを持たない人々は、コロナ禍があぶり出した社会的弱者です。

疫病に限らず、自然災害や戦争、そして社会的不平等などは脆弱な環境にある人々に深刻な影響を与えます。治水対策の不十分な低地に住む人々、政情不安により生存の条件を奪われかねない人々、社会保障制度の不十分な社会で生活支援を望み得ない高齢者や障害者たち。このような人々は脆弱な環境にある人々、すなわちthe vulnerable です。

疫病や、突発的な地震・津波、火山の噴火、そして戦争などが、平均的な生活環境にあった人々を脆弱な環境に陥れることもあります。2011年3月の東日本大震災とその後の原子力発電所の事故は、数十万人の人々から住む家と生活の基盤を奪いました。2022年4月の時点で、47都道府県905の市区町村に避難している人々はなお3.5万人にのぼるとされています（復興

庁、2022)。このことは、平均的な水準の生活を送っていた人々が、突如きわめて脆弱な環境に置かれ得ることを如実に示しています。地震、津波、火山の噴火等の脅威に備えなければならない日本では、決して他人事ではありません。乳幼児、児童、高齢者、心身の障害を持つ人々は、災害発生時には脆弱な環境に置かれがちです。われわれのごく身近にも、いざというときに手を差しのべなくてはならない人々が数多く存在します。

　パンデミックpandemic（世界的流行病）や、巨大災害や、戦争は、一定水準以上の普通の生活を送っていた人々を社会的弱者層に陥れることがあります。一旦社会的弱者となった人々は多くの点で不利な立場に置かれます。端的に貧困の苦しみに苛まれる人々もでてきます。

　そのような意味で、かつて貧困の克服について言われた次の言葉は、あらたな文脈で別の意味を持つかもしれません（OECD, 2015）。

　脆弱性に対処し、復元力を高めることこそ、すべてに優先する。
　Tackling vulnerability and promoting resilience is paramount.

SDGsはじめの 第5講

SDGsをめぐって、現在最も注目を集めているのが環境に関わる目標です。具体的には、【ゴール13：気候変動に具体的な対策を】【ゴール14：海の豊かさを守ろう】【ゴール15：陸の豊かさも守ろう】などが直接これに該当します。【ゴール11：住み続けられるまちづくりを】【ゴール12：つくる責任・つかう責任】なども、広く環境に関わる目標と捉えることができるでしょう。

1. 気候変動対策の動き

ゴール13とCOP21

ゴール13には3つのターゲットが記されています。

13.1
あらゆる国において、気候に由来する危険と自然災害に対する復元力及び適応能力とを高める。

13.2
気候変動対策を、国の政策や戦略や計画立案と統合する。

13.3
気候変動の緩和、気候変動への適応、気候変動の影響の軽減と早期警戒に関し、教育、啓蒙活動、人的・組織的能力を改善する。

以上のように、内容はごく簡単で、数値目標等も示されておらず、現今の環境意識の高まりを思えばやや意外な感じすら受けます。これは「アジェンダ2030」が策定された2015年の12月に（「アジェンダ2030」の採択は2015年9月）、パリでCOP21の開催が予定されていたことと関係があったとされます。閉会後に気候変動対策の「歴史的転換点」と評されたCOP21は、準備段階から大きな注目を浴びていました。SDGsを中核とする「アジェンダ2030」には、COP21での議論の行方を見守ろうとする姿勢が反映していたようです。

＊COP（Conference of the Parties）は当事者会議を意味する。気候変動に関するCOPは、1992年に採択された「国連気候変動枠組条約」に基づいており、「国連気候変動枠組条約締約国会議」と呼ばれる。第1回会議（COP1）が1995年にベルリンで開催されて以降、毎年世界各地で開催されている。日本ではCOP3が1997年に京都で開催され「京都議定書Kyoto Protocol」が採択された。

COP 21

COP21で採択された「パリ協定Paris Agreement」は、先進国と途上国との区別なく、すべての参加国を対象とする（150カ国以上が参加しました）新しい国際的枠組みを構築しました。温室効果ガスの排出量を長期的に削減することにより、地球の平均気温の上昇を産業革命以前に比して2℃未満とすること、さらにこれを1.5℃に抑える努力を追求すると定めたのが、パリ協定の最も重要な点です。また、主要排出国を含むすべての国が、その削減目標を5年ごとに提出・更新することについても、合意がなされました（環境省, 2015a）。

2015年のCOP21に先だって、世界各国は2020年以降の削減目標案を提出しました。EUが1990年比で2030年に40％減、アメリカ合衆国が2005年比で2025年に26〜28％減、日本が2013年度比で2030年度に26％減などとなっています。「途上国」に分類されている中国は2005年比で2030年までにGDPあたりCO_2排出量を60〜65％減、インドは2005年比で2030年までにGDPあたり排出量を33〜35％減としています（環境省, 2015b）。

当時の状況を確認すると、2015年の世界の「エネルギー起源CO_2」（石炭、石油、天然ガスなどの化石燃料を燃焼して作られるエネルギーを人間が利用・消費することで発生する二酸化炭素）の総排出量は323億トンでした。国別の排出量は中国28.1％、アメリカ15.5％、EU28カ国9.9％、インド6.4％、ロシア4.5％、日本3.5％などとなっています（環境省, 2017）。日本が基準年として選んだ2013年の日本の排出量は12.4億トンで、その後は年に約0.3億トンのペースで削減が進んでいましたが、温室効果ガス全体でみるなら、これに非エネルギー起源CO_2（7590万トン）、メタン（3600万トン）、一酸化二窒素（2250万トン）などが加わり、総量は14.08億トン（CO_2換算）となっていました。

IPCC報告書

2018年になると「気候変動に関する政府間パネルIntergovernmental Panel on Climate

いて次のような記述がみられます。

> 人間の活動は、産業革命以前に比べ（おそらく0.8℃～1.2℃の範囲で）およそ1℃の地球温暖化を引き起こしたと推定される。地球温暖化は、現在の速度で上昇が続くとすれば、2030年と2052年の間に、1.5℃に達する可能性がある。

　このような認識に立った上で、2℃の温暖化と1.5℃の温暖化とでは、気候変動が地球環境や人間活動に与える影響において大きな違いがあるとして、1.5℃への抑制を強く打ち出しました。

　この1.5℃の抑制目標に関して、2021年に公表された「IPCC第6次評価報告書」は、温暖化をめぐり今後予想される5つのシナリオ（2041～2060年にそれぞれ ① 1.2℃～2.0℃ ② 1.3℃～2.2℃ ③ 1.6℃～2.5℃ ④ 1.7℃～2.6℃ ⑤ 1.9℃～3.0℃ に達すると推定する5つの展開予想）を示した上で、もっとも気温上昇が小さいシナリオ（2021～2040年に1.2℃～1.7℃、2041～2060年に1.2℃～2.0℃）を実現するには、2050年頃にCO_2の排出量を実質ゼロ net zero（排出量から吸収・除去量を差引いて実質ゼロにすること）にする必要があると指摘しました。

日本の取り組み

　2021年10月、日本政府は、COP21を受けて2016年に閣議決定した「地球温暖化対策計画」を改訂し、2030年度の温室効果ガス削減目標を2013年度比で46％減に引き上げ、さらに「50％の高みに向けて挑戦を続け」る方針を明らかにしました。温室効果ガス削減（脱炭素化）の動きを「産業構造を一変させる可能性を秘め」た「新たな成長産業を産み出す契機」と捉える姿勢も明らかにしています（環境省, 2021）。

　2020年度の日本の温室効果ガスの総排出量は11.5億トン（CO_2換算）で、1990年度の総排出量（12.75億トン）から9.8％の減少となっています。基準年の2013年（排出量14.08億トン）比では18％減でした（国立環境研究所, 2022）。政策努力は一定の成果を挙げていますが、2030年度の目標が達成できるかどうかは予断を許しません。

2021年の年末にはイギリスのグラスゴーでCOP26が開催されました。ここで採択されたのが「グラスゴー合意 Glasgow Climate Pact」で、具体的には次のような認識と対応策が示されました。

　　人間の活動が今日までにおよそ1.1 ℃の地球温暖化を招いたこと、ならびにその影響が既にあらゆる地域で感じ取られつつあることに、危機感と最大限の懸念とを表明する。

　　地球温暖化を1.5 ℃にとどめるには、世界の温室効果ガス排出量を、迅速に、大幅に、かつ持続して削減する必要があると認識する。このためには、世界の二酸化炭素排出量を2010年比で2030年までに45％削減し、今世紀半ばごろに実質ゼロにすること、またその他の温室効果ガスを大幅に削減することが必要である。

「グラスゴー合意」には、温室効果ガスの排出量を国ごとにより正確に把握するための枠組みや、気候変動が招く損失と損害loss and damageを最小限にするための取り組みなどが示されました。また、先進国が途上国を支援する「気候資金」が議論されましたが、この問題は翌2022年のCOP27及び2023年のCOP28に引き継がれました。

以上が、気候変動対策をめぐる2015年以降のおおよその流れです。

SDGsのゴール13に関しては、毎年開催されるCOPでの議論等を注視しておく必要があるでしょう。今後は2023年と2028年に、パリ協定の履行状況を検証する手続きであるグローバル・ストックテイク Global Stocktake（stock-takeは「在庫調べ」「現状・進展状況の調査」を意味する）が行われます。2025年には、この2023年の評価を踏まえて、2035年の目標が設定されます。

一方で、気候変動の原因が人間の活動によって排出される人為的CO_2なのかどうかについては、科学者たちの間に異論がある点も看過できません（第Ⅱ部4章参照）。気候変動の問題については、常に新しい情報に注意しておくことが求められるでしょう。

2. 環境保全と生物多様性

環境をめぐる問題は気候変動に限りません。大気汚染、水質汚濁、土壌汚染、騒音、振動、地盤沈下、悪臭といった公害の問題は、なおさまざまなところで取り組むべき課題として意識されます。近年は海洋プラスチックごみが引き起こす問題がしばしば話題となります。

深刻の度を加えているのが生物多様性の喪失の問題です。40億年ともいわれる進化の歴史が生みだした多様な生物と生態系が失われる危機が続いています。国際自然保護連合 International Union for Conservation of Nature and Natural Resources（IUCN）は1964年から「IUCN絶滅危惧種レッドリスト The IUCN Red List of Threatened Species」を公表していますが、これによれば、現在評価済みの150,388種（この他に未評価が9,612種ある）の約27％となる42,100種以上の生物が絶滅の危機にあるとされています。これは、すでに絶滅した種の数を含みません。

日本では、環境省と都道府県やNGOがレッドリストを作成しています。環境省が作成するレッドリストはおおむね5年ごとに見直されていますが、2020年に公表された「レッドリスト2020」では、日本に生息・生育する動植物（汽水・淡水魚、淡水産貝類など「水面下」の生物を含む）のうち、3,716種が絶滅危惧種に指定されています。

海洋生物についてはレッドリストの作成が遅れていましたが、2017年に「環境省版海洋生物レッドリスト」が公表され、56種が選定されました。従来のレッドリストと海洋生物レッドリストをあわせると3,772種に及びます。

生物多様性の問題を議論するCOPは「生物多様性条約締約国会議」と呼ばれています。1994年の第1回（COP1）以降、おおよそ2年に1回世界各地で開催されており、2010年に日本の名古屋で開催されたCOP10では、2010～2020年の戦略目標である「愛知目標」が策定されました。これには、生物多様性の保全のため、地球上の陸域の17％、海域の10％を保護地域とするといった目標が含まれていますが、2022年現在、「森林を含む自然生息地の損失速度を少なくとも半減、可能な場所ではゼロに近づける」といった目標の多くが達成できずにいます（環境省, 2021）。

人間の生活基盤や文化は生物多様性に支えられています。これが失われていく状況は、人間にとっても大きな危機であるといえるでしょう。

ちなみに人間の言語の多様性も喪失の危機にさらされています。「世界危機言語地図 Atlas

of the World's Languages in Danger」を作成した国連教育科学文化機関United Nations Educational, Scientific and Cultural Organization（UNESCO）によれば、世界のおよそ6,000の言語のうち、およそ半数が消滅しつつあるとされます（UN, 2002）。日本では、アイヌ語、八重山語（八重山方言）、与那国語（与那国方言）をはじめとする8言語と、2011年の東日本大震災で被災した地域の方言が消滅の危機に瀕しています（文化庁）。

３．人権と平和

SDGsのなかで、決して軽視してならないのは、不平等の是正や、人権や、平和に関わるゴールです。【ゴール5：ジェンダー平等を実現しよう】【ゴール10：人や国の不平等をなくそう】【ゴール16：平和と公正をすべての人に】などがそれにあたりますが、人間らしい労働を求める【ゴール8：働きがいも経済成長も】なども関係するでしょう。

ジェンダー平等に関して、独立NPOの世界経済フォーラムWorld Economic Forum（WEF）は「世界ジェンダー・ギャップ報告The Global Gender Gap Report」を公表しています。これは経済、教育、健康、政治の4分野について「0」を完全不平等、「1」を完全平等とする指数を示したもので、2022年版において、日本は総合指数0.650（教育1.000、健康0.973、経済0.564、政治0.061）、順位は146カ国中116位でした。1位アイスランドの0.908、10位ドイツの0.801などに比べ、日本が大きく立ち遅れている状況が見てとれるでしょう（内閣府男女共同参画局, 2022）。

世界には今なお多くの紛争地域があります。2021年末で、紛争や迫害によって故郷を追われた人の数は8,930万人とされます（難民2,710万人、国内避難民5,320万人等）。難民の出身地域には、シリア（680万人）、アフガニスタン（270万人）、南スーダン（240万人）、ミャンマー（120万人）などが挙げられます。経済が破綻したベネズエラから国外にのがれた人々も460万人にのぼるとされます。

2022年、ロシアがウクライナに侵攻する以前は、武力紛争より犯罪の方が多くの人命を奪う状況が話題となっていました。2017年の数字として、武力紛争による死者が8万9000人、テロ攻撃による死者が1万9000人とされたのに比し、全世界で約50万人が殺人によって命を落としたとされます。しかも殺人の件数は年に4%の率で増大を続けていました（UN, 2020）。

ウクライナで多くの人々が住む家を追われ、戦火に倒れる状況が生まれた時、われわれは平和の維持がいかに困難であるか、平和がいかに貴いものであるかを知りました。開発も環境保

全も共に追求する立場を表した「持続可能な開発」という野心的な目標も、人命を奪い、社会インフラを破壊し、あらたな社会的弱者を生み出す戦争の現実の前には、やや色褪せてしまいそうです。戦争や紛争や分断は、開発の機会を喪失させ、環境保全の試みを阻害しかねません。平和の維持は、世界の持続可能な開発にとって何より重要なことです。

　SDGsの最後のゴールは【ゴール17：パートナーシップで目標を達成しよう】でした。ターゲットに記されている実施手段も、世界各国のさまざまな立場のさまざまな人々の協調があって、はじめて意味と実効性を持ちます。われわれは、「2030アジェンダ」にすでに以下の言葉が記されていたことを、あらためて思い起こすべきでしょう。

平和なくして持続可能な開発なし、持続可能な開発なくして平和なし。

There can be no sustainable development without peace and no peace without sustainable development.

第II部

SDGsの基礎

01

SDGs の策定

ものごとを理解するための1つの方法として、なりたちの歴史を知るということがあります。SDGs も、その策定までの経緯を知ることでより理解が深まることでしょう。SDGs は 1945 年に設立された国際連合 United Nations(UN) の数々の取り組みの中から生まれました。本章では SDGs 策定までのいきさつと、策定者たちがどんな問題意識を抱いていたかを簡潔に紹介します。また合意形成にいたるまでの長い道のりと SDGs の今後について概観します。筆者は国連職員として SDGs の前身と位置づけられる MDGs の実施に関わった足立香先生です。章末の「SDGs と国連の活動を知るために」は、国連の活動と SDGs について学ぶための手引きとなっています。

① SDGsの策定

1. 2015年以前にはどのような国際目標があったか

第1〜4次「国連開発の10年」

「我々の世界を変革する：持続可能な開発のための2030アジェンダ（2030アジェンダ）」が、採択されたのは2015年のことですが、それよりずっと以前から、世界各国は、開発のための目標に合意し、その達成のために国際協力を行ってきました。1961年、国連総会は1960年代を「国連開発の10年」と宣言し、発展途上国が全体として年5パーセントの経済成長率を達成するという目標を掲げました。1970年代は「第2次国連開発の10年」となり、新たな目標やより野心的な数値目標が加えられました。この流れは、1980年代の「第3次国連開発の10年」、1990年代の「第4次国連開発の10年」へと引き継がれていきます。

1990年代の国連会議における成果文書

1990年代には、その後の開発への取り組みに影響を与えた国連主催の重要な会議が開催され、幅広い分野の目標がたてられます。1990年、子どものための世界サミットがニューヨークで開催され、「子どもの生存、保護及び発育に関する世界宣言」とともに、宣言を実施するための行動計画が採択されました。その行動計画には、子どもの健康、栄養、教育などについて2000年までに達成すべき具体的な目標が定められています。1992年には、地球サミットの通称で知られる国連環境開発会議が、ブラジルのリオデジャネイロで開催され、「アジェンダ21」が採択されました。「アジェンダ21」には、貧困、消費形態、人口動態、人間居住などの社会的・経済的な事柄や、大気、陸上資源、海洋資源、淡水資源などの保護に関連する目標が盛り込まれました。

1990年代中盤にはいり、1994年には、エジプトのカイロで国際人口開発会議（ICPD）が開催されます。この会議の成果として採択された「ICPD行動計画」によって、人口と持続可能な開発に関するさまざまな目標が設定され、特に性と生殖に関する健康と権利のための目標

が加えられたことに注目が集まりました。1995年には、デンマークのコペンハーゲンで、世界社会開発サミットが開かれました。参加者は、経済成長だけでなく、人間中心の開発の重要性を強調し、貧困、雇用、社会統合に関する目標を掲げた「世界社会開発サミット行動計画」を採択しました。1995年にはまた、第4回世界女性会議が中国の北京で開催され、「北京宣言及び行動綱領」が採択されました。行動綱領には、女性と貧困、教育、健康、暴力、紛争、経済、地位、権利、メディア、環境という幅広い分野における目標がはいっています。

「ミレニアム開発目標（MDGs）」

2000年、世界の指導者たちは、ニューヨークで開催された国連ミレニアムサミットに参加し、「国連ミレニアム宣言」を採択します。このミレニアム宣言を基に、SDGsの前身といわれる「ミレニアム開発目標（MDGs）」が作られました。MDGsは極度の貧困と飢餓の撲滅、普遍的初等教育の達成、ジェンダー平等と女性の地位向上、乳幼児死亡率の削減、妊産婦の健康の改善、エイズ、マラリアなどの疫病対策、環境の持続可能性の確保、開発のためのパートナーシップの促進、という8つのゴールで構成されています。大部分のゴールには、2010年あるいは2015年までに達成すべきターゲットと達成度を測るための指標が加えられました。

目標達成のための努力

SDGsを含め上に述べた国際目標を達成できなかった国や地域を罰するということはありません。しかし、国際的に合意された目標ですから、各国は、目標達成のために努力することを期待されます。そして、各国の進捗状況は、モニタリング、国連の発行する報告書、検討会議などを通して、分析されます。

2. 2015年9月の国連サミットでの採決はどのような状況で行われたか

第70回国連総会

2030アジェンダが採択された国連持続可能な開発サミットは、第70回国連総会の一環として、2015年以降の開発のための取り組みについて合意をすることを目的として開催されました。国連は、1945年に設立された193か国（2022年9月現在）が加盟する国際組織です。国連の基本事項を定めた国連憲章には、国連の目的として、世界の平和を守ること、各国間の友好関係を発展させること、経済的、社会的、文化的、人道的な国際問題や人権問題を解決する

ための国際協力を促すこと、そして、これらの目的を達成するために中心的な役割を果たすこと、が明記されています。国連総会は、国連の6つの主要機関（安全保障理事会、経済社会理事会、国際司法裁判所、信託統治理事会、国連事務総長がトップを務める事務局）の1つです。国連総会では、全加盟国が、一国一票制のもと、平和、経済、社会、環境、人権など幅広い事柄について話し合い、決議を行います。

3.　2015年9月の国連サミットでは何が問題意識として共有されていたか

▌貧困の撲滅

2030アジェンダの前文にあるように、あらゆる貧困を撲滅することが、最も重要な課題であり、持続可能な開発のために不可欠であるとの考えが共有されていました。国内的にも国際的にも不平等や格差が拡大していることへの危機感を背景に、最も取り残された人々に手を差し伸べる必要があることが認識されていました。誰一人取り残さないための努力の重要性は、2030アジェンダ全体を通して協調され、SDGsへの取り組みの指針になっています。

▌統合的アプローチ

前文にはまた、SDGsのゴールは不可分であると述べられています。SDGsのゴールはお互いに相関していて、統合的アプローチが必要であるということは、アジェンダ2030の特徴の1つです。この背景には、気候変動など深刻な環境問題に多くの関心が集まるなか、持続可能な開発のためには、経済、社会、及び環境の3つの側面を調和させながら取り組んでいく姿勢が必要であるとの考えがありました。

4.　アジェンダ2030の合意はどのようにして形成されたか

▌ポスト2015年開発アジェンダ

MDGsの大部分のターゲットの期限である2015年が近づいてくると、MDGs以降の国際開発についての議論が盛り上がっていきます。2010年、MDGsに関する国連総会ハイレベル本会議が開かれ、各国元首や首脳らは、国連事務総長に2015年以降の開発のための取り組み（ポスト2015年開発アジェンダ）について提言を行うよう求めます。国連事務総長は、ポスト2015年開発アジェンダを策定するにあたり、包括的で透明性のある策定プロセスが重要であ

るという立場にたち、多様な取り組みを開始します。

　2011年、ポスト2015年開発アジェンダのために、国連システム内においてタスクチームが立ち上がります。国連システムにはさまざまな補助機関と専門機関があり、それらの機関は、お互いに連携しながら活動をしています。このタスクチームは、開発に関わる国連機関で構成され、2012年、提言をまとめた報告書を国連事務総長に提出しました。2012年にはまた、ポスト2015年開発アジェンダに関するハイレベルパネルが立ち上がりました。さまざまな国の政府、学術研究機関、民間部門、市民社会組織などから選ばれた27名が参加し、議論を行い、提言をまとめ、2013年、報告書を国連事務総長に提出しました。

　タスクチーム及びハイレベルパネルと並行して、開発に関わる国連機関が連携し、大規模なコンサルテーションを行いました。このコンサルテーションを通して、不平等、紛争、教育、環境、ガバナンス、雇用、健康、飢餓、人口など11のテーマについて、世界各地から100万人以上の意見が集まりました。さまざまな背景を持つ人々から意見を集めましたが、特に貧しい人々や社会から疎外されている人々の声を集めるよう努力がなされました。このコンサルテーションの結果は報告書にまとめられ、2013年に出版されています。

リオ＋20とオープンワーキンググループ

　2012年は、地球サミットから20年目の節目にあたり、リオ＋20として知られる国連持続可能な開発会議が開かれました。この会議の参加者は、経済、社会、環境という開発の3つの側面のバランスと相関を考慮した持続可能な開発のための目標を作成し、その目標が2015年以降の開発のためのアジェンダに統合されるべきであると合意しました。そして、目標作成のため、国連加盟国からの代表30名で構成されるオープンワーキンググループが結成されます。このグループは、17のゴールと169のターゲットを作成し、2014年、国連総会に提案します。これらの目標とターゲットが、SDGsの土台となりました。

アジェンダ2030

　2014年、国連事務総長は、ポスト2015年開発アジェンダのために集められた意見や情報をまとめた報告書を国連総会に提出します。その後、加盟国間で交渉が行われ、2015年、SDGsを含むアジェンダ2030が採択されました。

5. 2031年以降のために

フォローアップとレビュー

アジェンダ2030の合意に至るまで、長期にわたるさまざまな取り組みがありましたが、合意を結んだだけでは意味がありません。2030年という期限までに合意した目標を達成することが最も重要です。そこで、目標達成に近づいているのか、そうでないならどのように改善する必要があるのか、など、進捗状況をフォローアップし、レビューする必要があります。そして、フォローアップやレビューを通して蓄積されていく知識は、2031年以降の開発のための枠組みへと結びついていきます。

達成状況測定のための指標とハイレベル政治フォーラム

2017年、国連総会は、SDGsの達成状況を測るための200以上の指標を採択しました。これらの指標は、SDG指標に関する機関間専門家グループによって作られ、国連統計委員会における議論などを経て完成したものです。SDGsのフォローアップ及びレビューは、国、地域、全世界のレベルで、それぞれの課題や状況を踏まえながら行われています。国連事務総長は、各国からの統計をもとに、毎年、報告書を発表しています。また、リオ＋20の成果の1つとして設立された持続可能な開発に関するハイレベル政治フォーラムが、国連経済社会理事会の主催のもと毎年、国連総会の主催のもと4年ごとに、開催され、SDGsのフォローアップ及びレビューにおいて、中心的な役割を担っています。

SDGs と国連の活動を知るために

2030 アジェンダ

UN General Assembly, Resolution 70/1, Transforming Our World: The 2030 Agenda for Sustainable Development, A/RES/70/1 (October 21, 2015), https://undocs.org/en/A/RES/70/1.

国連開発の10年

UN General Assembly, Resolution1710 (XVI), United Nations Development Decade: A Programme for International Economic Co-operation (I), A/RES/1710 (XVI) (December 19, 1961), https://undocs.org/en/A/RES/1710(XVI).

第2次国連開発の10年

UN General Assembly, Resolution 2626 (XXV), International Development Strategy for the Second

United Nations Development Decade, A/RES/2626 (XXV) (October 24, 1970), https://undocs.org/en/A/RES/2626(XXV).

第 3 次国連開発の 10 年

UN General Assembly, Resolution 35/56, International Development Strategy for the Third United Nations Development Decade, A/RES/35/56 (December 5, 1980), https://undocs.org/en/A/RES/35/56.

第 4 次国連開発の 10 年

UN General Assembly, Resolution 45/199, International Development Strategy for the Fourth United Nations Development Decade, A/RES/45/199 (December 21, 1990), https://undocs.org/en/A/RES/45/199.

子どもの生存、保護及び発育に関する世界宣言及び行動計画

World Summit for Children, World Declaration on the Survival, Protection and Development of Children and Plan of Action for Implementing the World Declaration on the Survival, Protection and Development of Children in the 1990s, A/45/625, Annex (September 30, 1990), https://undocs.org/en/A/45/625.

アジェンダ 21

UN Conference on Environment and Development, Agenda 21, A/CONF.151/26/Rev.1 (Vol.I), Annex II (June 14, 1992), https://undocs.org/en/A/CONF.151/26/rev.1(Vol.I).

ICPD 行動計画

International Conference on Population and Development, Programme of Action of the International Conference on Population and Development, A/CONF.171/13, Annex (September 13, 1994), https://undocs.org/en/A/CONF.171/13.

世界社会開発サミット行動計画

World Summit for Social Development, Programme of Action of the World Summit for Social Development, A/CONF.166/9, Annex II (March 12, 1995), https://undocs.org/en/A/CONF.166/9.

北京宣言及び行動綱領

Fourth World Conference on Women, Beijing Declaration and Platform for Action, A/CONF.177/20, Annexes I and II (September 15, 1995), https://undocs.org/en/A/CONF.177/20.

国連ミレニアム宣言

UN General Assembly, Resolution 55/2, United Nations Millennium Declaration, A/RES/55/2 (September 18, 2000), http://undocs.org/en/A/RES/55/2.

MDGs

UN Secretary-General, Revised Millennium Development Goal Monitoring Framework, Including New Targets and Indicators, as Recommended by the Inter-Agency and Expert Group on Millennium Development Goal Indicators, A/62/1, Annex II (August 31, 2007), https://undocs.org/en/A/62/1%20(SUPP).

国連持続可能な開発サミット

UN General Assembly, Resolution 69/244, Organization of the United Nations Summit for the Adoption of the Post-2015 Development Agenda, A/RES/69/244 (January 8, 2015), http://undocs.org/en/A/RES/69/244.

国連憲章

United Nations Charter. https://www.un.org/en/about-us/un-charter/full-text.

ポスト 2015 年開発アジェンダ

UN General Assembly, Resolution 65/1, Keeping the Promise: United to Achieve the Millennium Development Goals, A/RES/65/1 (October 19, 2010), http://undocs.org/en/A/RES/65/1.

UN Secretary-General, Accelerating Progress towards the Millennium Development Goals: Options for Sustained and Inclusive Growth and Issues for Advancing the United Nations Development Agenda Beyond 2015, A/66/126 (July 11, 2011), http://undocs.org/en/A/66/126.

ポスト 2015 年開発アジェンダのための国連システムタスクチーム

UN System Task Team on the Post-2015 UN Development Agenda, Realizing the Future We Want for All: Report to the Secretary-General, (June, 2012), https://www.un.org/millenniumgoals/pdf/Post_2015_UNTTreport.pdf.

ポスト 2015 年開発アジェンダに関するハイレベルパネル

High-Level Panel of Eminent Persons on the Post-2015 Development Agenda, A New Global Partnership: Eradicate Poverty and Transform Economies through Sustainable Development, (May 30, 2013), https://www.un.org/sg/sites/www.un.org.sg/files/files/HLP_P2015_Report.pdf.

ポスト 2015 年開発アジェンダに関するコンサルテーション

UN Development Group, A Million Voices: The World We Want A Sustainable Future with Dignity for All, (2013), https://unsdg.un.org/sites/default/files/The-World-we-Want.pdf.

リオ＋ 20

UN General Assembly, Resolution 66/288, The Future We Want, A/RES/66/288 (July 27, 2012), http://undocs.org/en/A/RES/66/288.

オープンワーキンググループ

Open Working Group of the General Assembly on Sustainable Development Goals, Report of the Open Working Group of the General Assembly on Sustainable Development Goals, A/68/970 (August 12, 2014), http://undocs.org/en/A/68/970.

国連事務総長によるポスト 2015 年持続可能な開発アジェンダに関する統合報告書

UN Secretary-General, The Road to Dignity by 2030: Ending Poverty, Transforming All Lives and Protecting the Planet Synthesis Report of the Secretary-General on the Post-2015 Sustainable Development Agenda, A/69/700 (December 4, 2014), http://undocs.org/en/A/69/700.

SDG 指標に関する機関間専門家グループ

UN General Assembly, Resolution 71/313, Work of the Statistical Commission Pertaining to the 2030 Agenda for Sustainable Development, A/RES/71/313 (July 10, 2017), http://undocs.org/en/A/RES/71/313.

2030 アジェンダのフォローアップとレビュー

UN General Assembly, Resolution 70/299, Follow-up and Review of the 2030 Agenda for Sustainable Development at The Global Level, A/RES/70/299 (August 18, 2016), http://undocs.org/en/A/RES/70/299.

02

SDGsと17のゴール
—その意義と課題

SDGs の 17 のゴールのそれぞれを十分に理解するのは、それほど容易なことではありません。この章では、SDGs が環境問題や南北問題を背景としていること、加えて国際協調が求められるさまざまな課題に取り組む姿勢を示していることを確認した上で、17 のゴールの一つひとつについて、具体的な問題の所在を丁寧に解説していきます。ゴールに示される目標と、その解説文とを読むことで、いま世界がいかに多くの問題と解決すべき課題を抱えているかが改めて理解できるでしょう。また、それがみなさん一人ひとりの毎日の生活に直接・間接に結びつく問題であることもわかるでしょう。SDGs の 17 のゴールを深く理解することで、今後はニュース報道に接する際のものの見え方も違ってくるに違いありません。筆者は中南米地域で経済・社会の問題をつぶさに見てこられた、開発経済学がご専門の受田宏之先生です。

② SDGsと17のゴール
——その意義と課題

はじめに

　本章では、SDGs全体及び、各項目の意義と課題を述べます。ターゲットが170近くに及ぶSDGsについては、情報が溢れています。それ自体は歓迎すべきことなのですが、重要なのは、私たち1人ひとりが何が本質かを見極め、信頼できる情報とそうでない情報をふるいにかけつつ、自分にできることを冷静に分析することです。

SDGsのいらない世界?

　SDGsの意義を理解するには、それが必要のない世界がどのようなものかを想像するのがいいでしょう。難しいことではありません。私たちの日常の行動にしても、経済や政治をめぐる一般的な言説にしても、世界とどのように影響を及ぼし合うかを意識していることはあまりないはずです。

　硬い表現を使うと、市場経済を通じて競争と技術革新を促し、民主的に選ばれた政府が国民に公共財——軍隊やインフラ、公教育など——を提供しかつ国内の不平等を緩和するというのが、経済と政治の有力な仕組みと長らく考えられてきました。経済的自由の価値を強調するいわゆる新自由主義の考え方や政策体系が多くの国々で導入される1980年代以降、さらに社会主義体制が崩壊する1990年代以降は、それ以外の仕組みなどあり得ないという論調が目立つようになります。グローバリゼーションにより、モノとお金の移動性が飛躍的に高まりましたが、それは優れた企業や国を劣った企業や国が模倣することを促すものであり、グローバリゼーションは進歩をもたらし、地球全体にとって望ましいのだという見方は、ビジネスや経済学ではいまも当然のこととされています。

環境問題の深刻化

　しかし、近年に入り、「利潤の追求と経済成長は重要であるが、それだけではいけない」という反省が日増しに強まっています。SDGsは、こうした反省に立脚し、個人、集団、企業と

政府に自分たちを取り巻く狭い範囲を超えた広い利害のことを考え、行動することを意識させる仕掛けといえます。なぜ、私的利益の追求と政府による公共財の提供だけでは不十分なのでしょうか。

第1に、環境問題の深刻化があります。地球温暖化が最たる例ですが、自身の行動が全体に及ぼす影響を自覚し、できるところから状況改善に向けた行動をおこさない限り、人類の将来が危ぶまれます。このためSDGsでは、【ゴール13：気候変動に具体的な対策を】、【ゴール14：海の豊かさを守ろう】、【ゴール15：陸の豊かさも守ろう】において明示的に環境問題を取り上げているほか、【ゴール6：安全な水とトイレを世界中に】、【ゴール7：エネルギーをみんなにそしてクリーンに】、【ゴール11：住み続けられるまちづくりを】、【ゴール12：つくる責任・つかう責任】をはじめ他のゴールのなかでも、人間の福祉にとって環境への負荷を考慮することの重要性を説いています。

南北問題

第2に、南北問題があります。貧しい「南」の国々が豊かになるためには、国境を閉ざして一国だけで発展を目指してもうまくいかないのと同様、国境を開放して「北」、欧米のやり方に従えば自動的に成功するわけでもありません。これは、日本を含む東アジア諸国が試行錯誤を経て急成長を遂げることができた一方で、いまも多くのアフリカ諸国が絶対的な貧困に苦しみ続けている歴史的事情を検討すれば、理解できます。発展を促す国内の条件と国際的な条件があり、日本人もその消費行動や仕事、国際援助などを通じて両者に貢献することができます。SDGsでは、【ゴール1：貧困をなくそう】、【ゴール2：飢餓をゼロに】、【ゴール3：すべての人に健康と福祉を】、【ゴール4：質の高い教育をみんなに】、【ゴール10：人や国の不平等をなくそう】、【ゴール11：住み続けられるまちづくりを】、【ゴール12：つくる責任・つかう責任】などがわかりやすい例ですが、すべてのゴールにおいて南北問題の解決に力点を置いていることが読み取れるはずです。

その他国際協調を要する問題

第3に、戦争やテロ、感染症、金融危機、AIとロボットによる雇用破壊の脅威、さらには特定の集団やマイノリティに対する偏見や迫害──【ゴール5：ジェンダー平等を実現しよう】はジェンダー平等に焦点を当てています──、政治的権威主義への支持の高まりなど、環境問題と南北問題以外にも、解決に国際的な協調を要する問題が多数存在します。グローバリゼー

ションは、利益だけでなくリスクも国際的にします。それゆえSDGsでは、先進国において脆弱な状況におかれた人々のことも取り上げています。また、【ゴール16：平和と公正をすべての人に】ではガバナンスの改善を、【ゴール17：パートナーシップで目標を達成しよう】では国際協調の必要性を唱えていますが、これは、それらがグローバルな諸課題の解決に不可欠であるという危機感を反映しているのです。

SDGsの包括性とそれ故の弱み

　このようにSDGsは、環境問題と南北問題だけに還元されないグローバルな諸課題について、経済的要請とすり合わせを図りながら、さまざまなレベルでの具体的行動を促そうとするものです。経済成長の重要性とそれが目指すべき方向性については、【ゴール8：働きがいも経済成長も】と【ゴール9：産業と技術革新の基盤をつくろう】で扱っています。SDGsは、ミレニアム開発目標（MDGs）の場合よりも多くの主体の意向を反映してできあがったものです。

　SDGsのこうした性格ゆえ、そのメリットとして、17のゴール、169のターゲットを掲げるという包括性をあげることができます。相反する目標が含まれているように見えても、むしろそれらの間で妥協点を見いだすことに期待するというバランス感覚、現実主義をそこに見いだすことができます。「誰もとり残さない」というSDGsのスローガンは、基本的な権利のグローバルな実現を謳ったものですが、そのための統一的なマニュアルはなく、特別に優先される主体もいません。

　SDGsのこうした長所は短所と隣り合わせでもあります。それは個々の主体に、文脈に応じた弾力的な行動を許容する一方で、実際には目標に寄与するか疑わしく、企業や政府、国際機関の単なる広報に過ぎないような言説やプロジェクトが粗製乱造される恐れもあります。そうした状況が繰り返されれば、逆説的に「国際協力などという偽善はやめろ」という開き直り、虚無主義に陥るかもしれません。これは、国際開発援助において、「成果を収めることは少なく、予期せぬ副作用ばかりが目立っている」という疑念が、自国の将来への不安や排外主義的な動向と結び付くことによって、日本を含む少なからぬ援助ドナー国において見られたことです。

　南北問題と環境問題、あるいは他のグローバルな課題の存在を提起し解決を求める主張、政策と運動は古くから存在し、SDGsはそれらの遺産をできる限り組み込もうとする試みです。「誰もが得をするWin-Winの関係を築いていく」というコピー自体はいいのですが、各ゴールの背後には、理念の実現に向けた苦闘の歴史があることに思いを馳せる必要があります。

　ここで大切なのは、新たな行動を起こすにせよ、他者の行動をサポートするにせよ、情熱と

共感だけでなく、本当にそれが持続的な開発に役立つのかを吟味する判断力を持つことです。また、大きな組織になるほど複数の目標に関わらざるを得ないにせよ、貢献できる目標を絞り込んだ方が効果は高まりやすく、それをわかりやすく示すこともできます。

17のゴールの意義と論点

　以下のページで、SDGsの17のゴールの意義と留意すべき論点について概説します。読者各自の関心や得意なこと、自由になる時間や資源を考慮しつつ、自分に何ができるかを考えてみることを勧めます。SDGsの効用として、具体的な貢献を測ることのできるプロジェクトが増え、それらを足し合わせて全体の意義として世界に示すことがあるでしょう。

　しかし、SDGsの真の価値は、その測りにくい効果にあるように思えます。すなわち、地球に住むすべての人たち、特にその行動が世界に及ぼす影響の大きな人たち──この中には日本人も含まれます──に、地球市民としての反省と行動を促し、それが何らかの変化を引き起こすことを実感させ、それを通じてより広いレベルでの協調を引き出していく。そのような好循環を生み出すことが求められているのです。

ゴール１：貧困をなくそう

あらゆる場所のあらゆる形態の貧困を終わらせる。

　第1のゴールとして、MDGsの場合と同様、経済的な貧困の解決が掲げられています。人口の大きな中国やインドなどの経済発展により、絶対的な貧困層が世界の人口に占める割合は顕著に減少してきました。しかし、サブサハラアフリカ地域（アフリカのサハラ砂漠以南の地域）などに最貧国が依然として存在するほか、所得水準が最貧国よりも高いラテンアメリカやアジアの中進国及び日本を含む先進国においても、尊厳ある生活を送るに足る所得を得ていない人々が多数存在し、さらに、貧困は特定の地域や集団に偏る傾向もみられます。このためターゲットには、一日あたり1.9ドル以下の所得しか得ていないという世界の最貧困を2030年までになくすことのほかに、各国でさまざまなレベルの貧困の削減に努めることが含まれています。現金や現物の給付は、それだけでは持続的な貧困対策とはいえません。地域や国、集団ごとに異なる貧困の性格を考慮しつつ、多様かつ長期的な視野にたった対策が推奨されています。

ゴール２：飢餓をゼロに

飢餓を終わらせ、食料安全保障及び栄養改善を実現し、持続可能な農業を促進する。

　経済的貧困と関連して、貧困の最も悲惨な形態ともいえる、食べることに事欠く状況の解決が2番目のゴールとなります。乳幼児や妊婦、高齢者など、食料の不足が後遺症や死亡のリスクにつながる人々への配慮は特に重視されます。飢餓は、質の高い食料の生産ないしそれらの流通の不備からもたらされます。食料の安定的な供給のため、収量を高める技術の開発と普及、農村インフラへの投資のほかに、農家の大多数を占め、国内消費や文化の多様性、作物の遺伝的多様性に貢献してきた家族農業への支援も掲げられている点が注目されます。流通の改善策として、途上国農家を差別する貿易制限の是正や農産物価格の変動抑制などが挙げられています。

ゴール3：すべての人に健康と福祉を

あらゆる年齢のすべての人々の健康的な生活を確保し、福祉を促進する。

　経済学者A・センやUNDP（国連開発計画）の唱える人間開発（human development）において、不衛生に起因する乳児死亡率の高さ、それを一因とする寿命の短さが問題視されてきたように、健康的な生活は持続的な開発目標の優先事項の1つです。COVID-19の重症者と死者が先進国でも多く見られたように、経済的な豊かさは健康を保障するものではなく、医療機関はもちろん、政府や国際機関、製薬企業にはそれぞれ責任ある行動が求められます。妊婦死亡率（10万人中70人未満）と新生児死亡率（1000人あたり25人未満）の低減、感染症対策、ワクチンを含む基本的な保健サービスへのユニバーサルなアクセス、麻薬やアルコール依存対策など、ターゲットは多岐にわたります。

ゴール4：質の高い教育をみんなに

すべての人々への包摂的かつ公正な質の高い教育を提供し、生涯学習の機会を促進する。

　教育は、所得の上昇や就業機会の拡大といった他の目的を実現する手段であるほかに、知的好奇心を満たす、公共心ならびに批判的精神を涵養するなど、現代社会で生活の質を決める重要な要素となっています。MDGsや人間開発においては、基礎的な初等教育と初等前教育に重点がおかれてきましたが、SDGsでは、中等教育や高等教育、職業教育等、あらゆる教育へのアクセスの改善が掲げられています。また、校舎を造り教職員を配置して学生を登録させるという建前さえ整えれば、就学率などで図られる教育の「量的な」改善は比較的実現容易なのに対し、就学者がそこで実際に期待されている知識を習得する——これはテストの結果等で図られます——という教育の「質的な」改善の実現は難しいものがあります。SDGsが目指すのは、後者の質の高い教育の普及です。

ゴール5：ジェンダー平等を実現しよう

ジェンダー平等を達成し、すべての女性及び女児のエンパワーメントを行う。

　ゴール5の掲げるジェンダー平等は、特定の社会において、女性が女性であることを理由として、持続的な開発から取り残されることを防ぐものです。女性に対する差別、人身売買を含む暴力、女性器切除や早婚など、基本的人権に抵触する状況や慣行をなくすほか、育児と家事を女性にばかり割り当ててきた伝統や制度の見直し、政治や行政、企業経営における女性リーダーの増大、性と生殖に関する権利、財産とICTへのアクセスの改善が、具体的に目指されることになります。ジェンダー平等は日本の遅れがずっと指摘されてきた分野であり、女性の権利拡大に成功した他国の経験から学ぶことが重要です。

ゴール6：安全な水とトイレを世界中に

すべての人々の水と衛生の利用可能性と持続可能な管理を確保する。

　ゴール6と7は、多くの開発途上国で課題とされてきた水とエネルギーへのアクセスを扱っています。それらは、人口増大や経済成長、そして戦争の結果として、世界全体で解決すべき争点となっています。安全な水が手に入りにくい状況下では、伝染病への感染、調理や行水・洗濯・排泄の制限、水を家まで運んでくることの重労働や水の購入費の生活への圧迫、そして水をめぐる紛争など、尊厳ある生活が危ぶまれることになります。2030年までにすべての人々が安全な水にアクセスできるようになることのほか、下水道の改善、下水以外の淡水汚染源への対処、水の利用効率の改善、水系生態系の保護などがターゲットとなります。水の稀少性が高まるのに伴い、ビジネスとして企業が参入するようになっていますが、水は占有になじまない資源であるがゆえに、公共部門の役割やコミュニティの参加も重要となってきます。

ゴール7：エネルギーをみんなにそしてクリーンに

すべての人々の、安価かつ信頼できる持続可能な近代的エネルギーへのアクセスを確保する。

　日本でも電気代やガス代の支払いに窮する貧困世帯があり、さらに災害時には国、地域を問わず、エネルギーの重要性が再確認されることになります。エネルギーは有限であることから、より持続可能性のあるエネルギー源の開発と活用、及びエネルギーの節約を唱えるのがゴール7です。2030年以降すべての人が持続的にエネルギーにアクセス可能となるためには、再生可能エネルギーのシェアの増大、エネルギー効率の改善、環境負荷の低い化石燃料技術の開発などが求められます。貧しい内陸国や島嶼国など経済的、地理的にエネルギーの供給が難しいところでは特に、持続可能なエネルギー開発への知的、資金面での国際援助が期待されるところです。

ゴール8：働きがいも経済成長も

包摂的かつ持続可能な経済成長及びすべての人々の完全かつ生産的な雇用と
働きがいのある人間らしい雇用(ディーセント・ワーク)を促進する。

　ゴール8と9は経済成長に関わるものです。ゴール8は、GDP（国内総生産）などで測られる成長が人間らしい（decent）雇用を伴うことの重要性を掲げています。生産性が高くやりがいの持てる雇用機会が世界的に不足していること、それが生活不安と自尊心の喪失、ひいては社会的格差の拡大と政治的な分断をもたらしていると、多くの論者が指摘してきました。このため、低開発国における年率7％のGDP成長、生産性の改善に基づく成長の持続のほかに、中小零細企業の活性化、同一労働同一賃金の達成、強制労働の根絶、若者が長期にわたり生産的な雇用にも就学もしない状況を避ける等のターゲットが掲げられています。主要な雇用主である企業の目的は利潤の最大化であり、そこに質の高い雇用の増大を組み込めるのかという悲観的な見方も根強いなかで、企業は儲けや株価のことだけを考えていればよいという新自由主義的な考えに修正を迫っている点は評価できます。バブル崩壊以降、長期低迷に陥った日本経済にとっても、「雇用を伴う成長」は追求すべき理念といえます。

ゴール9：産業と技術革新の基盤をつくろう

強靱（レジリエント）なインフラ構築、包摂的かつ持続可能な産業化の促進及び
イノベーションの推進を図る。

　ゴール9は、ゴール8よりも経済成長に直接関わるものであり、生産資源の新たな利用を可能とする技術革新を促す条件の整備を目指します。それらの条件の中には、質が高く持続性に優れた交通や情報通信インフラへの投資、研究開発の強化、一次産品依存国における工業化の促進などが含まれます。これらは第二次世界大戦後に多くの開発途上国が掲げた目標ですが、実現できた国は東アジア諸国など、少数の例に限られます。技術援助は、革新を担う能力と意思のある集団の出現を促すものでなければなりません。

ゴール10：人や国の不平等をなくそう

国内及び各国家間の不平等を是正する。

　貧困と不平等はいつも同じ方向に変化するわけではありません。中国とインドの経済成長は世界全体での貧困と不平等の削減に貢献した一方で、両国それぞれの内部では不平等が拡大した可能性があります。また、国際開発や各国の社会政策では貧困削減が優先され、それらは一定の成果を上げてきたものの、富裕国と最貧国の格差、及びアメリカ合衆国など多くの国々で問題視されている人口の0.01％程度の超富裕層と所得停滞に悩む勤労者間の不平等の拡大については、具体的な対策をとる必要性が高まっています。ゴール10では、各国内及び国際的に下位の人々の所得の増加率が上位の人々の増加率を上回るようにするため、（ゴール5で扱ったジェンダー及びそれ以外の基準に基づく）差別の撤廃、貧困削減策の充実、大企業や富裕層による租税回避への対策、WTO（世界貿易機関）の枠内での開発途上国への優遇措置、ODA（政府開発援助）と海外直接投資の増額、移民の送金費用の削減などのターゲットが掲げられています。

ゴール11：住み続けられるまちづくりを

包摂的で安全かつ強靭（レジリエント）で持続可能な都市及び人間居住を実現する。

　都市化の進展により、世界人口の大半は今日都市に住んでおり、都市人口の比重は今後も高まっていくことが予想されます。これは都市に企業や政治機構、教育・文化産業が集中していることによりますが、日本も近代化の過程で経験したように、農村からの急速な人口流入を伴う都市の膨張は、住環境の悪化や環境問題の原因となります。途上国というと「不法占拠地に簡易資材で建てられた小屋のような家に住み、下痢や水害、火災に苦しむリスクの高い人たち」というイメージを持つ方も多いでしょう。ゴール11は、都市が誰にとっても住み続けることのできる場となることを掲げており、スラムの改善、公共交通機関の充実、文化遺産の保護、廃棄物の管理、防災計画の導入、緑地の確保といった具体策が挙げられています。

ゴール12：つくる責任・つかう責任

持続可能な消費生産形態を確保する。

　SDGsの17項目の中で、身近に実践でき、かつ先進国の責任が重いという点で最もインパクトがあるのが、資源の有限性を認め、将来世代のために消費、生産、流通のあらゆる場面で資源利用の無駄を省くことを説く、ゴール12です。2030年までに食品廃棄を半分にするというターゲットは、食品ロスが日本のメディアを賑わす問題である一方で、世界には栄養価の高い食事を十分に取れない人々がたくさんいることを考えるとき、訴えるものがあるはずです。ほかにも3R（リデュース、リサイクル、リユース）による廃棄物の削減、企業による持続可能な取り組みの情報公開、持続可能な観光の促進、資源の浪費を助長する補助金の廃止などを通じて、資源の節約が世界的な規範となることが期待されます。

ゴール13：気候変動に具体的な対策を

気候変動及びその影響を軽減するための緊急対策を講じる。

　環境問題の中で、論争の的となりながら緊急性の高い気候変動対策を扱っているのがゴール13です。因果関係が複雑なゆえ、二酸化炭素などの温室効果ガスが温暖化をはじめとする気候変動を引き起こしているのかどうかについて、科学者の間で広く意見の一致が見られるわけではありません。それでも、多くの地域で深刻な影響を及ぼしている気候変動という地球規模の課題解決のため、さまざまなレベルでの行動が必要であるというのはSDGsの最重要メッセージの1つであり、ゴール13ではその緊急性を訴えています。UNECCC（国連気候変動枠組条約）の枠内——2015年に締結されたパリ協定では、産業革命前と比べた地球全体の平均気温の上昇を2度以下に保持、できれば1.5度以下に抑えるよう努力しつつ、21世紀後半に温室効果ガスの純排出量をゼロにするという高い目標が掲げられています——で、各国に積極的なコミットメントを求めています。

ゴール14：海の豊かさを守ろう

持続可能な開発のために、海洋・海洋資源を保全し、持続可能な形で利用する。

　環境問題を直接扱った2つ目の項目であるゴール14では、海を守ることが唱えられています。陸上活動を原因とする海洋汚染の削減、海洋・沿岸生態系の管理、海洋酸性化の減少、科学的な漁業管理、過剰な漁獲を招く補助金の廃止、国際法の試行、さらには（ゴール2の家族農業の場合同様）小規模な伝統漁業者への支援などを通じて、海洋と海洋資源の保全が目指されています。プラスチックごみの海洋流出は日本でも大きく取り上げられましたが、海洋汚染や漁業資源の乱獲に対して何ができるのか、日本に問いかけられています。

ゴール15：陸の豊かさも守ろう

陸域生態系の保護、回復、持続可能な利用の推進、持続可能な森林の経営、
砂漠化への対処ならびに土地の劣化の阻止・回復及び生物多様性の損失を阻止する。

　海に続いて、陸の豊かさを守ることがゴール15に掲げられています。海より面積は狭いものの、人間が居住する空間であるがゆえ、守るべき対象と手段は多くの領域に及びます。違法な伐採の防止や植林による森林の回復、砂漠化や洪水の防止と対策、山岳や湿地の生態系の保全、絶滅危惧種の保護と外来種の侵入制御、密漁やバイオパイラシー問題（生物資源の盗賊行為で、多くの場合、途上国の資源が犠牲となる）への対応などを通じて、陸上の資源の持続可能な利用と生物多様性の保持が目指されます。

ゴール16：平和と公正をすべての人に

持続可能な開発のための平和で包摂的な社会を促進し、すべての人々に司法へのアクセスを
提供し、あらゆるレベルにおいて効果的で説明責任のある包摂的な制度を構築する。

　ゴール16は、他のゴールの制度的な前提、すなわち平和の実現とガバナンス（統治能力）の強化を扱っています。前者については、あらゆる形態の暴力を減らすため、人身売買や子どもの虐待の防止、マネーロンダリングや武器密輸の取り締まり等を通じての組織犯罪の根絶などが、ターゲットとして掲げられています。後者のガバナンスの強化に関わるターゲットは、暴力の削減とともに、法の支配、汚職の大幅な削減、公共的な意思決定の透明化と民主化、出生登録をはじめとする法的な身分証の保障などを目指しています。国家の能力を高めると同時に、国家による横暴を防ぐ仕組みも必要となります。

ゴール17：パートナーシップで目標を達成しよう

持続可能な開発のための実施手段を強化し、グローバル・パートナーシップを活性化する。

　SDGsでは最後に、国境を越えた、官民を問わないグローバルなパートナーシップを通じて、1 〜 16までのゴールを達成し、持続可能な世界を実現することを謳っています。具体的には、途上国に流入する資金の増額、技術の国際的な普及の促進、国家の能力構築支援、開かれた公平な貿易体制の構築、制度・政策の国際的な擦り合わせ、政策変更により影響を受けるすべての集団の参加の促進（マルチステークホルダー・パートナーシップ）、データ整備への支援、そして新たな開発の尺度の探究からなります。

03

「持続可能性」とは何か

SDGs によって広く知られるようになった言葉に「持続可能性」があります。現在は「サステナビリティ」というカタカナ語も頻繁に用いられるようになりました。ただし「持続可能」であるとはどういうことなのか、「ずっと続けられる」「長く持ちこたえられる」という以上の理解が人々に共有されているかどうかは、はなはだ心もとない現状にあるようです。「持続可能性」についての理解は、自然をどう理解するかという、人それぞれの自然観と大きく結びついています。自然をどう捉えるか、自然とどう向き合うかで、「持続可能性」という概念の捉え方が違ってきます。本章では、環境政策学者・環境経済学者である一方井誠治先生が、ご自身の立場から「持続可能性」という概念を詳しく説明されています。我々は自然に対する自分自身の態度をあらためて考え直す機会をもつ必要がありそうです。

「持続可能性」とは何か

1. 「持続可能な開発（発展）」への着目
2. ブルントラント委員会の定義とデイリーの原則
3. 強い持続可能性と弱い持続可能性
4. 昔からあった二つの考え方
5. 持続可能性からみたSDGsの解釈

6. 豊かさや幸福とつながる持続可能性
7. 環境・資源の制約と経済・暮らし
8. 制約がもたらす文明の健全性と安定性
9. 「持続可能性」の更なる探究と共有

1. 「持続可能な開発（発展）」への着目

　今日、SDGs（持続可能な開発目標）で使われている「持続可能な開発」や「持続可能な発展」という言葉は、国や地方公共団体、また、大学や企業等でもよく使われています。しかしながら、この言葉が一般的に使われるようになったのは、それほど昔のことではありません。

環境問題の発生とストックホルム会議

　日本では明治維新後の富国強兵の時代に、足尾銅山など鉱山の採掘・精錬事業に伴う鉱害問題等が生じ、さらに第二次大戦後の高度経済成長時代には、産業活動に伴う大気汚染や水質汚濁などの劇甚公害が大きな社会問題となりました。このような環境問題は、海洋汚染など次第に世界的な課題となり、1972年には、その当時熱心に環境問題に取り組んでいた北欧諸国の中のスウェーデンが音頭をとり、環境問題に関する世界で初めての国際会議が開催されました。国連人間環境会議（通称ストックホルム会議）です。おりしも同年に出版されたローマクラブの「成長の限界」では、このままの経済成長が続けば、食糧、資源、汚染などの面で近い将来、人類は大きな限界に直面するとの予測が示され大きな話題となりました（ローマクラブ，1972）。

　ただし、このような環境・資源問題の解決を重視する問題意識は、当時、どちらかというと先進国が強く持っており、発展途上国は、そのような先進国の問題意識が、自分たちが必要と

しているこれからの経済成長を阻害するのではないかという強い危機感を持っていました。環境と開発をめぐる、いわゆる先進国と途上国との対立です。国連人間環境会議は、「人間環境宣言（ストックホルム宣言）」を採択して閉幕しましたが、先進国と途上国との考え方の対立は根強く残りました。

地球サミットの開催と「持続可能な開発」

　このため、ストックホルム会議後に国連に設置された環境問題専門組織である国連環境計画（UNEP）の1982年の特別理事会で、10年後の1992年に、環境保全と経済開発との対立の解決を図るための首脳レベルの国際会議として、「環境と開発に関する国連会議（UNCED）、いわゆる地球サミット」を開催することが決定されました。この会議の準備のため、先進国、途上国双方から推薦を得て、ノルウエ―のブルントラント元首相をトップとする「世界賢人会議（通称ブルントラント委員会）」が1984年に招集されました。同会議は3年にわたり世界各国で検討会議を開催し、1987年に「我ら共通の未来」という報告書をとりまとめました。ここで大きくクローズアップされたのが「持続可能な開発」という概念で、先進国と途上国との対立に折り合いをつけるものとして政治的に高く評価されました。これが1992年にリオデジャネイロで開催された地球サミットで世界が合意した「リオ宣言」、「アジェンダ２１」等におけるベースの概念となり、これ以降、この言葉は世界に定着しました。（一方井, 2011; 環境庁・外務省, 1993）

2. ブルントラント委員会の定義とハーマン・デイリーの原則

ブルントラント委員会の「持続可能な開発」の定義

　ブルントラント委員会における英語の"sustainable development"（サステイナブルデベロップメント）の定義は以下のように表されています。「持続可能な開発とは、未来の世代が自分たちの欲求を満たすための能力を減少させないように、現在の世代の欲求を満たすような開発である」（加藤, 2005）。この定義には、将来の世代が必要とし、その欲求を満たすための環境や資源等を現代の世代が悪化させ、使い尽くしてはならないという思想が含まれています。

　なお、日本では、"sustainable development"は「持続可能な開発」と訳されることが多いのですが、他方で「持続可能な発展」と訳される場合も見られます。これは、もともと英語の"sustainable development"という言葉が、日本語の「開発」という言葉よりもやや広い概念

であったところ、かつて先進国は環境保全、途上国は経済開発というようなやや単純な対比から、日本では"development"の日本語訳として、ダムや発電所の建設などハードなイメージの強い「開発」の訳が使われてきたものと思われます。しかしながら、地球サミット以降、それらを統合した"sustainable development"における"development"には、能力開発などソフトのイメージの強い概念も多くが含まれていることもあり、より幅広い「持続可能な発展」という日本語訳も一方で定着してきたものと思います。その観点から本章では、以下定訳となっているものを除き、一般的には「持続可能な発展」という言葉を用います。

ブルントラント委員会の定義が受け入れられた理由

さて、ブルントラント委員会のこの定義は、地球サミットが開催された当時を含め、先進国、途上国双方、あるいは先進国や途上国内部でもそれぞれ考え方の異なる人々からも受け入れられたという面で、政治的には大変優れたものだったと思います。しかしながら、このような多くの人に受け入れられた理由は、半面で、この定義がある意味、解釈上のあいまいさを残しており、それぞれの立場の人が自分の考えや主張に沿ったものである、と都合よく解釈できる余地を残していたという面があることは否定できません。

もとより、ブルントラント委員会の定義は、これだけの文章ではなく、例えば、「持続可能な開発のためには、大気、水、その他の自然への好ましくない影響を最小限に抑制し、生態系の全体的な保全を図ることが必要である」というような記述なども加えられています。しかしながら、このように、自然への好ましくない影響を「最小限に抑制」するというようなあいまいさを残す表現であるため、現実の各種の開発プロジェクトに直面したとき、「具体的にどこまで開発を進めていいかという限度が見えてこない」という倫理学者の加藤尚武氏などの批判が生まれることになります（加藤, 2005）。

デイリーの持続可能な発展の3原則

持続可能な発展に関しては、一般的には、ブルントラント委員会の定義が今日でも世間に広く定着しているのですが、この問題に早くから注目し、持続可能な発展の条件を追究した研究者がいます。米国の経済学者ハーマン・デイリー（1938 〜 2022）です。デイリーは1970年代から、環境面などから、このままの経済成長は永遠には続けられないという認識のもとに定常経済に関する研究などを続け、「持続可能な発展の3原則を提唱しました。その内容は以下の通りです。（大森, 2020）

①再生可能な資源の消費の速度が、再生の速度を上回らないこと（大森, 2020）

②再生不可能資源の消費速度は、それに代わる再生可能資源が開発されて代替的に消費される速度を上回らないこと

③汚染物質の排出量、自然による無害化処理能力を上回らないこと

　この原則は、人類が利用している資源を、森林などの再生可能資源と化石燃料などの非再生可能資源に大きく分類し、②に示されているように、現在、社会が多く使用している非再生可能資源は、直ちに使用をやめなければならないわけではないものの、最終的にはそれが再生可能資源に代替されるべきとの考え方に立っています。また、③で示されているように、人間の営みから排出される廃棄物や有害物は、自然のなかで受け入れ浄化できるペースに限られることを明言しています。さらに、①で示されているように、すべての前提として、再生可能資源はそれが再生できるペースでしか使用できないことも示しています。

　この考え方を、環境経済学で使用される基本図をベースに表したのが、図1です。

図1●環境と経済の基本的関係

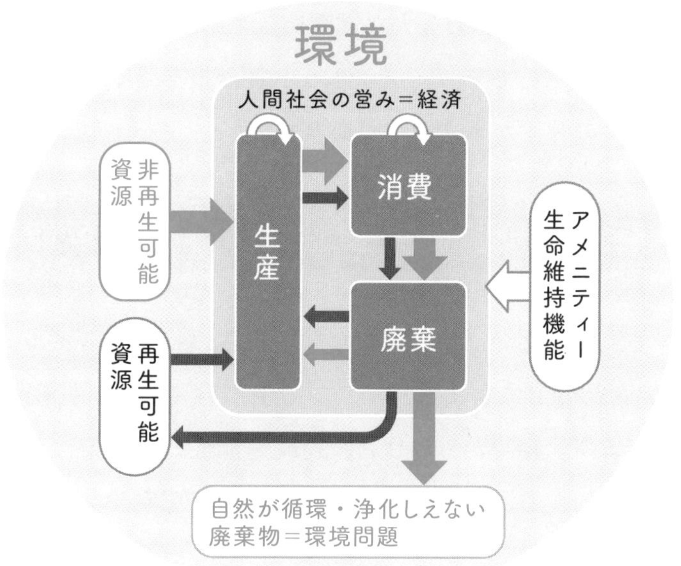

出典：一方井誠治
「コアテキスト環境経済学」

デイリーの3原則の考え方

　デイリーの考え方は、持続可能な発展のためには、自然界の中で人間社会が利用する資源は、太陽光のエネルギーで循環する再生可能資源をベースとすべきであるというものです。他方、例えば化石燃料などの非再生可能資源の利用と、それを二酸化炭素等として自然界に排出する、現在多く見られる物質の流れは「循環」ではなく、「一方通行」のものとなり、持続可能な発展を不可能にするという考え方です。なお、この図でいう「廃棄物」には、化石燃料の使用に伴って大気中に排出される二酸化炭素などが含まれます。（デイリー, 2005；一方井, 2018）

　デイリーの考え方に従えば、石油や石炭などの化石燃料の使用のみならず、原子力発電についても、非再生可能資源（ウラン鉱）の利用という点と、自然が循環・浄化し得ない廃棄物（放射性廃棄物）の排出という点で、持続可能な発展の原則に合わないことになります。このようなデイリーの考え方は、ブルントラント委員会の持続可能な発展の考え方に比べて、具体的かつ明確でありわかりやすいのですが、一方で、デイリーが所属していた当時の米国の学会では、市場経済中心の成長を重視する経済学が主流であり、かつ、経済発展で米国が豊かになっていった時代であったこともあって、デイリーの3原則は、経済発展に対する不都合な考え方としてほとんど評価されなかったといいます。

　しかしながら、デイリーによる、この原則を含めた持続可能な発展の経済などの研究成果は、地球環境保全への多大な貢献が認められるとして、2014年度には、日本の旭硝子財団から、デイリーに対してブループラネット賞が授与されるなど、近年、この3原則は、研究者をはじめ社会での評価が高まりつつあります。

3. 強い持続可能性と弱い持続可能性

　さて、これまで「持続可能な発展」という面からブルントラント委員会の定義とデイリーの3原則を紹介してきましたが、この中に含まれる「持続可能性」の考え方について整理したいと思います。結論からいうと、持続可能性の考え方は意外と難しく、持続可能性とは何かという問いに対する、国際社会での確固とした定義や共通理解はいまだに確立されていないというのが現状です。

　さらに、今日でも経済成長に期待する声は、先進国でも途上国でも根強いものがあるのですが、ややもすると「持続可能な成長sustainable growth」と「持続的成長sustained growth」を混同して理解している場合すら見受けられます。

環境経済学における2つの考え方

　もちろん、社会におけるさまざまな分野の異なる立場の人にとって、持続可能性に関する考え方が異なることは無理からぬところがあるのですが、環境経済学では、この「持続可能性」に関して、大きく分けて2つの大きな考え方があります。「強い持続可能性」と「弱い持続可能性」です。

　強い持続可能性とは、人間の経済成長には「最適な規模」があり、自然資本は人間の福祉の

究極的な源泉であることから、森や海など自然資本の制約を超えて成長することは不可能であるという考え方です。一方で、弱い持続可能性とは、自然資本は人間の福祉の決定要因の1つに過ぎず、自然資本はその他の人工資本等で代替可能であるという考え方です。(環境経済・政策学会, 2018；一方井, 2018)

言い換えると、強い持続可能性の考え方は、人間の生存や福祉といった事項に関して自然が果たす役割を高く評価し、一定の限度を超えた自然の破壊や喪失があってはならないという立場であるのに対し、弱い持続可能性の考え方は、もし人工的な資本が人間によって作られ、それによる満足感や利益が、それまでの自然資本によるものより大きければ、自然資本は人工資本にいくらでも置き換わってもかまわないという立場です。

なお、自然資本とは、天然資源や環境の浄化機能等を含む自然的構成要素からなる資本のことであり、人工資本とは、原子力発電所や工場など人間が新たに人工的に形成してきた資本のことです。

2つの考え方の背後にある課題

この考え方の違いは、ある意味、大変大きな課題を人類に突きつけているといえます。人類はもともと、地球上で形作られてきた圧倒的な自然資本に依拠して、それを利用するとともに、その生命維持の基盤に支えられて文明を発展させてきましたが、化石燃料の発見や産業革命に象徴されるような科学技術の発展により、例えばエネルギーに関しては、薪や炭などの燃焼という直接的な自然資本の利用に頼らなくても、石炭や蒸気機関の利用等の人工資本により日常生活が営めるという状況を作り出してきました。

そのことは、かつては一部の権力者や富裕層のみが享受し得た大量の物質とエネルギーを、多くの人々が享受し得るという社会状況を生み出してきました。その意味で、いわば自然資本の制約を解き放ったことにより、人類の文明は大きく飛躍し、それがまた、新たな経済成長の原動力となってきたというのが、この数百年の人類の歴史であったと思います。

しかしながら、その一方で、都市化や農地の拡大ともあいまって地球上の森林面積は激減し、野生動植物の絶滅など生物の多様性も大きく損なわれてきています。さらに問題なのは、化石燃料等の燃焼による二酸化炭素の排出の増加により、地球環境の要ともいえる大気の質や海洋の質が悪化するなどの気候変動が進行し、地球環境の悪化が顕在化していることです。

化石燃料の発見と産業革命は、人間を自然資本の制約から解き放ったと書きましたが、一見すると、それによって人類が飛躍のスタートを切ったように思われるかもしれません。しかし、

それが現代の気候変動問題につながっているということは、決して偶然ではありません。

　つまりは、圧倒的な生態系システムを有する自然資本に人類が依拠してきた時代は、自然資本が人類の生存という持続可能性の基盤を担っており、人類はそこから踏み出す手段を持たなかった一方で、その大きな制約の中でその持続可能性を保障されてきたともいえます。それに対して18世紀以降の産業革命、科学技術革命、市場制度などの発展により、そこから大きく踏み出す手段を得た人類は、自然資本による持続可能性の保障を失い、人類自らが自身の持続可能性を保障しなければならないという大きな課題を背負うに至ったのが現代の状況だと思います。強い持続可能性と弱い持続可能性の考え方の違いは、強い、弱いという言葉の響き以上に、大変大きな課題を人類に突きつけているということの意味は以上の通りです。（一方井, 2018）

環境経済学における2つの考え方

　「強い持続可能性」の考え方の根底には、人間は、自分たちの生存や福祉の基盤である、時として厳しくも美しい自然環境についての知識はいまだに限られており、その自然を人間の意のままに大きく改変することへの大きな懸念があるという意味で、自然に対する畏敬の念という、人間の自然に対する謙虚な見方があると思われます。それに対して、「弱い持続可能性」の考え方の根底には、人間は自然のメカニズムや役割について既に十分な知識を持っており、自然を人間の持つ技術で自由にコントロールすることが可能であるという見方があるのではないかと思われます。また、近年の市場経済の進展により、自然の改変を含む経済活動が結果として経済的な利益と結びついていることも、この考え方を助長しているように思われます。

　今日人々の自然観などの価値観は多様であり、それを1つの価値観に統一するということは現実的ではありませんし、そうすべきでもないと思います。また、経済学の分野でも、人々の嗜好や価値観にはあえて踏み込まないという前提が置かれてきました。しかしながら、気候変動の進行など現在の危機的な状況を見る時、今後、「強い持続可能性」の考え方に立つか、「弱い持続可能性」の考え方に立つかで、今後の技術開発の方向や社会システムの変革の方向は大きく変わってきます。私たちはそのどちらの考え方に立つか真剣に考える必要があります。

４. 昔からあった2つの考え方

　以上、人類の文明の歴史、特に産業革命以降の世界の変化を振り返ると、世界は基本的に、自然資本は人工資本で代替できるという「弱い持続可能性」の考え方に沿って発展してきたと

いって間違いないと思います。さらにいえば、市場機能とそれによる交換価値を重視する近代経済学も、基本的にはそのような考え方と親和性が高かったと思います。それに対して自然資本を重視する「強い持続可能性」の考え方は、比較的最近出てきたように感じるかもしれませんが、それは正しくありません。

むしろ、時間的には圧倒的に長い、産業革命以前の人類の文明は、自然資本に依拠してその生存を保障されてきたことから、自然との調和を旨とする考え方や行動様式が基本となってきたと思います。そのような実例の名残は、例えば、アメリカインディアンの文化や日本のアイヌ文化など世界各地で見られます。（ハーツ, 2003；環境庁, 1995）

熊沢蕃山の思想

日本の江戸時代の陽明学者である熊沢蕃山（1619 ～ 1691）は、その書「集義和書」で、弟子からの、「万物一体と草木国土悉皆成仏という言葉は同じ意味のように思いますが」、という問いに対して、以下のように答えています。

「万物一体とは、天地万物みな太虚の一気より生じたものなるゆへに、仁者は、一草一木をも、その時なくその理なくては切らず候。いわんや飛潜動走のものをや。草木にても、強き日照りなどに、しぼむを見ては、わが心もしほるるごとし。雨露の恵みを得て青やかに栄へぬるを見ては、わが心も喜ばし。これ一体のしるしなり」

（現代語仮訳）

「万物一体とは、天や地をはじめこの世のすべてのものは、大いなる無から共に生まれ出たものなので、心ある立派な人は一本の草や一本の木であっても、どうしても必要なときや、どうしても必要な理由がなければそれらを切って命を奪わないものなのです。ましてや空を飛んだり水に潜ったり地面を走ったりする動物や昆虫などは、なおさらそうなのです。草や木などひどい日照りでしおれるのを見るとまるで自分のことのように心がしおれる思いがしたり、逆に、雨や露などの恵みによりそれらが青々と健やかに育つさまを見ると自分のことのように喜ばしく思うのは、まさに人間を含め万物は一体であるということの証拠なのです」

なお、「草木国土悉皆成仏」というのは、人間はおろか草木や国土のようなものでさえ、ことごとく仏性があり成仏できるという仏教思想です。（加藤, 2005）

J.S.ミルの思想

このように自然を重視する考え方は、日本だけではありません。19世紀、近代経済学の基

礎を築いた経済学者の1人である英国のJ.S.ミル（1806～1873）は、その書「経済学原理」で次のように述べています。「自然の美観壮観の前における独居は、思想と気持ちの高揚とひとり個人にとってよい事ばかりではなく、社会もそれを持たないと困るところの、あの思想と気持ちの高揚とを育てる揺籃である」、「その楽しさの大部分のものを与えているもろもろの事物を、富と人口との無制限なる増加が、地球からことごとく取り除いてしまい、そのために地球がその楽しさの大部分のものを失ってしまわなければならぬとすれば、（中略）私は後世の人たちのために切望する。彼らが、必要に強いられて停止状態にはいるはるかまえに、自ら進んで停止状態にはいることを」。近代経済学の基礎を築いた経済学者の1人であるミルが、一方でこのような将来の見通しを持っていたことに改めて驚かされます。（ミル, 1961）

田中正造の思想

　さらに、明治時代に、開設されたばかりの国会で衆議院議員を6期つとめ、地元足尾銅山鉱害問題の解決に奔走した田中正造（1841～1913）は、「真の文明は、山を荒らさず、川を荒らさず、村を破らず、人を殺さざるべし」の言葉を残しています。足尾銅山問題は、田中の奮闘にもかかわらず鉱害被害は解決せず、被害の中心となった渡良瀬川流域の谷中村は、調整池建設のための強制収容の対象となり廃村となりました。田中の思想には自然環境の重視のみならず、人権重視が大きな柱となっており、ある意味、今日のSDGsの考え方にも近いものがあったと思います。（早乙女, 2001）

　ここで紹介した3人の思想は、強い持続可能性の考え方に立っているといっても間違いではないと思いますが、人類文明の歴史、なかんずく18世紀の産業革命以降の歴史は、全体として弱い持続可能性の考え方に沿ったものであったと思われます。

5. 持続可能性からみたSDGsの解釈

　さて、以上見てきた「強い持続可能性」と「弱い持続可能性」の考え方とSDGsとの関係について考察してみましょう。SDGsは環境面、社会面、経済面の3分野に焦点をあて、そのいずれの分野でも、人々が持続可能で健康かつ良好な暮らしが営めるような諸目標を掲げています。

SDGs達成における地球環境問題の位置づけ

　SDGsは、世界各国の代表が集まり協議の上で国連が採択したものですが、これが強い持続

可能性の立場に立っているか弱い持続可能性の立場に立っているかについては、直接の言及はありません。1つ関係ありそうなのが「誰一人取り残さない」という記述で、これは17の目標に関わるすべての目標の同時達成を目指しているものと思われます。しかしながら、気候変動問題の観点から考えても、地球環境をめぐる深刻な諸問題が、SDGsの達成目標年である2030年までに解決するとはとても思えません。

問題は、SDGsがカバーする持続可能性に関わる世界の諸問題を解決するにあたり、「強い持続可能性」や「弱い持続可能性」で注目されてきた「自然資本」や「人工資本」の区別やお互いの位置づけなどがSDGsでは必ずしも明確ではなく、環境、社会、経済の3分野を広くカバーしてはいるものの、環境問題は、あくまで世界の諸問題全体の中で解決すべき一分野であるという扱いになっていることです。（一方井, 2018）

国連が定めた包括的富指標

ちなみに国連は2015年に策定したSDGsに先立って、2012年に「包括的富指標（Inclusive Wealth Index）」を策定し、現在世界にその普及を図っています。この指標は、これまで一国の富や発展を図る指標として世界で使われてきたGDP（国内粗生産）が、短期的かつ市場経済で評価されるフローの富を計測していることの問題点への反省に立って、ストックとしての自然資本、人工資本、人的資本をとりあげ、その持続可能性も含めて貨幣評価を行い、新たな富の概念を確立しようとしたものです。GDPがややもすると森林減少などの自然資本の劣化を反映していないというような、かねてからの批判に対する対応として、ストックの資本に着目し、その中に自然資本を明示的に位置づけたことについては評価されるべきと思います。しかしながら、この指標には1つ大きな問題があります。

それは、この指標において、富が増加したか減少したかは、「自然資本」、「人工資本」「人的資本」を貨幣評価したその総和で評価することになっているということです。つまり、たとえ自然資本が減少しても、それを上回る人工資本、人的資本の増加があれば、ストックとしての富は増え、持続可能性も高まったと判断されることです。これは、明確に「弱い持続可能性」の考え方そのものです。（環境経済・政策学会, 2018；環境用語集, 2019）

このような状況もあり、SDGsについては、どちらかというと弱い持続可能性の考え方に近い印象が強いことから、これをそのままの状況で進めてもいいのかという疑問を持った研究者がいます。ストックホルムレジリエンスセンターのヨハン・ロックストロームとウィル・ステファンです。

ウエディングケーキモデル

　ロックストロームらは、いわゆる強い持続可能性の考え方の立場に立ち、持続可能性の観点から、超えてはならない地球環境上の条件について研究を行ってきたのですが、2009年に9つの分野からなる「プラネタリー・バウンダリー（地球の限界）という概念を提唱しました（ガフニー、ロックストローム，2022)」。そのような考えに立ち、同センターは、SDGsの17の目標を平面的に並べるのではなく、図2のような立体的なものとして理解する、いわゆるウエディングケーキモデルを発表しました。

　ここでは環境、社会、経済の3分野の目標について、気候変動や海洋、陸の自然など環境分野に関する目標は、生態圏として全体を支える土台として描き、社会的な分野に関する目標をその土台の上に置き、最後に経済に関する目標をその上に位置づけるというものです。これは、地球環境というこの社会の土台がしっかりしていなければ、その上の社会的、経済的な分野の目標も達成できないという考え方です。

───── 図2 ● ストックホルム・レジリエンスセンターのウエディングケーキモデル ─────

17 パートナーシップで目標を達成しよう

経済圏（Economy）
働きがいも経済成長も **8**
産業と技術革新の基盤をつくろう **9**
10 人や国の不平等をなくそう
12 つくる責任つかう責任

社会圏（Society）
平和と公正をすべての人に **16**
住み続けられるまちづくりを **11**
貧困をなくそう **1**
飢餓をゼロに **2**
7 エネルギーをみんなに、そしてクリーンに
3 すべての人に健康と福祉を
4 質の高い教育をみんなに
5 ジェンダー平等を実現しよう

生物圏（Biosphere）
陸の豊かさも守ろう **15**
海の豊かさを守ろう **14**
6 安全な水とトイレを世界中に
13 気候変動に具体的な対策を

もう1人、SDGsの考え方を、前記のウエディングケーキモデルとも関連づけつつ、独自に発展させた経済学者がいます。英国のケイト・ラワースです。ラワースは今日の地球環境問題や経済格差などの経済問題は互いに関係しあっており、経済学は成長を追究する学問ではなく、それらの諸問題を解決するための学問であるべきとの観点から、2017年に、図3のようなドーナツ経済学の構築を提唱しました。

ドーナツの図における外側の環は、「環境的な上限」を表しています。これは先に触れたプラネタリー・バウンダリーという概念のもと、いわゆる地球環境上の制約を示したものです。

────── 図3 ● ケイト・ラワースのドーナツ経済学 ──────

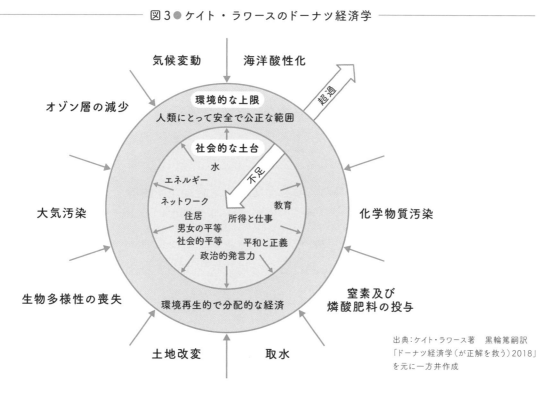

出典：ケイト・ラワース著　黒輪篤嗣訳
「ドーナツ経済学（が正解を救う）2018」
を元に一方井作成

内側の環は「社会的な土台」を示しています。ここで示されている食料や住居、平和と正義などに関する項目は、SDGsの項目と形式的に完全に一致しているわけではありませんが、内容的にはほぼ一致していると見ることができます。

現在、環境的な上限に関しては、すでに「気候変動」、「生物多様性の喪失」、「土地改変」、「窒素及び燐酸肥料の投与」において上限を超えており、社会的な土台に関しても、すべての項目について、多かれ少なかれ不足しているとされています。

ラワースの考え方もいわゆる「強い持続可能性」の立場に立っており、SDGsの概念をこのように解釈することにより、より具体的な政策や行動に結びつけることが可能になると考えられることから、さらなる研究の進展が期待されます。(Raworth, 2017; ラワース, 2018)

6. 豊かさや幸福とつながる持続可能性

自然に対する人間の価値観の変化

先に「強い持続可能性」と「弱い持続可能性」について、私たちはそのどちらの考え方に立つべきか真剣に考える必要があると書きましたが、この問題を考えるに当たっては、人類の生存基盤をどのように確保しつつ社会面、経済面も含めた持続可能な社会を作っていくかという自然科学的な面、社会科学的な面などからの一層の研究が必要です。しかしながら一方で、この問題は、自然に対する私たち1人ひとりの価値観と深く結びついているところに難しさがあるように思います。特に、世界的に都市化が進み、多くの人々の日常の暮らしが、グローバル化ともあいまって、その生存基盤である自然から離れてきたことが、この問題の判断に難しい影響を与えているように思われます。

つまり、食料にしても、衣服にしても、さらには住居の材料にしても、その生産地のことを身近に感じないままに利用が行われ、それらを生み出す自然への実感を持ちにくくなっている人々が増えているように思われることです。また、大きな都市においては、従来身近な存在であったカエルや昆虫などの小動物を見かけることも少なくなってきています。さらに、星空も見えにくくなっており、広大な宇宙における自分の存在を実感する機会なども減っているように思われます。

幸福感と自然との関係

人間の価値観の中でも、幸福は大きな位置を占めていますが、その内容はもとより多様性があり必ずしも1つのものではありません。ただ、「コアテキスト環境経済学」を書いた一方井は、人間の幸福には大きく分けて「人間社会の中で得られる幸福」と「自然と向き合うことによって得られる幸福」の2種類があるのではないかと述べています。前者については、日本の高度経済成長期に子ども時代を過ごした彼にとって、家族の団らんはもとよりテレビや冷蔵庫、自動車などの新たな製品が自分の家でも利用できるようになることは間違いなく大きな幸福であったと述べています。他方、後者については、彼の場合、雑木林での散策や家の近くの湧水

地で自然と向き合うことだったのですが、これは前者ほど鋭く刺激的な幸福感ではないものの、なぜかホッとし自然の中で自分を内省させられるような、安心感のある、しみじみとした幸福感だったと述べています。ただ、彼にとってこの２つの幸福感はどちらも欠かせないものだったのですが、子ども時代から学生時代を通じ、社会における前者の幸福は急速に拡大していくものの、後者の幸福を実感する機会が絶対的にも相対的にも減っていったといいます。

強い持続可能性、弱い持続可能性と自然観との関係

　もとより、このような幸福に関する彼の価値観をすべての人が共有することはできません。ただし、比較的自然と向き合う幸福を大事なことと思う彼でさえ、自身が持つ自然観は、歴史的に次第に劣化を続けてきた自然の中で得た自己の経験に基づくものに過ぎないということ、また、ややもすると自然と向かい合う幸福よりも人間社会で得られる幸福を優先しがちであったと述べており、これからの時代を生きていく若い世代の人々のなかで、自然と向き合う幸福をそれほど重視しない人が次第に増えていくのではないかという、大きな懸念があると述べています。

　先に述べたように、「強い持続可能性」の考え方の根底には、畏敬の念を含めた自然に対する人間の謙虚な姿勢があると思われます。

　現在、多くの国々は民主主義を基本としており、SDGsをはじめ、地球環境の未来を形作る諸政策は、人々の支持や行動に支えられた政府や地方公共団体、国際機関などがその企画・実施の多くを担っています。その意味で、自然に対する畏敬の念や謙虚な姿勢が人々の間で低下していくと、それに伴って「強い持続可能性」の考え方が必ずしも広がらず、「弱い持続可能性」の考え方がこのあとも続いていく可能性があることも予測されます。

7. 環境・資源の制約と経済・暮らし

　さて、ここまで持続可能性について、強い持続可能性と弱い持続可能性の２つの考え方を中心に述べてきましたが、強い持続可能性については、理屈の上では正しい面があるかもしれないが、現実の暮らしや政策に反映させることは難しいのではないか、と思った方もおられるかもしれません。

ドイツの挑戦

　それは、全体的に見れば、ある意味正しい認識なのですが、世界の中にはそれを現実の政策

に結びつけようと果敢に挑戦している事例も見られます。ドイツの事例です。ドイツは、日本と同じく第二次世界大戦の敗戦国で、敗戦時には多くの産業基盤が破壊されたのですが、戦後、連合国により原子力発電の利用が認められ、日本とともに原子力発電をエネルギー源の1つとして利用してきました。しかしながら、1998年の連邦議会の総選挙の結果による政権交代を経て、2000年には将来の原子力発電の廃止について政府と電力会社が合意し、2002年にはそれを法制化しました。その後、2010年に、ドイツはそれまでの石炭や石油などの化石燃料と原子力発電からなる自国のエネルギー源について、原子力発電は廃止し、その他の化石燃料も大幅に減らして、2050年までに再生可能エネルギーを中心とするエネルギー構成に大幅に転換する大胆な改革を開始しました。なお、原子力発電の廃止時期は、2010年時点で、当初の目標が2030年代まで延長されたのですが、2011年の日本の福島原発の事故を受けて、再び当初の目標である2022年に引き戻されました。（一方井, 2013）

ドイツの挑戦の背後にあったデイリーの原則

　その背景には何があったのでしょうか。1998年のドイツの政権は、それまで与党であった保守党のキリスト教民主同盟から、それまで野党であったドイツ社会民主党と緑の党の連立政権になりました。この緑の党は1978年に結成された政党ですが、もともとは原子力発電所からの廃棄物の処理場建設に対する市民の反対運動を中心に、その他の環境問題に関する市民運動が糾合されてできた政党です。その意味では、総選挙において環境問題を重視する市民の意思が新しい政策のきっかけとなったことは事実と思います。この政権は、総選挙を経て2005年にふたたび保守党であるキリスト教民主同盟のメルケル政権に変わりました。ただし、この原子力発電の将来の廃止やエネルギー改革については、引き続き市民に支持され、変更されることはありませんでした。

　特に、注目すべきは、2002年に策定されたドイツの持続可能な発展に関する国家戦略です。この戦略は1992年の地球サミットで参加各国にその策定が要請されたものですが、その中に、この戦略の行動原則として、先に紹介したデイリーの持続可能な発展の3原則が書き込まれていたことです（国民生活審議会, 2008；一方井, 2022）。ただし、これは政権交代に伴って突然出てきたものではなく、1990年代から研究者も加わって、政府の中で個別の環境法を統合した環境法典を作る試みが行われており、その中に一般原則としてこの3原則が既に掲げられていたことがわかっています。この環境法典は最終的に案のままで終わったのですが、その内容がこの国家戦略などに引き継がれたという経緯があります。

先に述べたように、デイリーの３原則は、基本的に再生可能資源をベースとする考え方ですので、ドイツにおける原子力発電所の廃止の理由には、事故の可能性や経済コストの問題などもあるのですが、この３原則に照らしても整合のとれた政策選択ということになります。もとより、ドイツの政策すべてがデイリーの条件にすべて合致しているということではないのですが、大きな方向としてこのような原則を国の大方針の１つとして掲げていることは、注目すべきことだと思います。

再生可能資源を中心に暮らした江戸時代

　よく知られているように、日本の江戸時代は、人類史の中でもかなりユニークな内容を有しています。すなわち、日本が島国であることに加え、幕府が鎖国政策をとっていたことから、当時の日本で必要な資源やエネルギーは、ほぼすべて日本国内だけで賄わなければならないという状況がありました。

　また、社会のまとまりは、それぞれの地域で流域や尾根など自然的な条件で区切られた藩という単位であり、他地域との交流はあったものの、人々の日々の暮らしは基本的にそれぞれの地域の自然環境に依拠したものとなっていました。特に、日本では米が食糧の中心となっていたことが、自然資本としての江戸時代の自然環境を維持することに大きな役割を果たしました。すなわち水田は、上流の森林から川を通じて流れ込んでくる栄養分により連作ができたこと、その水を確保するために、森の保全が意識的に行われたことです。

　さらに、エネルギー源が人力と畜力のほかは、薪と炭にほぼ限られていたため、都市の周りでは、薪炭林が形成され、日本の原風景ともいうべき、雑木林と畑が織りなす里山の風景が定着しました。石炭や石油などの化石燃料はまだほとんど使われていませんでしたので、街中でも空気が汚染されることはありませんでした。

　一方、使える資源が限られていたことから、着物や品物は徹底的に使いまわされ、修理され最後は、燃えるものは燃やしてエネルギーとし、その残った灰も有効利用されたといいます。その過程で培われた「もったいない」という感覚は貧富の差に関係なく人々の間で共有され、現代に至っています。（環境庁, 1995；石川, 1993）

資源・エネルギーの制約の中での文化と暮らし

　もとより、１人が使えるエネルギーや資源の絶対量は現代と比べ格段に少なかったため、生活そのものは現代と比べて質素でしたが、その中でも江戸文化といわれるような各種の文化的

な活動が活発に展開されたといわれています。歌舞伎などの演劇やお伊勢参りなどの旅行も人気があり、一方で、寺子屋など庶民の間でも教育が盛んであり、和算などの学問も人々の身分や階級に関係なく取り組まれていたといいます。また、植木市なども盛んに開かれ、庶民の間でも身近な緑への関心も高かったといわれています。

　もちろん、江戸時代は、人口の多くが農民であり農作業が現代と比べて手間のかかる大変な仕事であったり、職業の自由や移動の自由などが制限されていたり、医療が発達していなかったことなど、現代と比べると不自由なことは多くあったのも事実です。また、時として飢饉なども起こりました。しかしながら、当時の文献や記録を見ると、総じて、人々の暮らしは穏やかで比較的安定したものであったことが窺われます。(石川, 1997)

8. 制約がもたらす文明の健全性と安定性

現代文明の不安定化と持続可能性低下の懸念

　前節では、持続可能な社会という観点から、江戸時代における経済社会の仕組みや人々の暮らしについて述べましたが、これは、江戸時代を礼賛し、江戸時代の暮らしに戻ろうということではありません。そうではなく、江戸時代のような、自然資本、なかんずく再生可能資源の利用をベースとした一種の制約のある社会というのは、そのような制約のない社会に比べて、持続可能で健全かつ安定的な文明、さらにいえば、浪費的ではない上質な文明を育むのではないかということです。

　化石燃料を利用する機械や原子力発電などの人工資本が生み出す豊富なエネルギーは、経済を増大させ、地球規模で自然環境も変え、人々のライフスタイルを変えました。もとより、多くのものは人類の福祉を増大させ人々の幸福感や豊かさの実感を増やすものであったと思います。しかしながら、一方で現代文明がこれまで以上に不安定性を持つようになってきたことは事実ではないかと思います。気候変動や生物多様性の劣化は人類の生存基盤である地球環境を大きく変えつつありますし、核戦争やサイバー攻撃の脅威、さらには貧富の格差の増大など、社会の混乱や不安定要因は増大しつつあるように思います。

持続可能性向上のための明日への希望

　一方で、現代には、江戸時代にはなかった多くの技術や知識があります。同じ再生可能資源をベースにするにしても、太陽光発電や風力発電はじめ多くの革新的技術が利用可能となって

います。また、リンや窒素の循環の観点からも化学肥料や農薬に過度に依存した農業を、地域の生態系とも共存できる持続可能なものにできないかとの模索なども各地で行われています。さらに、鉄やレアアースなどの再生不可能資源であっても、そのリサイクル技術や省資源技術が向上してきています。（ホーケン, 2021）

　何よりも地球環境上の限界を深く理解し、その容量の範囲内で他の生命と共存しつつ、世界の人々が資源やエネルギーを分かち合っていかなければならないという考え方も芽生えてきています。そのような考え方が世界で共有され、その実現への共同の努力が行われる時代が来れば、私たちの社会を再生可能な資源をベースとした、より安定的で幸福感の高い、持続可能なものに再構築していくことは不可能ではない。そういう明日への希望を持ちたいと思います。（一方井, 2018；一方井, 2019）

9.　「持続可能性」のさらなる探究と共有

　以上、「持続可能性とは何か」というテーマについて述べてきましたが、本章第3節で書いたように、この問いに対する国際社会での確固とした定義や共通理解はいまだに確立されていません。もちろん、17の主要ゴールに基づく169の具体的なターゲット自体は、その達成に向けて全力で取り組んでいくことが大事ですが、その前提として、「持続可能性」とは何かという問いについても、私たちは引き続きその答えを得るべく正面から取り組んでいく必要があります。

　価値観が多様化してきている現代社会において、持続可能性に関する具体的な考え方を説得力のある形で提示し、ある程度の共通理解を形成していくことは容易なことではありません。しかしながら、これまで述べてきたように、その共通理解が形成されないままに漠然と「持続可能な社会」を目指すことは、真の持続可能性につながらない結果を招くことが懸念されます。

　このような問題意識から、本章では、「強い持続可能性」と「弱い持続可能性」の考え方を中心に、今後の研究の手がかりになりそうないくつかの考え方や定義、原則について述べてきましたが、このテーマについては、まだまだ解明しなければならない研究課題がたくさん残されています。

　このテキストの読者である皆さんの、今後のさらなる取り組みを心より期待します。

［SDGsのことば 1］
グローバル global とユニヴァーサル universal

グローバルglobalは、名詞グローブglobeの形容詞です。グローブの元の意味は「球体」。太陽や月と同じく、宇宙に浮かぶ丸い球体としての地球が意味されます。したがって、グローバルには惑星として意識される地球上の空間を広く見わたした上で、その地球上の世界を意識する「全世界の」「世界規模の」「国際的な」という意味が生まれることになります。グローバリゼーションglobalizationとは、地球を改めて1つの球体として意識し、高速交通機関や情報通信技術によって、地球上の世界の国・地域を経済的、社会的に1つに結び合わせようとする動きであると捉えることができます。

ユニヴァーサルは、名詞ユニヴァースuniverseから作られる形容詞です。ユニヴァースは宇宙に存在するすべてを表します。「宇宙」とも「宇宙の万物」とも「森羅万象」とも訳されます。ここから無限大の広がりを持つ創造物の世界が意味されるようになり、やがてそこに生きる人間の活動が取り込まれて、人間が活動する広大な世界、さらには人類全体を意味するようになりました。

ユニヴァーサルuniversalは非常に大きな意味の広がりを持ちます。「宇宙の」「全世界の」からは「万物の」「万有の」という意味が、地球上の「人類全体」からは「全人類の」「万人に共通の」という意味や、「すべてのひと（もの）に共通にあてはまる」「一般的な」「普遍的な」という意味が生まれます。また「すべてに通じる」「万能の」が、「博識であらゆる学問に通じる」という意味と、「どんな目的・用途にもかなう」「何にでも使える」という意味に分かれていきます。日本語の「万人の・万人にあてはまる」「遍在する」「普遍的な」「万物の・万有の」「博識・万能の」「（機械・装置など）万能自在な」といった訳語は、このような大きな意味の背景を持っています。

近年、注目を集めるのがユニヴァーサル・デザインuniversal designという考え方です。どんな人がどんなふうに使っても簡単に適切に安全に使える、どんな人でも使えるというコンセプトは、モノに限らず、建物・施設の空間設計、社会制度の設計、学校教育一般にも応用が広がりつつあります。

04

「気候変動」の
基礎知識

地球はこのところ温暖化の一途をたどっている。産業革命がはじまった 18 世紀半ば以降、大気中の二酸化炭素の量も増加の一途を辿った──。この 2 つの事実をつなげる合理的解釈として、人間が化石燃料を消費することで生み出す人為的二酸化炭素の増大が地球の温暖化を招いたとする説が有力です。今やほとんど社会常識となった観すらあります。政治や経済の世界では、この前提に立って、二酸化炭素排出抑制のための施策・対策の検討に余念がありません。しかしここに異論があります。この章では、1 人の科学者として、人為的二酸化炭素の排出が地球温暖化の原因だとする考え方に疑問を持ち続けてきた小川桂一郎先生が、過去の観測データにもとづいて、別の解釈の可能性を説いてゆきます。気候変動の原因をめぐる議論はまだ尽くされていないようです。「社会常識」に対する異論にきちんと耳を傾けることは、今後、冷静な議論を進めてゆく上で何より重要なこととなるでしょう。

④ 「気候変動」の基礎知識

　この100年間で、地球の平均気温は約1℃上昇しています。その原因は、人間が化石燃料を燃やすことによって発生した二酸化炭素にあるとされています。地球温暖化は人為的二酸化炭素の排出によるとする説は現代の「常識」とされ、SDGsの【ゴール13：気候変動に具体的な対策を】の前提となっています。この章ではその「常識」を、観測データに基づいて改めて検証してみることにします。

1.　地球の気温

　気候変動について考えるためには、まず気候と気象とを区別する必要があります。気象は天気と言い換えてもよく、24時間刻々と変化する現象です。数日単位の変化、あるいは季節ごとの変化もあります。これに対して、気候はある場所についての数十年間にわたる気象の平均です。世界気象機関 World Meteorological Organization は気候を30年間の平均と定義しています。

　したがって、気候の変動を知るためには、30年以上の観測結果を、それ以前の30年より十分に長い期間の観測結果と比較しなければなりません。ある年に「異常気象」が観測されたとしても、それは気候変動の証拠にはなりません。

　20世紀に入ってから地球が温暖化してきたことは、観測結果にはっきりと表れています。図1は、1850年から2022年までの世界全体の年平均気温の偏差をプロットしたグラフです[(1)]。

　このグラフの意味を理解するためには、世界全体の年平均気温の「偏差」とは何かを知る必要があります。気温は同じ地点でも1日のうちで測定する時刻によって異なりますし、季節によっても異なります。1日の気温の平均をとり、さらに1年365日の平均をとると、その地点のその年における平均気温がわかります。年平均気温の変化の傾向を知るためには、何らかの基準との比較が必要です。そのため、ある期間（通常は30年間）の平均気温を基準値と定め、年ごとに年平均気温の基準値からのずれ（偏差）を求めます。その偏差に長期間にわたる変動

図1 ● 地球全体の年平均気温の偏差（1850〜2022年）

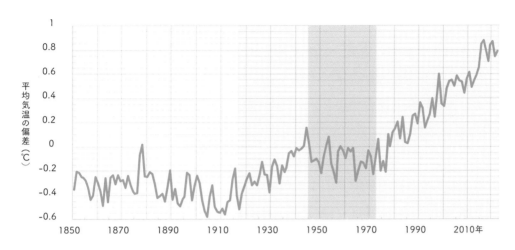

1961年から1990年までの30年間の平均気温を基準（偏差0℃）としてある。英国気象庁・気候研究ユニット発表のデータ(HadCRUT.5.0.1.0 Non-infilled data)に基づく。https://hadleyserver.metoffice.gov.uk/hadcrut5/data/current/download.html#nonfilled_data から取得（2022年8月10日）。

が見られれば、その地点での気候は変化（温暖化ないし寒冷化）していることになります。

　同様にして、地球上のさまざまな地点について、年平均気温の基準値からの偏差を求め、すべての偏差の平均値を求めれば、地球全体の傾向がわかります。図1の縦軸に記されている気温の偏差とは、そのような平均値、つまり世界各地の平均気温の偏差の平均値です。この平均値が年ごとに増加していれば、地球全体が温暖化していることになります。

　図1でわかるように、1850年から2022年まで、多少の上下はありますが、全体として172年間、偏差の平均値は増大し続けています。したがって、地球が温暖化していることは間違いのない事実です。気温の上昇幅は、1904年から2022年までの118年間に1.4℃（10年間で0.1℃の上昇）となっています。

2. 温室効果と温室効果ガス

　地球を暖めているのは、ほぼすべてが太陽光です（地熱のエネルギーは太陽光に比べるとごく僅かで、無視することができます）。地表に届く太陽光（主に可視光）が地球表面で吸収されると、吸収されたエネルギーは熱（赤外線）として放出されます。その熱は、大気が存在し

なければすべて宇宙に逃げてしまい、地表の温度は−18 ℃となります[2]。

　実際には、地球は大気に覆われています。大気は可視光を透過しますので、主に可視光からなる太陽光が地球表面に届くと、地球表面で吸収された太陽光のエネルギーは、すべて熱（赤外線）として放射されます。放射された赤外線は大気によって吸収され、その一部が再び地表に向かって放射されます。その結果、地球の表面が暖められ、平均気温は約15 ℃にまで上がります。大気によって地球は33 ℃分だけ暖められているのです。このように、大気によって地球表面が暖められる現象を温室効果といい、温室効果を担う気体を温室効果ガスといいます。

　大気を構成している気体は、78%が窒素（N_2）、21%が酸素（O_2）で、この2種類だけで99%を占めます。次がアルゴン（Ar）で0.9%です[3]。しかし、これら3種類の気体は、いずれも分子の性質として赤外線を吸収することができないので、温室効果ガスではありません。

　大気中の主な温室効果ガスと濃度は、水蒸気（H_2O）0.4%、二酸化炭素（CO_2）419 ppm[4]、メタン（CH_4）1.9 ppm[5]、一酸化二窒素（N_2O）310 ppb[6],[3]、オゾン（O_3）600 ppb[7]で、その合計は0.44%です[8]。つまり、大気中の温室効果ガスは、ほぼ水（90%以上）と二酸化炭素（9%）であるといえます（図2）。

　温室効果ガスの各成分による温室効果の大きさは、単純には、各成分分子の濃度と赤外線吸収能力、及び成分間の吸収波長の重なりによって決まると考えられます。その解析によれば、温室効果の約90%は水蒸気が担い、ついで二酸化炭素が7%程度、残りの3%をメタン、一酸化二窒素、オゾンなどの微量成分が担っているとされます[9][10]。

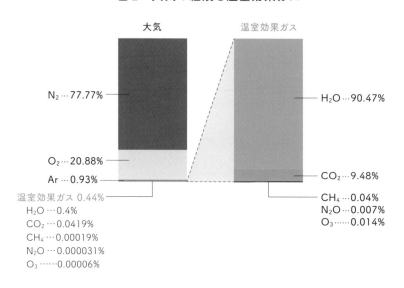

図2●大気の組成と温室効果ガス

大気

N_2…77.77%

O_2…20.88%
Ar…0.93%

温室効果ガス 0.44%
H_2O …0.4%
CO_2 …0.0419%
CH_4 …0.00019%
N_2O …0.000031%
O_3 ……0.00006%

温室効果ガス

H_2O…90.47%

CO_2…9.48%

CH_4…0.04%
N_2O…0.007%
O_3……0.014%

しかし、実際の大気は複雑です。地球が暖まると、大気中の水蒸気が増えるので雲が増えます。雲が増えると、雲をつくり上げている水の温室効果のために温度が上がる可能性があります。その一方で、雲は太陽光を反射するので、雲が増えることで地球に届く太陽光が減り、温度が下がる可能性もあります。また、地球が暖まると、雪や氷が減少することで地球表面からの太陽光の反射率が下がり、それによって、地球がより多くの太陽光を吸収して、さらに温度が上がる可能性もあります。このようなフィードバック効果をも考慮した気候モデルによれば、温室効果を担う割合は、水蒸気が約50%、雲が25%、二酸化炭素が約20%であると報告されています[11]。

したがって、温室効果を主に担っているのは水であるといえます。

3. 大気中の二酸化炭素濃度

大気中の二酸化炭素の濃度は、1958年3月からハワイ島のマウナロア山腹に設置された観測所でキーリング（C. D. Keeling）によって開始されました。現在では、日本も含め世界120カ所以上で観測が行われています[12]。その観測結果から、大気中の二酸化炭素の濃度は、場所や気象条件にほとんど依存しないことがわかってきました[13]。2022年7月の世界平均濃度は418.5 ppmと報告されています。また、大気中の二酸化炭素の総量は約3兆トンであること

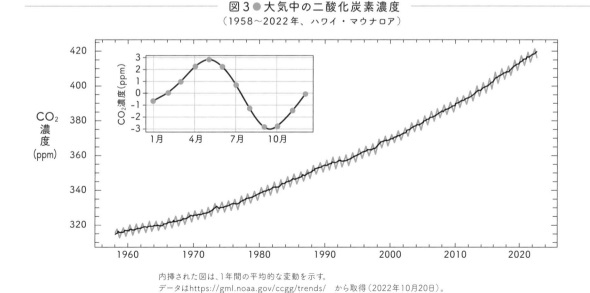

図3 ● 大気中の二酸化炭素濃度
（1958～2022年、ハワイ・マウナロア）

内挿された図は、1年間の平均的な変動を示す。
データはhttps://gml.noaa.gov/ccgg/trends/　から取得（2022年10月20日）。
内挿図は, https://commons.wikimedia.org/w/index.php?curid=40636957　による。

が知られています[14]。

図3にマウナロア山での観測結果を示します[15]。このグラフから次のことがわかります。

第1に、大気中のCO_2濃度は、測定が始められた1958年3月が314.4 ppmで、毎年約1.6 ppmずつ増え続けて、現在（2022年7月）は418.5 ppmであることです。64年間で33％の増加、毎年の増加率は平均0.5％です。

第2に、CO_2濃度は1年のうちで周期的な変化を示すことです。毎年5月が最大で、9月ないし10月が最小です。5月から減少して9月が最小となり、そこから増加して5月が最大となるのです。春から夏にかけての二酸化炭素濃度の減少は、その期間に植物が光合成を活発に行い、大気中の二酸化炭素を吸収することを反映しています。一方、秋から冬にかけては、光合成の活動が弱く、枯れた葉や木が分解して二酸化炭素を放出しますので、それが二酸化炭素の濃度変化となって表れています。この二酸化炭素濃度の季節変動は、南半球では逆向きのパターンになります。また、植物がほとんどない南極では、季節変動の幅は非常に小さくなっています。これらの結果から、観測された二酸化炭素濃度の信頼性の高さがわかります。地球全体で大気中の二酸化炭素濃度が増加していることは間違いありません。

次に、増加している二酸化炭素に対して、人間活動がどの程度影響しているのかを調べてみましょう。

4. 人間活動による二酸化炭素の排出量

化石燃料を燃やすと、必ず二酸化炭素と水が発生します。いずれも温室効果ガスです。例えば、天然ガスの主成分であるメタンが燃えると、メタン1分子から、二酸化炭素1分子と水2分子が生成します。

$$CH_4 + 2O_2 \longrightarrow CO_2 + 2H_2O$$

人間が化石燃料を使うようになったのは18世紀半ばです。図4は、1750年から現在までの化石燃料由来の二酸化炭素排出量の変化を示しています[16]。1850年頃から1950年頃まで、その増え方は毎年平均0.6億トンとわずかなものでした。ところが、1950年頃を境に急激に増え始め、1950年に年間60億トンであったのが、2019年には367億トンに達しています。毎年平均4.4億トンずつ増え、排出された二酸化炭素の累積値は約1.7兆トンに達しています。

後に述べるように、産業革命以前の大気中の二酸化炭素濃度は約280 ppmと見積もられて

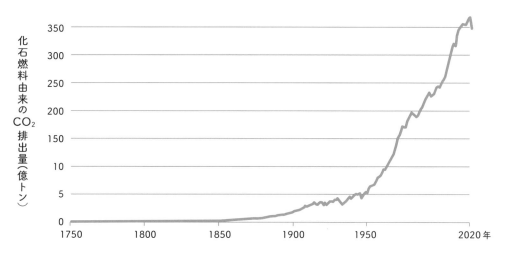

図4 ● 化石燃料からの二酸化炭素排出量（1750～2020年）

https://ourworldindata.org/co2-emissions から取得（2022年10月20日）

います。つまり、現在の濃度である約420 ppmのうち、280 ppm分は元々大気に存在していて、420 ppmから280 ppmを差し引いた140 ppm分が、産業革命以降に大気に加わった分であると見なすことができます。現在の大気中の二酸化炭素の総量は約3兆トンですから、その$\frac{280}{420}$に相当する約2兆トンは元々存在していて、残りの約1兆トンが産業革命以降に加わった分だといえます。

　大気中に排出された二酸化炭素は、約半分が大気にとどまり、残り半分は地表（陸地と海洋）に取り込まれるとされています[17]。それに従えば、化石燃料の燃焼によって排出される二酸化炭素の累積排出量は約1.7兆トンですので、その半分の約0.9兆トンが大気にとどまっていることになります。つまり、産業革命以降に増えた二酸化炭素の約90％が、人が化石燃料を燃やすことで発生した人為起源ということになります（化石燃料の燃焼以外にも、森林火災などに起因する二酸化炭素の発生がありますが、その量は僅かです[16]）。したがって、現在の大気中の二酸化炭素は、約30％（3兆トンのうちの0.9兆トン）が人為起源、約70％（3兆トンのうちの2.1兆トン）が自然起源、すなわち人間活動に由来しない二酸化炭素といえます（図5）。二酸化炭素が温室効果ガスに占める割合が9％で、そのうちの30％が人為起源であるということは、温室効果ガス全体のなかで人為起源の二酸化炭素が占める割合は、3％程度（0.09 × 0.3 = 0.027）いうことになります。

　1年間の排出量を見てみると、2019年は367億トンでした。これは大気中の二酸化炭素総量

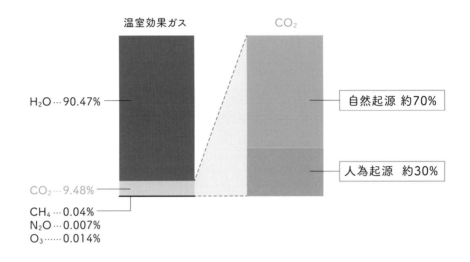

― 図5 ● 大気中の CO_2 の起源 ―

温室効果ガス 　　 CO_2

H_2O … 90.47%

自然起源 約70%

人為起源 約30%

CO_2 … 9.48%
CH_4 … 0.04%
N_2O … 0.007%
O_3 …… 0.014%

（3兆トン）の約1%です。その半分が大気にとどまるとすると、1年間に加わった人為的二酸化炭素は大気中の二酸化炭素総量の約0.5%です。

　二酸化炭素の排出量は、2020年には2019年よりも18.9億トン（5%）減少しました。統計が始まって以来最大の減少量です。減少の原因は、コロナ禍による世界的な経済活動の縮小ですが、2021年にはほぼ2019年の排出量に戻りました（図4には示されていませんが、国際エネルギー機関 International Energy Agency（IEA）の統計には載っています[18] [19]）。しかし、この人為的二酸化炭素排出量の減少は、大気中の二酸化炭素濃度には影響せず、二酸化炭素濃度は上昇を続けました。人為的二酸化炭素の排出量が大気中の二酸化炭素総量に比べてはるかに小さいのですから、当然の結果です。これより、排出削減によって大気中の二酸化炭素濃度を減少させるのは非常に難しいことがわかります。

5. 過去の気温と二酸化炭素濃度

　現在問題とされている気候変動は、最近150年程度の期間についてですが、気候変動は太古から自然現象として繰り返されてきました。

　測定機器がなかった昔の気温や二酸化炭素濃度は、直接測定することはできませんが、樹木の年輪の間隔、樹木の成分の同位体分析、あるいは南極やグリーンランドの氷（氷床）の同位

体分析など、代替指標（proxy）を用いることによって推定が可能です。その方法によって、数億年前までの気温と二酸化炭素の濃度が推定されています[20]。

　図6は、そのような研究の集積から得られた過去5億年の地球の気温の変遷です[21]。1960〜1990年の平均気温を基準とした気温の偏差を、時間に対してプロットしてあります。この図から、地球の気温は5億年の間に大きな変化を繰り返してきたことがわかります。5億年前は現在より15℃も暖かく、途中で何度も氷河期を繰り返しました。最近1万年間は、比較的温暖で気温が安定している時期であることがわかります。なお、人類（ホモ・サピエンス）が誕生したのは約20万年前とされています[22]。

──── 図6 ● 過去5億4千万年間の地球の平均気温 ────

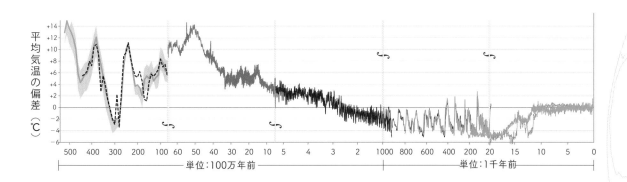

代替指標からの推定値。1961年から1990年までの30年間の平均気温を基準（偏差0℃）としてある。
Glen Fergus, https://en.wikipedia.org/wiki/Geologic_temperature_recordより取得（2020年8月10日）

　図7は、過去1万1千年（完新世）の気温と二酸化炭素濃度を示しています[23]。上の図（A）はグリーンランド氷床の頂上における気温、下の図（B）は、南極の大気中の二酸化炭素濃度です。

　図（A）において、左軸はグリーンランドの気温の偏差、右軸は地球全体の平均気温の偏差で、1960〜1990年の平均気温からのずれを表しています。北極圏の気温変動は中緯度地域の約2倍であることがわかっていますから、そのことを利用して左軸の値に対応する右軸の値が求められています。グラフの始まりである1万700年前頃の気温は、グリーンランドで-34℃（地球全体の気温の偏差が-1.5℃）と非常に低く、その後の1000年間に急激に上昇していますが、これは約1万1千年前に最後の氷河期が終了して、間氷期に入ったことに対応しています。そ

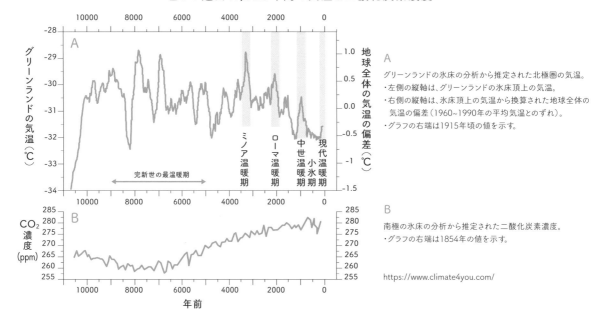

図7●過去11,000年間の気温と二酸化炭素濃度

A
グリーンランドの氷床の分析から推定された北極圏の気温。
・左側の縦軸は、グリーンランドの氷床頂上の気温。
・右側の縦軸は、氷床頂上の気温から換算された地球全体の
　気温の偏差（1960~1990年の平均気温とのずれ）。
・グラフの右端は1915年頃の値を示す。

B
南極の氷床の分析から推定された二酸化炭素濃度。
・グラフの右端は1854年の値を示す。

https://www.climate4you.com/

の後は、上下に大きな変動を繰り返しながら、全体としては下降しています。

　9000 ～ 5000年前の期間は、地球全体が温暖な時期で、完新世の最温暖期と呼ばれます。約4000年前から後に起こった温暖期のうちの3つは、順にミノア温暖期（BC 1400 ～ 1100年頃）、ローマ温暖期（BC 200 ～ AD 100 年頃）、中世温暖期（AD 900 ～ 1200年頃）と呼びます。中世温暖期は、凍結していない海を渡ってグリーンランドにバイキングが入植し[24]、平安時代の日本では、岩手県平泉に奥州藤原三代が繁栄しました[24], [25]。

　中世温暖期の後に迎えた小氷期（AD 1300 ～ 1800年頃）においては、ロンドンではテムズ川が凍りつき、氷上で冬祭りが行われたことが、古文書や絵画に残っています[26]。室町～江戸時代の日本では冷害や飢饉が頻発しました[24], [25]。

　小氷期の後は、気温が上がり始めています。図7はそこで（1915年頃）終わっていますが、その先は図1につながります。つまり、図1に示されている気温の上昇は、小氷期からの回復の過程に対応しています。

　図7（B）に示されているように、二酸化炭素濃度は、260 ～ 280 ppmの間でゆるやかに変化し続けてきましたが、気温の変化にはまったく対応していません。二酸化炭素は、1万700年前（約267 ppm）から6700年前（約257 ppm）まで減少しましたが、気温は著しく上昇しています。6700年前以降、二酸化炭素濃度は緩やかに上昇しましたが、気温は逆に下がって

います。気温は顕著な上下を繰り返していますが、二酸化炭素濃度にはこれに対応する変化が見られません。このデータからは、二酸化炭素濃度と地球の気温との関係はわからないといわざるを得ません。

図8は、氷河期を繰り返した過去42万年間の二酸化炭素濃度と気温の変動を示しています（グラフの起点は1995年です）[27]。この図から分かるように、気温と二酸化炭素濃度は、約10万年周期で、ほぼ同時に、非常に大きな下降と上昇を繰り返しています。下降は、小さな上下動を繰り返しながら、ゆっくり進みますが、あるところで止まって極小となり、上昇に転じます。上昇は短期間に急激に進みますが、あるところで止まってピークとなり、下降に転じます。気温の低い寒冷な期間は氷期、気温が高い温暖な期間は間氷期と呼ばれます。このグラフから、過去42万年間に氷期は4回あり、間氷期のピークも4回あったことがわかります。各氷期の最低気温と間氷期の最高気温は、4回ともほぼ同程度の値をとっています。

以上のような全体像を把握した上で、改めて図8を見てみると、間氷期のピーク（約41万

—— 図8● 過去42万年間の南極における二酸化炭素濃度と気温の推定値 ——

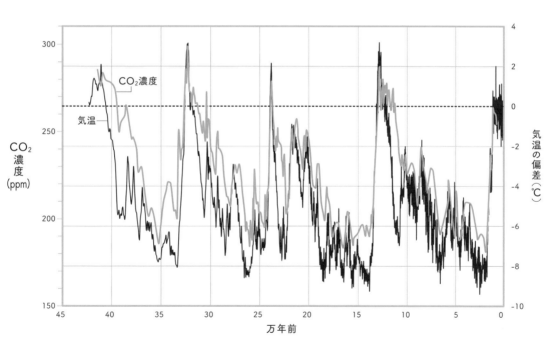

横軸の起点0年は1995年に対応する。気温の偏差は、1960〜1990年の平均値を基準(0 ℃)としている。
米国環境情報センター(National Centers for Environmental Information)公開のデータから作成。
https://www.ncei.noaa.gov/pub/data/paleo/icecore/antarctica/vostok/co2nat.txt
https://www.ncei.noaa.gov/pub/data/paleo/icecore/antarctica/vostok/deutnat.txt
いずれのデータも、下記論文に基づく。
Petit, J., Jouzel, J., Raynaud, D. et al. "Climate and atmospheric history of the past 420,000 years from the Vostok ice core, Antarctica." *Nature*, 399, 429–436 (1999). https://doi.org/10.1038/20859

年前、32万年前、24万年前、13万年前）の気温は、現在の気温（偏差0 ℃の基準線）よりも2〜3 ℃高くなっているのに、そのときの二酸化炭素濃度（284, 299, 279, 287 ppm）は現在（420 ppm）よりはるかに低い値であることがわかります。代替指標法による気温の推定値が正しいとすれば、この結果は、単純に「温暖化の原因は二酸化炭素にある」とはいえないことを示しています。

　図8の示すもう1つの重要な点は、二酸化炭素の濃度変化は気温の変化に遅れて起こっていることです。まず気温の上昇が起こり、その後で二酸化炭素濃度の増大が起こっています。気温が低下するときも、それを追う形で二酸化炭素濃度の低下が起こっています。その遅れは800年[28]から1300年[29]と見積もられています。これは、二酸化炭素濃度の増大は、地球温暖化の原因ではなく、地球温暖化の結果であることを示唆しています。

　二酸化炭素濃度の変化が遅れる理由は、海による二酸化炭素の吸収と放出を考えれば説明がつきます[30], [31]。地球表面の71%は海に覆われており、海水の総量は1,338,000兆 m^3 です[32]。二酸化炭素の海水に対する溶解度は、20 ℃で海水1 L 当たり1.468 g ですから[33]、海水が吸収できる二酸化炭素の総量は1,960兆トンです。これに対して、実際に溶け込んでいる二酸化炭素は現在139兆トンです[34]。この量は地球表層に存在する二酸化炭素の9割にあたり[34]、海水の二酸化炭素貯蔵能力の7%にあたります。海は二酸化炭素の巨大な貯蔵庫なのです。

　二酸化炭素の水に対する溶解度は、温度が上がると低下します。地球の温度が上がれば、海水に溶け込んでいた二酸化炭素が大気に放出され、大気の二酸化炭素濃度は増大します。海水の温度が1 ℃上昇すると、溶解度は約1%減少します[33]。海水中の二酸化炭素濃度は飽和濃度に比べて小さいので、溶解度が1%減少しても、放出される二酸化炭素の量は溶け込んでいる量の1%よりも少なくなります。それが仮に $\frac{1}{100}$ の0.01%であっても、大気に放出される二酸化炭素は1390億トンとなります。それは1年間に大気中に増える二酸化炭素の約80%に相当します[35]。海水のわずかな温度変化が、大気中の二酸化炭素濃度に大きく影響し得ることがわかります。

6. 現代における気温と二酸化炭素濃度の変化の位相関係

　大気中の二酸化炭素の濃度変化が温度変化の後に起こることは、現代の観測データの解析からも示されています[36]。図9は、1982年から2012年までの二酸化炭素濃度(灰色)、海面温度(緑色)、地表温度（灰緑色）の12カ月ごとの変化量の推移を表しています。

図9●1982年から2012年までのCO₂(灰色)、
海面温度（緑色）、地表温度（灰緑色）の12ヵ月ごとの変化量の推移*。

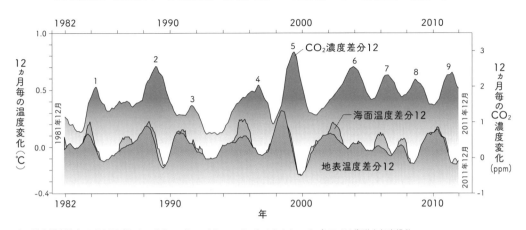

* 二酸化炭素濃度は、NOAA (National Oceanic and Atmospheric Administration) アメリカ海洋大気庁提供。
地表温度は、GISS (Goddard Institute for Space Studies) ゴダード宇宙科学研究所提供
海面温度は、The Met Office (the national meteorological service for the UK) Hadley Centre's sea surface temperature data set,
HadSST2 イギリス気象庁ハドレーセンター提供
Humlum, O., Stordahl, K. and Solheim, J-E. "The phase relation between atmospheric carbon dioxide and global temperature".
Global and Planetary Change, 100, 51−69(2013). https://doi.org/10.1016/j.gloplacha.2012.08.008. Fig. 3 Elsevier社より許可を得て転載。

この図では、二酸化炭素濃度、海面温度、及び地表温度の12カ月ごとの変化量は、それぞれ、「CO₂濃度差分12」、「海面温度差分12」、「地表温度差分12」と略記されています。「CO₂濃度差分12」は、ある時点における直近12ヶ月間のCO₂濃度の平均値から、その前の12カ月間のCO₂濃度の平均値を差し引いた値です。例えば、1999年3月の「CO₂濃度差分12」は、[1998年4月から1999年3月末までの12カ月間のCO₂濃度の平均値]から[1997年4月から1998年3月末までの12ヶ月のCO₂濃度の平均値]を差し引いた値です（図10）。この「CO₂濃度差分

図10●「CO₂濃度差分」の模式図

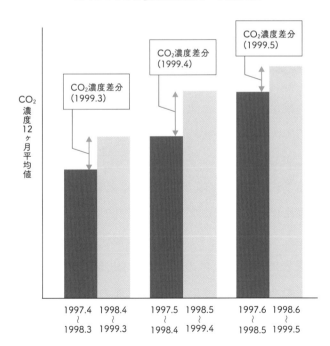

12」は、1年間に増加したCO_2濃度ですので、CO_2濃度の1年当たりの増加速度（年速）を示すことになります。

したがって、各月ごとの「CO_2濃度差分12」をプロットした灰色のグラフは、CO_2濃度の増加速度（年速）の月ごとの変化を表します。グラフに多数のピークが表れているのは、図10に模式的に表したように、CO_2濃度の増加速度に増減があるためであって、CO_2濃度に極大値が存在しているわけではありません。

同様の操作を海面温度と地表温度についても行って得られたのが、それぞれ「海面温度差分12」（緑色）と「地表温度差分12」（灰緑色）のグラフです。

「CO_2濃度差分12」のグラフ（灰色）には明確なピークが9個あり、いずれもそれに対応して「海面温度差分12」（緑色）と「地表温度差分12」（灰緑色）のピークが現れます（緑色と灰緑色はほとんど重なっているため、緑色は灰緑色からはみ出した形になっています）。いずれも、まず海面温度変化のピークが現れ、約1.5カ月遅れて地表温度変化のピークが現れ、その9.5カ月後にCO_2濃度変化のピークが現れています。つまり、CO_2濃度変化がピークに達するのは、海面温度変化がピークに達してから約11カ月後なのです。

これは、まず海面温度が変化し、つぎに地表温度が変化し、最後にCO_2濃度が変化していることを示しています。つまり、大気中のCO_2濃度の変化は、気温の変化の原因ではなく、気温変化の結果であることが、ここでも再び示されたことになります。

7. 気温と二酸化炭素濃度の相関：再検討

二酸化炭素濃度と気温との関係は、世間でいわれているほど簡単ではないことがわかったところで、地球温暖化を表す象徴的なグラフである図1を見直してみましょう。問題はつぎの2点です。

第1に、1945年頃から1975年頃までの30年間は、気温が下がり続けていることです。「地球寒冷化」が問題になっていた期間です。書店には「地球寒冷化の脅威」に関する本がたくさん並んでいました。しかし、この30年間も二酸化炭素の濃度は増え続けています。

第2に、気温上昇の速さが、1905年から1945年までの期間と、1975年以降とで、ほぼ同程度であることです。1945年以前の工業化の度合いは、1975年以降に比べてはるかに小さいものでした。これは図4に二酸化炭素排出量の違いとしてはっきりと表れています。

この2つの事実からも、温暖化の原因が人為的二酸化炭素であるとするのは難しいように思

えます。

8. 海面上昇

　温暖化による地球の異変として筆頭に挙げられるのが海面の上昇です。

　海面水位は、沿岸に設置された潮位計によって測定します。潮位計によって測定される海面水位は、波や潮汐、気圧の変化、海流、地盤の隆起・沈降、地殻の変動など、さまざまな影響を受けます。世界中から集めたそのようなデータに基づいて決定されているのが世界平均海面水位です。1992年以降は衛星観測によるデータも得られています。

　IPCC第5次報告書（2013）には、1900年以降の世界平均海面水位を表すグラフが掲載されています（図11）[37]。確かに海面は上昇しています。その上昇幅は110年間で約180 mm、1年間で約1.7 mmです。また、海面上昇は、人為的二酸化炭素排出量が現在に比べてはるかに少なかった1900〜1940年頃にもすでに進行していて、その速さは110年間を通してほぼ一定です。この事実は、海面上昇は人為的二酸化炭素排出量とは関係なく起こる自然現象であることを示しています。

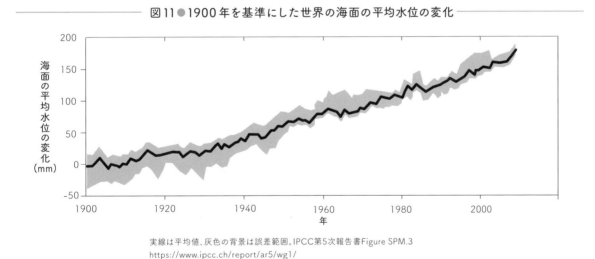

図11 ● 1900年を基準にした世界の海面の平均水位の変化

実線は平均値、灰色の背景は誤差範囲。IPCC第5次報告書Figure SPM.3
https://www.ipcc.ch/report/ar5/wg1/

　地球の海面水位は、40万年前から120mにも及ぶ上下を繰り返していたことが知られています（図12）[38]。約12万5千年前の間氷期には、海水面は現在よりも6m高く、その後、約2万2千年前の最終氷河期まで約120m下降して、再び上昇し、現在に至っています。この事実は、海面上昇は人類が誕生する以前から起こっている自然現象であり、現在進行している海

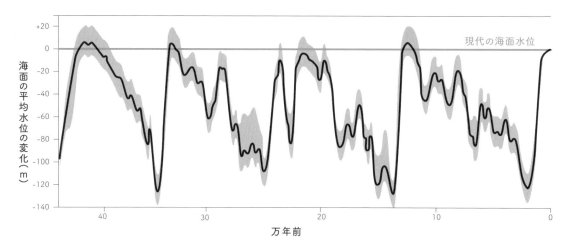

図12 ● 過去40万年間の世界の海面の平均水位の変化

代替指標からの推定値。灰色の背景は誤差範囲。
Carlo Nike Bianchi, Carla Morri, Mariachiara Chiantore, Monica Montefalcone, Valeriano Parravicini, and Alessio Rovere
"Mediterranean Sea biodiversity between the legacy from the past and a future of change" in *Life in the Mediterranean Sea:
A Look at Habitat Changes*. Ed. Noga Stambler, New York: Nova Publishers, 2011. ISBN: 978-1-61209-644-5 Figure 8を元に作図。
http://dueproject.org/en/wp-content/uploads/2019/01/8.pdf

面水位の上昇は最終氷河期からの回復過程であると考えるのが自然です。

9. まとめ

　気候変動問題について、観測データから得られる事実を見てきました。それは以下のように
まとめることができます。

(1) 地球温暖化は進行している。

(2) 大気中の二酸化炭素濃度は増加している。

(3) 二酸化炭素には温室効果がある。

(4) 温室効果を主に担っている大気の成分は水である。

(5) 化石燃料使用に起因する二酸化炭素の排出量は1950年以降急増しているが、年間排出量
　　は大気中の二酸化炭素総量の1％程度である。

(6) 現在の大気中の二酸化炭素の約7割は自然起源で、人為起源は約3割である。

(7) 地球は太古から、何度も氷河期を迎えるなど、きわめて大きな気候変動を繰り返してきた。

(8) 代替指標に基づく過去の気候の推定では、二酸化炭素濃度と大気の気温との間に明確な因
　　果関係は認められない。現在よりも気温は低いのに二酸化炭素濃度が高かった時期がある。

また、二酸化炭素濃度の変化は気温の変化の後に起こっていたと推定される。

（9）現代の観測データからも、気温の変化が二酸化炭素濃度の変化に先行することが示されている。それに従えば、現在の二酸化炭素濃度の増加は、気温上昇の結果であって、原因ではないことになる。

（10）人為的二酸化炭素の排出が増えているのに、気温が低下していた時期（1945 〜 1975 年）があった。

（11）人為的二酸化炭素の排出が少なかった時期（1905 〜 1945 年）でも、現在と同程度の気温上昇が起こっていた。

（12）海面上昇は年間 1.7 mm 程度で進行しているが、これは数万年単位の海面の水位の変化を反映していると考えられる。

以上の事実を踏まえるなら、現在進行している地球温暖化の主たる要因は人為的二酸化炭素の排出であるとする説は、再考の余地があるといえます。SDGs に取り組むにあたって、これらの事実を改めて確認したいものです。

［SDGsのことば2］
マルチステークホルダー・パートナーシップ
multi-stakeholder partnership

　ステークホルダー stakeholder のステーク stake は、もともとは所有地などを囲う柵の「杭（くい）」を意味しました。それがいつしか「掛金」「賞金」の意味になり、そこから「利害関係」「関与・関心」「出資・投資」などの意味が派生しました。ステークホルダーは、一般には「利害関係者」「投資家」等を意味します。

　企業の利害関係を具体的に考えると、株主、経営者、従業員、取引先などがステークホルダーになるでしょう。また、企業が立地する地域の自治体、地域住民、企業の製品・サービスの消費者などもこれに加えることができます。

　現在、世界各地で解決を求められている課題に対応するには、多様な人々の利害関係の調整、あるいは利害関係者間の協調が必要とされます。SDGsのゴール17が掲げる「マルチステークホルダー・パートナーシップ multi-stakeholder partnership」は、そのような協力・協調関係を言い表す表現で、「多種・多様な利害関係者の間の協力・協調関係」を意味します。「多種・多様な利害関係者の間で調整を行う手続き」を表す「マルチステークホルダー・プロセス multi-stakeholder process」という言葉もあります。

　マルチステークホルダー・プロセスという考え方は、1980年代後半以降の国連の活動を通じて知られるようになりました。主要なカテゴリーとしての「女性」「子どもと若者」「先住民」「NGO」「地方自治体」「労働者と労働組合」「ビジネス・産業界」「科学者・技術者」「農業従事者」のほかに、「地域社会」「ボランティア・グループと財団」「移民」「老人」「障害者」などもステークホルダーとしての資格を認められています。利害関係者というより、当事者というべきかもしれません。これらの中から「3者以上のステークホルダーが、対等な立場で参加・議論できる会議を通し、単体もしくは2者間では解決の難しい課題解決のために、合意形成などの意思疎通を図るプロセス」（内閣府）が、マルチステークホルダー・プロセスであると定義されています。

　マルチステークホルダー・パートナーシップとは、そのようなプロセスを経て構築される協力・協調関係ということになるでしょう。

05

SDGsと平和
―地球の未来

第二次世界大戦後の世界は、世界についての自己認識と課題をさまざまに語ってきました。先進国と途上国との間で、ともすれば対立を招いた「開発か環境か」という二者択一的思考が、有限な地球環境をよりよいかたちで次世代に渡してゆく責任が自覚されるとともに、「持続可能な開発」というあらたな発想へ変貌をとげたのも、その1つの表れといえるでしょう。先進国と途上国とが共に認識を共有し、おのおのの課題に取り組む態勢が作られてきたわけです。国際政治学、国際関係論がご専門の石田淳先生は、第二次大戦後の国際政治の動きを「開発」と「環境」と「平和」をキーワードとしてたどっていきます。その上で、紛争の不在としての平和にとどまらない、積極的な意味での平和の実現を構想します。

SDGsと平和──地球の未来

1. 宇宙船地球号という想像力

国連開発の10年

　15世紀から16世紀にかけての「地理上の発見」と船舶による世界周航は、地球が球体であることを人類にとっての周知の事実としました。では、人間の活動範囲が拡大したことを当の人類はどのように受けとめたのでしょうか。少なくとも活動の拠点となった欧州には、それは人類に「恩恵」をもたらすものだとする自画自賛型の楽観がありました。中心から周辺へと、「文明国」、「半開国」、「野蛮な未開地域」が配置された同心円構造を思い描き、未開の地に文明をもたらし、それを開化するのは「文明国の使命」であるとして植民地支配すら正当化しました。

　このような世界観に根本的な修正を迫ったのは途上国でした。途上国は、第二次世界大戦後の脱植民地化プロセスを通じ国際連合の総会で発言権を得ます。1960年には国連総会において決議1514号「植民地独立付与宣言」が採択されて旧植民地の独立は一段と加速し、1945年の発足時には51カ国であった国連加盟国数は99カ国に達しました（なお、2022年現在では193カ国です）。そして1961年には決議1710号「国連開発の10年」が採択され、途上国の関心事項である「開発」の問題が国際社会のアジェンダにのぼりました。

世界環境デー

　この時期は人工衛星による地球周回の時代の幕開けにあたり、人類はまさに「宇宙船地球号」の乗組員だとする画期的な想像力も生まれました。地球上で現在の人類が先行き構わずに地球の資源（例えば石炭、石油、天然ガス等の化石燃料）を生産過程に投入し続けるならば、未来の人類が活用し得る資源は枯渇し、その過程で排出される廃棄物は地球環境を汚染し尽くしてしまうことだろう。このようなイメージが生まれたのです。

　学際的な経済学者K・ボールディングがこの「宇宙船地球号」という地球像を示したのは1960年代の半ばのことでした（Boulding, 1966）。人類は地球という生存圏を現在の世代の間

で共有しているのみならず、これまで世代間で継承してきたし、これからも継承していくほかない。このような認識が人類に生まれたのは、人類の長い歴史の中ではつい最近のことだったのです。

1968年には生態学者G・ハーディンが、自己利益の追求は地球上の共有資源の枯渇を招くとした「共有地の悲劇」（Hardin, 1968, 1244）論を発表して耳目を集め、1970年には国連総会が決議2749号「深海底原則宣言」を採択して深海底を「人類の共同遺産」としました。そして1972年6月5日（のちの「世界環境デー」）から16日まで、スウェーデンのストックホルムにおいて開催された「国連人間環境会議」は以下の報告書を承認するに至ります。同報告書は、「現在と将来の世代（present and future generations）」というフレーズを繰り返し用いて、環境（「かけがえのない地球（only one earth）」）の保全と改善は特定の世代の利益を超えるものであることを謳いました。国連を舞台とした会議外交は環境問題への国際的な関心を喚起したのみならず、多くの国連加盟国内部における環境問題担当官庁の創設に寄与したことも忘れてはなりません。このようにして、国際連合の設置目的である「平和」に加えて、「開発」と「環境」とが国際社会の共通の関心事となりました。

2. 人類の生き残りをかけて

地球規模問題

人間の世界認識はグローバル化の現実に徐々に追いついていきました。人間活動の拡大には限界があることは、1972年のローマ・クラブ報告『成長の限界』（メドウズ,1972）の主題にもなりました。同報告が着目したのは、生態・技術・社会・経済・政治の諸問題が不可分に連関するのみならず、一国の統治領域にもとどまることなく、脆弱な人類の生存の基盤を不可逆的に掘り崩す深刻な帰結を持ち得ることでした。そして、特定の問題領域に視野を限定しないという意味で総合的(ホリスティック)で、世界大(グローバル)の取り組みを必要とするような問題群を「世界問題群（world problematique）」と捉えました（中村,2010, 29）。

これらの政策課題を「地球規模問題群（global problematique）」と再定式化したのは、国際政治学者J・G・ラギーの1980年の論文です。この中でラギーは、グローバルな生産・消費・交換・分配の支配的なパターンたる経済成長のモデルこそ「開発（development）」にほかならず、その開発は「持続性（sustainability）」に限界があることを指摘しました（Ruggie, 1980, 523-524）。ラギーは、その後、国連においても豊かな役職経験を積み、1997年から

2001年までコフィ・アナン国連事務総長の下で事務次長を務め、「ミレニアム宣言」（本書の1章「SDGsの策定」参照）の起草をはじめとして、きわだった役割を果たすことになります。

共通の安全保障から共通の未来へ

　1国ではどうにも解決できない人類共通の課題については、1980年代には国際的な委員会が印象的な活動をしました。2つ例をあげましょう。1つは、1982年に報告書『共通の安全保障──核軍縮の道標』（パルメ委員会, 1982）を第2回国連軍縮特別総会（ニューヨーク）ならびに国連軍縮会議（ジュネーヴ）に提出した軍縮・安全保障問題特別委員会（通称「パルメ委員会」）です。同委員会は、核抑止による安全保障に代わる手だてとして「共通の安全保障」という概念を打ち出し、関係国の安全保障上の不安をかきたてることなく、自国の不安を拭いさるような「非攻撃的な防衛」を模索しました。この「共通の安全保障」の発想が、冷戦終結期のM・ゴルバチョフ率いたソ連の安全保障政策に影響を与えたことはよく知られるところです（Wiseman, 2002）。

　もう1つは、1983年に国連総会が採択した決議38/161号によって設置された「環境と開発に関する世界委員会」（通称「ブルントラント委員会」）です。同委員会の報告『われら共有の未来』（1987年）は「持続可能な開発」という言葉をもちいて、「将来の世代がそのニーズを満たすことができなくならない範囲で、現在の世代がそのニーズを満たす」という開発イメージを表現しました（The World Commission on Environment and Development 1987, 43）。なお、ブルントラント委員会は、もっぱら武力攻撃をはじめとした国家主権に対する侵害の不在として「安全」を捉える従来の発想から一歩踏み込んで、環境などの非軍事的要因との関連にも目を向けて「安全」概念を捉えなおすことを提唱しました。

　スウェーデンのO・パルメ元首相が牽引したパルメ委員会と、ノルウェーの元首相G・ブルントラントが牽引したブルントラント委員会は、一方は平和安全保障、他方は環境と開発を取りあげながら、いずれの課題も人類にとってその行く末を左右する共通の重大関心事項と位置づけたのでした。

3. グローバル化の時代の平和

負の連鎖

1992年にブラジルのリオデジャネイロで開催された国連環境開発会議（地球サミット）は、

参加国による「持続可能な開発」へのコミットメントを確認し、同会議のリオ宣言は、その第25原則において、「平和、開発、環境保護は相互に依存し不可分である」としました。

　平和、開発、環境保護が不可分一体であるとはどういうことなのでしょうか。それは、希少な資源（水や耕地）、あるいは世界市場で高額で取引できる鉱物資源の眠る土地をめぐる利害対立が武力紛争を誘発したり、武力紛争に用いられた枯葉剤が人間の健康に危害を与えたり、さらには気候変動が紛争の原因となる資源の希少性を加速したりするからでしょう。このように特定の問題領域を超えた負の連鎖によって人類が苛まれるようになったのです。

共通だが差異ある責任

　その後、2000年の国連ミレニアム・サミットで採択されたミレニアム宣言などを踏まえて整理された「ミレニアム開発目標（MDGs）」（2001年）、そしてストックホルム会議から30年、そして40年の節目に開催された持続可能な開発に関する会議（2002年のヨハネスブルグ・サミット、そして2012年のリオ＋20）などを経て、2015年の国連持続可能な開発サミットで「我々の世界を変革する——持続可能な開発のための2030アジェンダ」が採択されるに至ります。国連総会は、決議66/288号を採択してリオ＋20の成果文書「我々の求める未来」を承認しました。同成果文書は、「開発目標は、その性質上グローバルで、すべての国に普遍的に適用されるものの、国ごとの現実、能力、発展段階を考慮し、個別の政策や優先順位を尊重する」（第247項）として、あらためてリオ宣言（1992年）の第7原則として表明された「共通だが差異ある責任（common but differentiated responsibilities, CBDR）」原則という途上国側の主張に留意しています。共通の課題に取り組むにあたって、先進国の求める「共通の目標の設定」と、途上国の求める「各国の個別事情への配慮」という、相容れ難い2つの立場に折り合いをつけ、それによって国際社会の中で幅広く合意を形成するために妥協点が探られたといえるでしょう。

あらためて平和とは

　2030アジェンダは、持続的な開発目標の基本的な考え方を「人間（People）」、「地球（Planet）」、「繁栄（Prosperity）」、「平和（Peace）」、「パートナーシップ（Partnership）」の5つのPに整理しました。「平和」については、それを「我々は、恐怖及び暴力から自由であり、平和的、公正かつ包摂的な社会を育んでいくことを決意する。平和なくしては持続可能な開発はあり得ず、持続可能な開発なくして平和もあり得ない。」と説明しています。

　ここにいう「平和」とは、消極的な意味での平和、すなわち、武力を用いた紛争の不在にとどまるものではなく、積極的な意味での平和、すなわち、潜在的な紛争の不在を指すものです。つまり、社会における価値配分の現状について、構成員に対して同意が強制されることなく、異論の抑圧や関係諸勢力間の緊張のない状態を意味します。

　第二次世界大戦後、国家間紛争との比較において国内紛争（いわゆる内戦）の武力紛争に占める比重が増し、冷戦終結期の1991年においては、同年に発生した52件の武力紛争のほぼすべてを内戦が占めました。ここから「紛争と開発との相互連関（security-development nexus）」への関心が生まれ、世界銀行では1999年に「政治・犯罪暴力の経済学」プロジェクトの研究活動が始まりました。そして「紛争は開発を阻むが、逆に開発は紛争を阻む」（Collier, et al. ,2003, 1）という二重の因果関係が指摘されます。これは、「平和なくしては持続可能な開発はあり得ず、持続可能な開発なくして平和もあり得ない」という、開発と平和との連関論の原型ではないでしょうか。内戦は国内にとどまらない負の効果（国内における非戦闘員の犠牲、周辺国における経済停滞、そして政府の機能停止に伴う紛争領域からの難民、犯罪、感染症の拡散など）をもたらすのみならず、紛争は再発する（ひとたび紛争を発生すると「紛争の罠（conflict trap）」から逃れられない）とした上で、武装反政府勢力の発生を抑えるなどすることによって、開発は紛争の予防に一定の役割を果たし得る、とされたのでした。

　この意味における平和は、開発、環境とともに、地球の未来を考える上で不可欠の人類共通の課題にほかなりません。

06

SDGsを哲学する
―考えるための例題集として―

SDGsのゴールとターゲットによって、我々は、世界が今どのような課題を抱えているかを具体的に知ることができます。我々は、それらさまざまな課題を解決するため、これからも努力をかたむけてゆく必要があるでしょう。ただし、世界の現場に1歩踏み出す前に、いろいろな課題の根にひそむ根本的な問題をじっくり考えてみる時間があってもよいのではないでしょうか。そもそも「知っている」とはどういうことなのか、我々が喫緊の課題だと捉えている問題を宇宙の時間で考えたらどうなるのか、何もしないことの罪とは何か、しあわせであるとはそもそもどういう状態なのか、役に立つこととは……。哲学者の一ノ瀬正樹先生は、我々が普段あまり深く考えずに済ましていることを、一つひとつ深く掘り下げていきます。ここにある「例題集」を手がかりに、みずからじっくり考えてみると、世界の今の課題がすこし違って見えてくるかもしれません。

6 SDGsを哲学する
―考えるための例題集として―

1. 知識と実践

2種の知識の交差

　ギルバート・ライルという英国オックスフォード大学の哲学者が提起した有名な「知っている」ということについての二区分があります。「事実的知識」(knowing that)と「遂行的知識」(knowing how)という2つです。事実的知識とは、例えば、自転車が二輪であるにもかかわらずなぜ倒れずに動かせるのかについての力学的メカニズムについて理論的に知っている、ということです。理論知ですね。これに対して、遂行的知識とは、実際に自転車を操縦する仕方を知っている、という実践知のことです。この2つは確かに同じではありません。自転車が倒れずに走るメカニズムを知っていても、自転車に乗れない、という人がいるからです。水泳なども同様ですね。理屈は知っていても、泳げない人はいるでしょう。

　しかし、少し考えを深めるならば、この2つの種類の知識は必ずしも完全に別個なものとして区別できるわけではなく、実際はいろいろなレベルで相互に補い合っていることに気づきます。そもそも事実的知識はどのように獲得されるのでしょうか。自転車の動きのメカニズムを理解して事実的知識を得るのには、前提として、一定の物理学の知識がどうしても必要になります。そして、こうであるならばああなる、といった（大げさにいえば「論理的な」）推論もまた、たとえ無自覚的だとしても、必要です。つまり、特定の物理学の知識や特定の推論方式を実際に適用できる、ということが求められているわけです。そして、「適用できる」という

のは、実は一種の技術であり、それを知っているというのは紛れもなく遂行的知識です。

　逆もいえます。泳ぎ方を知っているというのは遂行的知識ですが、息継ぎやターンの際にどのようにすればスムーズにできるかは、たとえ無自覚的だとしても、人体の構造や腕や足の機能についての知識が必要です。ターンの際に片足だけで壁をキックするのは非効率的であることを、私たちは大抵知識として知っているわけです。そして、こうした知識は明らかに事実的知識です。すなわち、事実的知識と遂行的知識という区別は、「知っている」という事態を理解する一助にはなりますが、互いに入り交じった仕方で相互に補い合っているという深層を理解しないと、かえって硬直した議論を促してしまい得るのです。理屈はいいから実行あるのみ、といったスローガンは場面によっては一定の意義がありますが、それが常に成り立つと捉えてしまうと、かえって有害にもなり得ます。実際、健康グッズや資産形成のやり方など、仕組みを理解しないで実行あるのみ、とはいかないでしょう。

信念の倫理

　実をいうと、今日の哲学・倫理学の世界では、事実的知識を得ることが1つの実践的行為であり、倫理的評価の対象にさえなる、という方向からの議論が盛んに行われてもいるのです。倫理的評価というのは、普通は、人を助けるとか、人を傷つけるといった、何かの行為を対象にする営みで、何かを知るということ、つまり認識には関わらない、と捉えられているでしょう。けれども、何かを知るに至るには、その過程があります。つまり、何か根拠があって、それに基づいて認識に至るわけです。

　例えば、観光船を運営する会社の責任者が、今日は台風が近づいているけれど、ネットの情報によれば、近隣海域は台風の進路からずれそうなので、出航させても大丈夫だと判断する、といったようにです。けれども、気象情報は刻一刻と変化するわけだし、台風というものは直撃する場所以外にも影響を及ぼすことが多々ありますし、そして、情報は複数の出所を探って確認した方が確度が高くなることもあります。だとすると、1つの情報だけに基づいて何かを知ったと思うのは、間違う可能性があり、ひいては有害な結果をもたらしてしまうこともあり得ます。この例からわかるように、何かの事実を知るに至る過程は一種の実践的営みであり、そこには、厳密にいえば、注意深さ、誠実さ、慎重さなどが求められます。そして、そうした要件を満たしながら認識を獲得していくというのは、一種の技術であるといってもよいでしょう。こうした視点から、そうした本来必要な技術を行使できず、注意深さのような要件を満たさない仕方で何かの認識や信念に至ることは、たとえ実際に害が発生しなくても、倫理的非難

に値するのではないとか、とする議論も生まれてきたのです。「信念の倫理」と呼ばれる考え方です。これは、例えば、川遊びの危険性を子供もわかっていると思い込んで、何も指導せず遊ばせてしまい、悲劇に至った場合のような、過失や不作為による害発生のことを思い起こしてくれれば、理解できるでしょう。「信念の倫理」は、害発生がなくても問題にする点で多少過激な面もあり、そのまま全面的に適用はできないと思われますが、1つの洞察ではあります。いずれにせよ、このように、実は、事実的知識と実践とは相互に浸透し合って生成しているのです。

2. 持続可能性

諸行無常？

いま世界中で推進しようとしている「SDGs」（持続可能な開発目標）は、まさしくこうした知識と実践との融合を意識的に表に出した、壮大なプロジェクトです。1つひとつのゴールは、明らかに実践して実現すべきゴールであると同時に、それぞれの意味について熟考して検討していかなければならないような体裁になっています。そもそも「持続可能性」(sustainability)という概念自体、ある種の謎かけであるという側面を有しています。哲学研究者の視点からすると、「持続可能性？ どういう意味だろう。そもそもそんなことが成り立つのか？」という疑問が出るのは必定です。なぜなら、まず第1に、太陽系そして地球には寿命があるので、地球上のことで考えると、持続可能性というのは真には成り立ち得ません。おそらく40億年後か50億年後ぐらいに太陽は寿命を迎えますので、地球も含めた太陽系の惑星や衛星もなくなります。少なくとも、このままのあり方で持続することはあり得ません。

さらには、いわゆる「熱力学第二法則（エントロピー増大の法則）」に従いますと、不可逆性の度合い、すなわちエントロピーは、徐々に増大し、最終的には宇宙は終焉を迎えます。こうした宇宙論的知見が正しいならば、持続可能性は定義的に不可能です。それに、私たち人類は、「万物は流転する」とか「諸行無常」とか、森羅万象は生成消滅していく、という思想をいにしえより伝統的に理解してきました。何かがいま存立していても、それはやがては滅びていく、というある種の美学的な世界観です。こういう背景からすると、「持続可能性」を謳うというのは、どういう意味なのだろうかと、哲学的な疑問が出てくるわけです。

問いを促すSDGs

しかし、翻って考えますと、たとえ地球や太陽系が滅びても、私たち人類が滅びることが必

然だとはいえません。そのときまで本当に人類が存続していたとするならば、たぶん他天体への移住を試みるはずだと推定されるからです。「テラフォーミング」と呼ばれる、他天体を地球環境のように作り替えて人間が住めるようにする研究やプロジェクトはすでに始まっていると聞きます。壮大なプロジェクトで、人類の知性の限りない可能性を感じさせますね。ただ、現時点では、「テラフォーミング」は火星などの太陽系惑星への移住を主に射程に入れているようです。だとすれば、太陽系消滅後にまで継続されるべき持続可能性は、未決の問題ということになります。太陽系外で地球に最も近い天体群は、恒星プロキシマ・ケンタウリを中心とする天体群とされ、約4.2光年の距離です。果たしてそんなところまで移住できるのか。私たちにはいまのところ想像が困難です。

　しかし、物理的な持続可能性だけが持続可能性なわけではない、と捉え直せば、持続可能性という概念は別用の意義のもと主題化されてくるのではないか、とも考えられます。文化と思考の持続可能性、というようにです。かくのごとく、「持続可能性」という概念それ自体、私たちに問いを突きつけ、のっけから思考の沈潜を強力に促しているのです。そして、そうした思考こそが、実行や実践の力強い基盤になっていくのです。

3.　貧困解消という第1のゴール

宇宙視線と人生視線

　思わず宇宙の話をしてしまいました。人間の思考のあり方には2種あります。1つは、いまここで展開したように、宇宙規模で物事を考えていこうとするやり方です。私はそれを「宇宙視線」と呼んでいます。宇宙視線の思考は、私たちの直面するさまざまな困難をものすごい規模で相対化して、肩の力が抜けるような感覚、ある種の癒やしやデトックス効果をもたらしてくれます。ちっぽけなことなど、悠久の宇宙の営みの中では、たいしたことではないのだ、と。

　けれども、宇宙視線だけで現実に暮らしていけるかというと、全くそれは不可能です。私たちは、日常の細々とした悩みや屈託の中で、多様な困難の中で、日々過ごしています。場合によっては、そうした悩みや困難が深刻となり、健康を害したり、社会での幸福実現を阻害することにもなり得ます。いや、実際そうなっているでしょう。こうした問題性に正面から向きあい、学術的知見や科学技術などを駆使して、なんとか改善していこう、そして達成した改善点を持続させていこう、とする視線も絶対に必要です。それは確かに、宇宙視線で思考したような厳密な意味での持続可能性にはいまだに到達していないかもしれません。たぶん、この200年、

300年というスケールでの持続可能性でしょう。しかし、私たちのライフスパンを考えたとき、こうした持続可能性は決定的に重大です。私はこのようなものの考え方を「人生視線」と呼んでいます。人生視線に立って前向きに困難に立ち向かいつつ、心の底において宇宙視線をかすかに抱き、この世界を生き抜いていくこと、それが、私なりの、この世界での積極的なサバイバル術の提案です。

相続という問題

SDGsの中身に少し触れていきましょう。ここでは、私が専攻する哲学・倫理学の視点から、主に、実践を実のあるものにするための理論的知識の次元に焦点を当てて、SDGsのゴールに宿る、真に私たちが対応しなければならないいくつかの問題性を取り上げていきます。SDGs実現のために何をするか、を論じるためにこそ、SDGsの謳う諸概念を理論的に検討していく必要があるだろうというのがここでのスタンスです。学校や大学でSDGsを学ぶ際の例題集となれば幸いです。

まず、第1のゴール「貧困をなくそう」ですが、この問題は国際間及び諸国の国内での経済システムが大いに関係しています。日本でも、子どもの貧困がしばしば叫ばれていることはよく知られていますね。ここでは、一点だけ、検討の足がかりとなる問題に触れます。それは、「相続」という問題です。相続というのは、ある人の財産や所有権を、大抵はその人が亡くなった後、子孫などの相続人に譲渡していくことです。では、こうした相続の権利というのはどのような根拠があるのでしょうか。例えば、多くの方は、直観的なレベルで、お金持ちの家に生まれた人はあまり苦労もせずに親の財産を相続していくけれど、考えてみたらそれは社会正義に適うことなのだろうか、という疑問を抱いたことがあるのではないでしょうか。これはかなり本質的疑問ですし、こうした相続の制度があることで、富の格差が固定し、貧困が連鎖していく、という事態が発生していることが見込まれる以上、実際の社会制度としても一度はその正当性について問う必要があります。

所有権の意義

この問題は、そもそもでいえば、「所有権」の根拠は何か、というかなり根本的な問題と関わっています。法律によって決まる、といってしまえばそれで終わりかもしれませんが、問題はそうした法律を支えるもとの考え方は何か、という点です。そこまで掘り下げないと学問の議論としては中途半端になってしまいます。この問題については、伝統時に有力な見解の一つとし

て、17世紀イギリスの哲学者ジョン・ロックの提起した考え方、すなわち、所有権は労働によって確立する、という「労働所有権論」という考え方があります。人が自身で労働して何かを獲得したとき、その何かに対するその人の所有権が成立する、という考え方です。森の中で木の実を自分で採集したら、自分のものになる、という図式で、直観的にもわかりやすく、納得できる考えでしょう。

　もちろん、現在の私たちの環境に照らすならば、労働所有権論ですべての所有権事象が理解できるとは到底思えません。現代社会の所有権のありようは複雑ですし、金融を通じた不労所得的なものもあるからです。しかし、原則をいえば、やはり、何もしないで収入を得ることはできないのであり、何かをしたことで何かを獲得するのだ、という基本構図はやはり当てはまっているように思われます。

　けれども、もしそうならば、相続というのはどう正当化できるのでしょうか。親の介護を心を込めて行った子どもに親の死後に遺産が相続される場合は、それなりに労働所有権論に見合った形で納得できるかもれません。しかし、すべてがそのようになるわけではありません。場合によっては、故人とほとんど接触がなかった親族にも相続権が発生します。こうした制度は公平性を欠くし、正義に見合わない、と考えて、相続制度は道徳的に正当化できない、と論じる議論さえあります。お金持ちの財産に高率でかかる相続「税」は、こうした疑問に部分的に対応した制度といえるでしょう。いずれにせよ、相続という制度が貧困や格差の固定に何らかの寄与をしてしまっているのではないかという懸念が成り立ち得る以上、相続制度の道徳的意義について、少なくとも一度は真剣に検討してよいのではないかと思います。

4. 飢餓への対応

寄付は義務か

　貧困そして飢餓の問題に関しては、富めるものが所得の5％を寄付することで、大きな改善を果たすことができるという、哲学者ピーター・シンガーの議論もあります。この問題は、道徳的義務あるいは法的義務についての2種をどう捉えるかという点と深く関わります。義務には、「借金を返済する義務」のように、それをしなければ相手の人格性を尊重していないことになるので、絶対に履行しなければならない「完全義務」と、「困っている人を救ってあげる義務」のような、なるべく従った方がよいけれども絶対に遂行しなければならないわけではない「不完全義務」という2種があります。

　では、貧困や飢餓をなくすため自分の所得から一定額を寄付する義務、があるとしたら、それは完全義務なのでしょうか、不完全義務なのでしょうか。一見すると不完全義務のように思えますが、人類を保存するという持続可能性の核心に照らすならば、貧困や飢餓をなくすことに努めることは完全義務なのではないか、というようにも思えてきます。貧困や飢餓が蔓延すれば、結局は自分自身、ひいては私たちの子孫の存続が危ぶまれることになり得るからです。気候変動問題に似た問題がここに現出していると言えるでしょう。

　さらに、飢餓を自身に無関係なこととして無関心でいることの問題性は、1つの見方を取れば、不作為による間接的な殺人を犯しているとも解釈可能だという点にあります。不作為というのは、第一節の「信念の倫理」でも触れましたが、ようするに、何もしない、ことです。親が子どものケアをしないことによって子どもに害が発生したとき、それは親の不作為による被害であり、何もしないという不作為が加害行為として捉えられるわけです。つまり何もしないことが害発生の原因であり、よって何もしないことに責任が問われるという、そういうことがあるわけです。一般に「不在因果」と呼ばれている現象です。

　同様に、世界の少なくない地域に飢餓にあえぐ人々がいて、そういう方々に対して食料供給のための寄付をしない、何もしない場合、そうして飢餓にあえぐ方々が亡くなってしまったとき、道徳的に厳格かつ厳粛に捉えるならば、不作為による間接的な殺人を犯しているということになってしまうわけです。このような見方を突きつけられたとき、私たちはどのように応じるべきでしょうか。こうした罪を犯さぬよう、先に述べた言い方を使えば、寄付をすることを完全義務として人々に課すべきなのでしょうか。大いに思案のしどころですね。

肉食と環境

　もう1つ、飢餓の問題について問題提起をしましょう。それは肉食の問題です。多くの方々は、牛肉、豚肉、鶏肉といった食品を日頃食べているだろうと思います。ただ、こうした肉食という食習慣に関しては、歴史的に多くの問題が投げかけられ続けてきました。1つは、やはり「屠殺」についての倫理的罪悪感です。「いのちは大切」は一般に受け入れられる価値観ですが、では動物の「いのち」はどうなのか、という問いがおのずと浮かび上がることは避けられません。多くの哲学者たちがこの問題について思考を重ねてきました。そこで出てきた立場が、すでにお馴染みの、ベジタリアニズムやビーガニズムです。肉を食べないという生活です。動物権利(animal rights)といった概念がよく知られていますね。こうした文脈では、肉を食べる生活スタイルは「カーニズム」と呼ばれます。

むろん、こうした立場に対する反論や、肉食を正当化する議論もあります。植物を食べるのはいいのか、動物同士が捕食し合っているのはどうなのか、鳥獣害のように人間の権利が侵害される場合はどうなのか、といった問題点が有名で、多くの議論や論争が起こっています。また、食肉とされる畜産動物は人間がいなければそもそも存在しなかったのだから、人間が彼らに生きている益を与えている以上、食肉にしても問題ないのではないか、といった趣旨の議論も時に提起されます。

しかし、SDGsが提起している飢餓の問題に関しては、1kgの食肉を生産するのに、家畜に10kg以上の穀物を飼料として与えなければならず、食料不足を促す一要因になっている、よって、その穀物を人間の食料にするならば飢餓の軽減に一定の効果があるだろう、という議論が重要です。つまり、肉食を続けることが結果的に飢餓を促しているのではないかという問題提起です。

さらに、畜産において家畜が発出する「メタン」(CH_4)は、一定の条件下ではCO_2以上に地球温暖化を促している、という報告もしばしば提出されています。そうなると、なおさら肉食の習慣は見直しが必要だということになると思われます。もっとも、メタンを発生させないようにする牛の飼料の研究開発も行われています。それがうまくいけば、畜産や肉食は、継続しても倫理的に問題ないということになるのでしょうか。

肉食については、生の家畜を屠殺して食肉を生産するのではなく、植物性タンパクによる加工肉や、牛などの細胞を培養して工場で生産する（生の家畜を屠殺する必要のない）培養肉など、代替品もいま盛んに研究開発が行われ、一部は実際に売買もされています。あるいは、昆虫食をどう位置づけるか、という問いも飢餓の問題と関わると思われます。どう考えればよいでしょうか。このあたり、本格的に考えるならば、かなり徹底した掘り下げが必要でしょう。

5. 健康と病気と優生学と

老い

次に、ゴール3に謳われている健康と福祉の問題について、少し問題を提起してみましょう。この問題も私たちの持続的な生活の安定性や幸福にとってまことに本質的ですが、少し掘り下げてみると、案外に難しい問題があぶり出されてきます。2つの問いを例題として挙げてみましょう。1つは、「健康とは何か」というストレートな問いです。まず、「老い」は不健康であり、病気なのでしょうか。もちろん、高齢になってくることで体は少しずつ衰え、生活習慣病

に罹患しやすくなります。視覚や聴覚や歯、あるいは咀嚼の機能も衰えてくるでしょう。しかし、アンチエイジングといった概念のもと、いろいろな健康法などが提案され、老化を少しでも回避しよう、遅らせよう、というような考え方も一般的です。

その点からして、逆にいうと、老化は回避・予防できるのだから病気なのであり、何もせず老化していってしまうのは避けた方がよい、という見方が示唆されてきます。米国ハーバード大学のD. A.シンクレアは、かなり明確に、老化は病気である、と論じています。では、SDGsのゴール3を考えるに当たって、年を取る、ということはどのように位置づけていったらよいのでしょうか。考える価値のある問いだと思います。

不妊の問題

もう1つ、SDGsにおける健康や病気の問題にとって提起してよい問いは、不妊は病気なのか、という問題でしょう。「不妊治療」という言葉があり、何らかの不妊治療に対して保険適用にするのかどうか、という話題がしばしば論じられます。実際、日本では、2022年4月より、人工授精、体外受精、顕微授精など、女性が43歳未満という年齢制限はありますが、保険適用になりました。ただ、代理母による出産などは、保険適用どころか、日本国内では実際上認められていない（正しくは制度が未整備）、というのが現状です。いずれにせよ、このようなありようを見ると、不妊は医療措置の対象なのだから、ある種の病気なのではないか、という見方が出てくるのは自然でしょう。

不妊と健康

けれども、事はそう単純ではありません。まず、いまの時代、生涯独身の方々は決して少なくなく、しかも結婚したくないという方々も増えてきている、というのが実情です。内閣府男女共同参画局のデータによると、2022年の男性50歳時の未婚率は20％を超え、女性50歳時の未婚率は10％を超えています[1]。だとすると、いきおい、子どもを持つ、持とうとする機会も減るのは必定でしょう。ということは、かりにそうした生涯独身の方たちが不妊症だとしても、それは表に現れず、自覚もされないことになります。

しかし、ちょっと考えてみてください。それで何か生活の上で、病気になっている場合と同様に、何かの支障が発生するでしょうか。何も起こらないでしょう。普通に生活できます。同じことは、既婚者のケースにも当てはまります。いまどき、既婚者で子どものいない家庭など、珍しくもなんともありません。そうした方々で素晴らしい活躍をされている方々も多数おられ

ます。子を持つ意志がない場合や、不妊と診断される場合など、事情はさまざまでしょう。け
れども、かりに不妊と診断されても、そのことを原因として日常生活に支障を来すということ
は、不妊と診断された場合の精神的影響を別にすれば、まずないでしょう。

　なるほど確かに、ここでいう精神的影響が無視できないほど大きいというケースもあるで
しょう。世界保健機構(WHO)の「健康」の定義には、精神的に満たされていることも条件と
して掲げられています。その意味で、例えば不妊に悩み、精神的影響を受けているケースは、
健康ではないといえるかもしれません。けれども、私たちの人生が常に精神的に満たされてい
るということは考えにくいのではないでしょうか。人生は山あり谷ありです。悩みや苦しみが
あったとしても、それをバネに前に進むことだって可能なはずです。そういう意味で、不妊に
由来する精神的影響は、人生において出くわす、さまざまな出来事による精神的影響とほぼ同
義であるといえるのではないでしょうか（しかし、むろん、そうした精神的影響が著しくつら
いときには、医療に頼るべきなのは当然です）。

　こうしたことを反省してみるならば、不妊症それ自体は病気ではない、という見方も強力に
立ち上がってきます。果たして、病気とは、健康とは、どのようなことを指すのでしょうか。
SDGsを実践するに当たって、こうした概念の明確化は必須でしょう。いや、むしろ、すでに
述べたように、SDGsは、ある面において、こうした概念の明確化をも1つの課題として提示
しているのであり、そこへの努力の傾注も促していると解釈されます。

▌優生学の問い

　さらに、2つ目の問いとして、こうした健康や病気の問題を考えるとき、大変にデリケート
な問題ですが、優生学・優生思想の問題も、少なくとも大学教育以上の段階では、一旦は考え
てみる必要があるでしょう。優生学(eugenics)とは、あえて簡潔にいってしまえば、人間には
優れた血統と劣った血統があり、劣った血統をなくしたり優れた血統を保護したりすることで
人類全体の質を向上させよう、とする思想です。とんでもなく乱暴で差別的な思想だと感じら
れますが、歴史的には、20世紀初頭からこうした思想が、日本も含めて世界中に流布し、何
らかの形で実践されたのです。一般に、優生学というとナチス・ドイツが想起され、いろいろ
な形の差別が表象されるでしょう。優生学は、もともとの意図はまさしく人類の持続可能性を
達成するというものであったと思われますが、どこかで道が逸れ、人種差別あるいは障害者差
別のような形で発現してしまいました。

　けれども、何らかの意味での人間の優劣の価値づけというのは、道徳的評価とは別に事実問

題として、私たちは依然としていまでも潜在的に行ってしまっているかもしれません。そうしたあり方は「内なる優生思想」などと呼ばれます。実際、妊婦さんに対して行われる「出生前診断」において、そうした潜在的態勢が姿を現しているといえる可能性はあります。そうした診断を基にした人工妊娠中絶が少なからず行われているという事実はそれとして受けとめるしかないでしょう。難しい問題です。

　いずれにせよ、SDGsの健康についての文脈で問題となるのは、優生学的な視点からの優劣は、果たして健康概念とどう関わるのか、という問いでしょう。当然ながら、優生学の問題は「多様性」という概念とも絡み合います。きわめて繊細な問いであり、まことに多様なアプローチや、多くの異なった見解が提起される問いです。ぜひ、自分自身で調べて、考えてほしいと思います。それが、真の意味での持続可能性に近づく道だと私は考えています。

6. ウェル・ビーイングの問題

幸福の客観的側面

　さて、SDGsのゴール3には、健康以外に「ウェル・ビーイング」の達成が謳われています。「ウェル・ビーイング」は「幸福」を意味すると考えられます。「ハッピー」という言葉が、「お酒を飲んでハッピーな気分になった」といった、いわば利那的な文脈でも使用され得るのに対して、「ウェル・ビーイング」はもう少し持続的で、人生の長いスパンのもとでの充実したあり方を指しています。そうした意味で、今日、「幸福」や「しあわせ」を多少なりとも学問的あるいは政策的に論じる場合は、「ウェル・ビーイング」を用いることが多くなってきたようです。しかし、そのように述べたところで、「ウェル・ビーイング」とは何か、ということは明らかになりません。

　そもそも、「幸福」とは何かは確定するのが困難な問いです。ただ、多少の手がかりとなる考えはあり得ます。主観的（感覚的）側面と客観的（物理的）側面とを分けて、それぞれの視点から幸福について考えていく、というやり方です。特に、SDGsとして、人類全体で実現していこうとする政策や活動においては、客観的な側面に光を当てて、そういう問題意識から幸福の現実化を目指すという方向性がおのずと浮かび上がります。ただ、こういう述べ方をすると、幸福というのは各人の感じ方の問題なのだから、幸福の客観的側面などそもそも意味を成さないのではないか、という疑問を抱く人がいるでしょう。

　確かに、人里離れた一軒家に暮らすことを幸福だと思う人と、いやだと思う人とがいるでしょ

う。何を幸福と感じるかは人それぞれです。けれども、もし幸福が完全に主観的な人それぞれの感じ方なのだとしたら、幸福の実現を人類全体の目標として掲げることが不可能になってしまうでしょう。やはり、各人の主観とはさしあたり離れて、幸福の指標は設定可能なのではないかと思うのです。たぶんここに、「ハッピネス」ではなく「ウェル・ビーイング」という表現が今日使用されている一つの理由があると思われます。「ウェル・ビーイング」は、要するに「よい状態であること」であり、外部の視点からも認定可能であるような意義を持つからです。

インフラの重要性

　冷静に考えるならば、実は、ウェル・ビーイングや幸福は、外的な（その意味で物理的な）条件に依存していることがすぐにわかります。核心はインフラ整備です。水道、ガス、電気、道路、鉄道、橋梁、護岸や堤防、防波堤や防潮堤、ひいてはゴミ収集、自衛隊、警察、救急医療設備までも、広い意味での「インフラ」という概念に含めることができるでしょう。日本の場合、水道や電気や道路は非常に高いレベルで整備・保守されているので、その重い意義や恩恵がなかなか一般に実感されていない節があります。しかし、こうしたインフラは、もしそれがなかったならば、ということを想定したとき、その不可欠性が理解できるでしょう。

　むろん、インフラが充実していれば必ず幸福がもたらされる、とは言い難いでしょう。高品質のインフラが整備されている都市に住む人の中にも、病気やストレスに悩んだり、自殺念慮を持ってしまう方々さえ存在しているわけです。けれども、インフラが充実していないならば、幸福が実現されにくい、とはいえるのではないでしょうか。すなわち、インフラの充実は、幸福の十分条件とはいえないとしても、幸福の必要条件なのではないか、ということです。実際、災害などで水道や電気が止まってしまったとき、人々が大いなる困難（すなわち幸福とは言い難い状態）に巻き込まれることは、近年の災害激甚化の現状を省みるとき、明白な事実です。そして、こうした物理的環境が幸福の必要条件であるという側面が明確に成立しているからこそ、政府の次元で幸福実現の施策、という言説が有意味になっているのだと思われます。「ウェル・ビーイング」とインフラの関係、そしてそれに加えて、各個人の主観的な幸福感が「ウェル・ビーイング」にどう関わっていくか、ここも考えどころです。

孤独死と格差

　「ウェル・ビーイング」については、もう２点、問題提起をしておきます。１つは、孤独死・孤立死に関わる点です。孤独死・孤立死は、主には１人暮らしの男性に時折発生してしまう現

象で、しばしば言及はされるものの、どちらかというと表だった主題にはされず、どこか隠蔽されてしまっているかのような感のある問題です。しかし、独身者や独身希望者の増大傾向に照らして、これから、いわゆる「おひとりさま」と称される、1人暮らしの方は増えていくと予想されます。そうであるならば、1人暮らしの中での「ウェル・ビーイング」というのも主題的に考えていく時代が到来していると考えるべきでしょう。

　そうした主題の核心的テーマが、孤独死・孤立死の問題です。単に、それを防ぐために社会的方策を探っていかなければならない、という方向性だけで問題を考えてよいのか、それとも孤独死・孤立死を全面的回避は不可能な、あり得る社会現象と捉えて、それを社会でどう意味づけしていくべきか、といった問いの方向性もあり得るでしょうか。かなり根本的な思考が求められています。

　もう1つの問題提起は、先に触れた優生学の問題とも連関するかもしれませんが、「ウェル・ビーイング」を目指すときに生来的な格差をどう捉え返していればよいのか、という問いです。すなわち、人は生まれながらいろいろな個性のもとに産まれてきますが、そうした各人の個性の間に、例えば、身長差、能力差、体力差などかあったとき、それがいわゆる「格差」になってしまうことがあるかもしれません。あるいは、人が生まれたときの親や家庭の環境にも、生まれた人の格差を促してしまう相違があるかもしれません。そうした「格差」は避けがたいところがあります。そういう中で、「ウェル・ビーイング」というのはどう考えたらよいでしょうか。「身の丈に合った」といった言い方がありますが、そのような理解のもとで「ウェル・ビーイング」を捉えていけばよいのでしょうか。考えてほしいと思います。

7. 教育の効用をめぐって

教育と「ウェル・ビーイング」

　次にゴール4の「質の高い教育」という問題に目を向けてみましょう。ここで提起しておきたい例題は、充実した教育は常に「ウェル・ビーイング」をもたらすのか、という問いです。一般的に考えて、きちんとした教育を受けることは人々の「ウェル・ビーイング」すなわち幸福の基盤となる、と考えられるでしょう。逆の事態を想像すれば、それは明白です。文字が読めない、引き算ができない、といった条件の下で生涯を暮らすのはかなりきついことでしょう。けれども、では、どのような教育でも「ウェル・ビーイング」に資するのか、と問うと、やや疑問が湧いてきます。特定の政治信条、事実との突き合わせが十分でない歴史教育、特定の宗

教のみを教えること、など（「洗脳」という言葉が連想されます）はどのように捉えたらよいでしょうか。これはかなり難しい問いです。

民主主義を検討する

　例えば社会科の政治経済などで「民主主義」を肯定的に教えるというのは標準的でしょう。そのことに疑問を抱く人は少ないと思います。けれども、よくよく掘り下げて考えると、私たち人類は完璧な政治制度を生み出しているとは言い難い面があります。人間は不完全なので、人間の産み出したものは完全ではありません。機械や技術を思い起こせば、このことは明らかです。絶対に故障しない機械はありません。機械を操る人間の側のヒューマンエラーも絶対にないとはいえないわけです。政治制度も同様です。「民主主義」は素晴らしい制度ですが、実は、古代ギリシアのプラトン以来、民主主義の弱点が指摘されてきたのです。この点は、簡単な思考実験でわかります。

　ある国で、9割以上の国民が後先考えずに感情的に物事を判断する人たちで、1割以下の人々が合理的にいろいろな条件をシミュレーションして判断できる人たちであるとします。その場合、その国の方針を民主的に決めていくとすると、9割以上を占める前者の人々の意見が採用されることになり得て、国全体にとって好ましくない帰結がもたらされる確率が高くなります。簡単にいうと、いわゆる「ポピュリズム」（大衆迎合主義）ですね。その中での最悪の可能性が独裁者を生んでしまうということでしょう。

　民衆の心を掴んだ人物が民主的手続きに従って強力な権限を持つに至る、という場合、すなわち、民主主義が独裁政治に転落してしまう可能性です。民主主義には、理論的に、いや実は現実的にも、このような弱点があります。かくして、私たちは歴史を積み重ねて、民主主義のもしかしたら発現するかもしれない弱点を人々が理解した上で、注意深く民主主義を採用していこう、という道筋をいまのところ、中でも最もよいシステムとして採用しているのです。このあたり、教育の場においても真摯に検討していくべき課題です。いや、冷静にいえば、独裁政治は悪い、という思い込みや前提そのものに対してさえ、一旦はフラットに検討する必要はあるでしょう。

宗教と教育

　さて、先に宗教の教育について言及しましたが、この問題も実は根が深いものがあります。アメリカ合衆国では、高校などで進化理論(evolutionary theory)を教えると、キリスト

教信仰心の深い保護者団体などから、進化理論だけを教えるのは偏っている、同時に創造説（creationism）も教えるべきだ、といった趣旨の抗議が寄せられることがあります。彼らは、キリスト教の教義に字義通りに従う形で、人類は神によって神の似姿として創造されたのであって、サルなどから進化してきたのではない、という反進化理論的主張を投げかけてくるのです。似たようなことは、つまり、自然科学的な世界理解と宗教の教義との微妙な関係にまつわる問題性は、他の宗教に関しても十分に起こり得ます。

　こういう言い方に対して、日本人は特定の宗教に対する信仰を持つ人は少ないので、宗教と教育の関係は大きな問題ではない、といった反応が出されがちですが、それについても改めて検証すべきでしょう。日本人は、特定の宗教を強く信仰する人は多くはないかもしれませんが、多くの日本人は、初詣とかお盆休みとかの宗教的な行事をまめに行いますし、神社仏閣にお参りすることもしばしばです。やはり日本人には、うっすらとではありますが、神道や仏教に寄せる傾向、あるいは自然への帰依心（加護観念などとも呼べるでしょう）のようなものが往々にして認められます。そうした日常的傾向は、教育の場にほとんど無自覚的に持ち込まれます。そういう意味で、宗教という視点をも絡めた形で、よりよい教育とは何か、SDGsが謳う「質の高い教育」とはどのような教育であるべきか、というそもそもの問いを考えていく必要があるでしょう。

一斉授業以外の道

　SDGsの教育への目標設定について、さらに2点だけ触れておきます。1つは、今日必ずしも少なくない子どもたちが「学校に行っていない」という事実をしかと受けとめた上で、そもそも学校教育を受けないことは「ウェル・ビーイング」達成に反することなのか、という問いも現代的な問いとして考察する価値があるでしょう。今日正規の学校とは異なる「フリースクール」なるものもちらほら見かけますし、一斉授業とは違う仕方の「サドベリースクール」とか「イエナ・プラン」なども少しずつですが実践されるようになってきました。また、基本的に家庭だけで教育する「ホームスクール」さえもが認知されるようにもなってきました。また、こうした事態は、義務教育以外の高等教育を受けないことと「ウェル・ビーイング」との連関の問題を改めて浮かび上がらせているとも捉えられます。

　いずれにせよ、こうした、教育とは学校で一斉に受けるものとは限らない、という理解が徐々に成立し得る趨勢の中、SDGsの謳う「質の高い教育」とは何かについて、新しい視点・視野から総合的に検討していくことが重要です。

役に立つこと

　もう１つ言及しておきたいのは、教育と実学との関わりです。言い方を換えれば、実学以外の教育は必要なのか、必要だとするならどういう意味において必要なのか、という問いを一度考えてみることが、「質の高い教育」というSDGsの目指すゴールの意味を理解するのに必須なのではないか、ということです。かつて「文学部無用論」といった言い方が話題になったことがありました。ギリシア語やラテン語やサンスクリット語、平安朝文学、メソポタミア文明、中世キリスト教史、古代哲学、哲学的懐疑論（いま夢を見ているだけかもしれないなど）、こうした主題についての講義は果たして役に立つのか、という問いかけがなされたわけです。

　しかしながら、「役に立つ」とは果たしてどういうことなのでしょうか。経済的利益や社会的名誉につながるということなのでしょうか。どうにも不明です。それに、実は、哲学の教育は、高校新科目「公共」の一部（「公共の扉」）として取り入れられているし、さらに今日では「子ども哲学」(Philosophy for Children, P4C と略称される)の教育は世界的な広がりを見せつつあります。「死んだらどうなるの」といった哲学的（形而上学的）問いを子どもたちが真剣に語り合うこと、それが教育の場に取り入れられつつあるのです。これは「役に立つ」のでしょうか。SDGsのいう「質の高い教育」は、経済的・実際的な利益とどのような関係に立つのでしょうか。一度立ち止まって、教育の本質について考えてみることは大きな意義があると思われます。

8. 気候変動に面して

エネルギーと科学技術

　次に、いよいよSDGsの大きな柱を占めると思われる、気候変動(climate change)、エネルギー問題、イノベーション(技術革新)といった一連の問題系に触れて、例題を提起していきましょう。これらは、主に【ゴール7：エネルギーをみんなにそしてクリーンに】、【ゴール9：産業と技術革新の基盤をつくろう】、【ゴール13：気候変動に具体的な対策を】の3つのゴールに関わります。全体としては、まず気候変動という事実問題を確認し、それを解決するために、例えばエネルギー問題を見返して、そこでの問題性を踏まえて、それらをなんとか技術革新によって克服していこう、というシナリオになっていると推定されます。こうしたシナリオは、一定の合理性と正当性を持つことがかなり明らかであるといえるでしょう。私たち人類が持続

可能な「ウェル・ビーイング」を達成するには、気候変動がそれの阻害要因となるならば、気候変動の主原因と考えられるエネルギー産出に主な焦点を当てて、その解決策を科学技術を前提にして探っていく、ということです。

もちろん、こうしたシナリオに対して、もっと根本的に、技術革新を止めてしまい、エネルギー消費も最小限にしてしまう、というラディカルな考え方も理論的にはあり得るでしょう。ただ、そうした議論の方向性が生産的かどうかは、疑問が湧きます。人間というのは、その本性として、できてしまった技術をなかったことにはできない存在者なのではないでしょうか。すでに享受してしまった便利さを手放せない存在者なのではないでしょうか。いまから、電気なし、自動車なし、インターネットなし、の生活に戻ろうといっても、人々の同意を得ることは困難です。

できてしまった技術はなかったことにできない

福島第一原子力発電所事故の後、機械の有害性に関して、一部「江戸時代に戻ろう」といった考え方が提起されたことがありました。気持ちはわかりますし、それは字義通りにいわれているのではなくスローガン的なものだとは思いますが、単なるスローガンだとしてもほぼ実現可能性はないものだし、実際に本当に実現させたらかえってさらに有害な帰結をもたらす提案なのではないかと思われます。

江戸時代は、医療事情がいまとは異なり、乳幼児の死亡率が高く、全体の平均寿命は40歳前後でした。いまや80歳以上の平均寿命を誇る日本人が、いまさら平均寿命40歳の社会に戻ることを承諾するとは、とても思えません。そして、江戸時代に戻れば、先に述べたように、電気も自動車も鉄道もインターネットもない社会に回帰することになりますが、それを望む人がどれだけいるか、非常に疑わしく思います（皆無とは思いませんが）。

いずれにせよ、できてしまった技術をなかったことにはできない、というのが抗い難い人間の本性であるとするならば、立ち向かうべき問いは、すでに達成された技術があるということを前提にして、その条件下でどのようにして難点を克服しながらサバイバルし、「ウェル・ビーイング」を達成していくか、という問いでしょう。

脱炭素

まず、気候変動の問題です。地球全体の平均気温が少しずつ上昇しているのは疑いのない事実です。問題は、その原因は何か、ということです。それについての現在のおおよその世界的コンセンサスは、CO_2の排出、とりわけ火力発電所（特に石炭火力発電所）を代表とするエネ

ルギー部門、その他の巨大プラントなどの産業部門、交通手段などの運輸部門、などにおける人為的なCO_2排出が気候変動の主な原因である、というものです。気候変動ならぬ「地球温暖化」という言葉でこのことが語られ、CO_2は温室効果(greenhouse effect)ガスと呼ばれます。地球の周りを覆い、暖気を閉じ込めて、まるで温室のような状態をもたらしてしまうということです。こうしたコンセンサスのもと、いわゆる「脱炭素」(decarbonation)が謳われ、火力発電所の縮小や廃止などが推進されているわけです。

ただし、先に4節でも記しましたが、こうしたCO_2による温暖化という捉え方に対しては、CO_2に劣らぬ程度で「メタン」(CH_4)が温暖化を促進させてしまっている、という理解もかなり知られてきました。メタンは、主として畜産において発生します。畜獣のゲップや、稲作の過程などで、かなりの量のメタンが発生し、それが温室効果ガスとなってしまうということです。

厳密にいうと、こうしたCO_2やCH_4による地球温暖化については、すべての科学者がそうした捉え方を受け入れているわけではなく、少数とはいえ、異論を提起する方々もいます。気候変動は事実として認めるとしても、その原因をCO_2であると断定できないのではないか、とする議論で、この点は、本書の第II部第4章の記述を参照してください。

確かに、人類登場以前をも含めて、地球の歴史を顧みると、気候変動はしばしば発生しており、それが地球環境の常態であるようにも思えます。正直、一研究者として、こうした係争点について確定的な理解を得ていると自信を持っていえません。しかし、CO_2やCH_4起因の地球温暖化が進行している、という捉え方がおよそ世界のコンセンサスになっているという事実は重いと思います。脱炭素という方針を、経済活動を極端に押さえ込むことを避けつつ、実践していくことがさしあたり合理的に要請されていると、ここでは考えたいと思います。

9. エネルギー問題からイノベーションへ

火力発電

さて、そこで問題となるのが発電です。とりわけ、火力発電、なかでも石炭火力発電がしばしば問題になるわけです。なるほど確かに、日本の火力発電技術はきわめて優秀で、従来の火力発電において問題となっていた硫黄酸化物や窒素酸化物の排出（それによる多くの被害が出たとする報告もあります）を著しく低減することに成功しています。けれども、CO_2排出の問題はそう簡単にはいきません。かくして、脱炭素ということで、火力発電をなくしていこうと

いう動きが出てくるわけです。

　まずもって発電やエネルギーの問題で絶対最初に押さえておかなければならないことは、いかなる発電技術にも必ずメリットとデメリットがある、ということです。実際、火力発電にはきわめて大きなメリットがあります。低コストできわめて安定的な電力がつくれるという点です。火力発電の強みは、何よりそこにあり、それゆえ、現時点では、例えば日本などでは、火力発電が何よりメインな発電となっているわけです。私たちが火力発電の恩恵を受け続けてきたという事実は、きちんと理解する必要があるでしょう。

▍原子力発電と放射線

　これに対して、安定的な発電ができるという点でオルタナティブとしてあげられるのは、原子力発電です。原子力発電はCO_2を出さないので、脱炭素という世界的な動向に合致した発電方式で、欧州などではグリーンな発電としてカテゴライズされてもいます。けれども、ご承知のように、事故の際の混乱は尋常ではなく、しかも放射性廃棄物の処理というやっかいな問題があります。このあたりは、放射線とは何か、放射線被曝による健康影響はどのようなものか、その量的な目安についてのリテラシーを高めることがまずは求められるでしょう。放射線被曝の健康影響については、いや外的物質の健康影響一般について、何より「量」的思考が不可欠です。

　まずは、宇宙中に放射線が遍在していることや、私たちの身体にも放射性物質（放射性カリウムなどが食事を通じて摂取される）が常時存在していること、つまり私たちは少量ながらも常に外部被曝と内部被曝をしているということ、そして福島原発事故による福島の人々の放射線被曝線量が不幸中の幸いにきわめて低線量に抑えられ、直接の放射線障害は発生しなかったこと、こうした事実は冷静な判断のための基本として押さえておく必要があります。私たちの生活環境には、喫煙や過度の飲酒や偏った食事など、低線量の放射線被曝以上の健康リスク因子があり、そうした危険因子との相対化による客観的把握は、自分や他者の持続可能な生活を守るのに不可欠だと思われます。

　それに実際、この100年くらいは原子力発電が人類全体でゼロになることは考えられませんので（米国や中国やロシアやインドやフランスについて考えてみてください）、考えるべきは、しばらくの間、どのようにして原子力発電と共生していくのか、という問いでしょう。合理的に考えて、核融合型発電も視野に入れつつ、原子力発電の安全性を高める技術革新・イノベーションが求められるのではないでしょうか。ただ、人々の心理の次元で、原発事故の記憶そし

て恐怖心が残っていることも事実でしょう。なお、しばしば誤解されていますが、原子力発電の燃料中の放射性物質は、原子爆弾とは異なり、濃度が非常に低いので、核爆発は起こしません。この点も確認しておきたいと思います。いずれにせよ、こうした条件の中、果たしてこの100年の間、私たちは原子力発電をどのように管理していったらよいのか、そこが考えどころだと思われます。

放射性廃棄物の問題など

また、放射性廃棄物の問題はなかなか困難です。地層処分といっても、「どこに」埋めるのかを決めるのはとても難しいわけです。ただ、いま将来に向けて考えられているアイデアの１つは、宇宙投棄です。現段階では技術的に全く困難ですが、地層処分だけが選択肢として考えられている議論の現状に対して、宇宙投棄の可能性を未来に向けて考えていくのは、視野を拡張するという点で、一定の意義はあるかと思います。それに実際、もともと宇宙は放射線が充満しているわけですから、宇宙に放射性物質を投棄することは、必ずしも非道なやり方ではないとも感じられます。いずれにせよ、放射性廃棄物の問題は、すでに存在していて放置してはおけない問題なので、私たち１人ひとりが真剣に議論をして詰めていく必要があります。それがSDGsを実践し「ウェル・ビーイング」を導く１つの鍵となるでしょう。

火力発電、原子力発電以外の発電としては、まず水力発電が挙げられます。そのメリットは、比較的安定的に発電ができるし、水量の調節による発電量の調節が容易にできるという点にあります。けれども、水力発電は大抵は大がかりな自然への介入を必要としますし、揚水式（落下した水を上に挙げるやり方）の場合には結局火力発電や原子力発電の電気を必要とするという弱みもあります。

自然（再生可能）エネルギー

さらに、いわゆる自然エネルギー、あるいは再生可能エネルギーもあります。太陽光、風力、波力、地熱、バイオマス、人力などです。太陽光は脱炭素の方針にぴったり合致する発電です。晴天時の太陽光パネルによる発電は非常に有効で、パネルの量を増やせば、必要量の多くをまかなうことができます。しかし、発電が不安定で、寿命がきたパネルの処理（有害物質）の問題、山裾に設置したときの土砂崩れの恐れ、などといった難点があります。

風力発電も脱炭素にはぴったりですが、風頼りで不安定である点が弱みですし、景観の問題、周囲の人家に低周波問題を発生させるなど、クリアすべき課題があります。波力発電は、脱炭

素であり、海に囲まれた日本の地理的条件からして、ほぼ半永久的・持続的に発電できるという大きなメリットがあります。しかし、設置や維持が非常に高コストであり、漁業への影響や、海水による錆の問題などがあり、直ちに主要な再生可能エネルギーとすることは期待薄です。

　再生可能エネルギーの中で、日本に関して比較的有望と思われるのは、地熱発電とバイオマス発電でしょうか。地熱発電は、火山大国で温泉の多い日本では非常に有力な発電方式ですし、もちろん脱炭素の方針にも合致します。ただ、現状ではなかなかの高コストですし、温泉街近くに設置することになり、観光業との折り合いをつける必要も出てきます。

　また、バイオマス発電は、動植物から生まれた生物資源を燃焼させたりガス化させたりして、発電するシステムの総称です。家畜排泄物、稲ワラ、林地残材などを燃料として使用します。もともと植物は光合成によりCO_2を吸収しているので、それを燃焼などしてCO_2を出しても、吸収したものを出すという相殺でしかない、ということで脱炭素を実現しているとされます。これを「カーボンニュートラル」と呼びます。ただ、現状ではバイオマス発電システムの設置は資源収集などの点でなかなかに高コストであるし、「カーボンニュートラル」といっても、樹木を伐採して資源にするならば緑化に反することになってしまい矛盾ではないか、といった疑問が提起されることもあります。

人力発電

　そして最後に、人力発電があり得ます。これは、環境倫理という点では、すべての発電の中で最も道徳的に正当化可能性が高い発電方式です。なぜならば、自分たちで使うエネルギーは自分たちで作る、ということで自己責任を果たすことになるからです。それに、緊急時の少量の発電（スマホ充電など）には実際上かなり便利です。けれども、いかんせん、発電量は極小で、普遍的なエネルギー源として成立させるのは到底不可能です。

　ただ、私自身は人力発電の魅力は捨てられないと感じます。可能なアイデアとして、刑罰に人力発電を組み込んで、「懲役何ワット」という量刑を導入すること、さらには、街中に人力発電ができる発電ボックスを設置し、国民全員に発電カードを配付し、発電ボックスで発電した量に応じたポイント加算をして、エネルギーに対するリアリティを実感してもらう、そしてそのことでエネルギー問題の真剣な議論の雰囲気を醸成する、といったものもあると考えています。

イノベーション・確率・リスク

　いずれにせよ、すべての発電方式にはメリットとデメリットの両方があることをきちんと受

けとめて、技術のイノベーションによって最適解を求めていく、という考え方が求められているといえるでしょう。絶対に安全で効率がすごくよく、コストもかからず、環境にも一切負荷をかけない、そういう夢のような発電は、将来的なブレークスルーがもしかしたらあるかもしれませんが、いまのところ存在しないのです。電気に頼らない社会を人類が目指すのでない限り、イノベーションによって、中でもベターな発電方法を構築していく必要があるのです。

　そして、イノベーションそれ自体に関しても、発電と同様、必ずメリットとデメリットがつきまといます。デメリットに注目してイノベーションに対して後ろ向きになる見方も場合によっては正当な姿勢となり得ますが、すでに触れたように、人間は、できてしまった技術をなかったことにすることはできない、という本性を持っていると思われますので、ここに大きな悩みどころがあります。何らかの技術についてのイノベーションが、もしかしたら有害な帰結をもたらすかもしれないと考えられる場合に、一体私たちはどういう方針を採用すれば持続可能な社会を構築できるのでしょうか。確率とかリスクといった概念と正面から向きあったうえで、人々の真摯な論議が待たれるところです。

　リスクについて補足します。リスクとは、「害の大きさ」×「その発生確率」、という量的概念です。環境には多種のリスクが充満しており、「ゼロリスク」はありえません。そして、1つのリスクを下げると、別のリスクが上昇する、という「リスク・トレードオフ」という現象も発生します。これらのリスクの特性を踏まえ、イノベーションについて考えてみてください。

10. 戦争と死刑をめぐる正義

戦争倫理と平和主義

　最後に【ゴール16：平和と公正をすべての人に】に触れて、一旦論を終えましょう。この場合の「公正」は、原語では"Justice"です。"Justice"は「正義」とか「司法」とも訳されます。ということで、ゴール16は「平和と正義」を実現していこうという目標として捉えられます。ここでは、戦争と死刑の問題について簡潔に触れて、「平和と正義」について考える際の例題を提起したいと思います。

　まず、戦争についてですが、これについては「戦争倫理」と呼ばれる議論領域があり、大きく分けて、「平和主義」(pacifism)、「現実主義」(realism)、「正戦論」(just war theory)という3つの立場があると論じられています。「平和主義」とは、あえて概括的に述べると、「平和」を最大の価値として称揚し、いかなる戦争も悪、と捉える立場です。もちろん、私たちの

誰もが「平和主義」に同意するのは間違いないでしょう。誰も戦争などしたくないし、まして戦争を経験した人々は戦争の悲惨さを身にしみて感得し、平和を希求するでしょう。当然のことです。ただ、冷静に考えると、私たち人類の歴史はいってみれば戦争の歴史ともいえるほど、戦争を繰り返してきました。悲しいことに、21世紀のいまでも、戦争は発生しているのです。平和が大切だとみんなわかっているのに、なぜこんなことになってしまうのでしょうか。

このことは、国対国の戦争という次元ではなく、1つの国の中での平和つまり治安を考えると事柄の輪郭が理解しやすいでしょう。他人を殺めたり、傷つけたり、他人のものを盗んだり、そうした犯罪的行為が悪いことであるのは誰にとっても自明です。けれども、残念ながら、現実として、どのような社会においても一定数の犯罪が発生します。それゆえ、私たちは警察のシステムを採用し、防犯そして犯人検挙といった業務を果たしてもらっているわけです。もちろん、こうした1つの国の中での事態と、国対国の国際関係とは同じではありません。けれども、類似点はあります。それは、すでに触れたように、誰もが平和や安全を願っているのに必ずしもそれが実現されていないのが現実である、という点です。そして、このことを踏まえて、一国の中では警察が設置されているわけです。

現実に照らした考察

では、国対国の場合はどうでしょうか。「平和主義」は理念としてはいかなる戦争も悪い、と考えます。では、実際に武力行為が発生してしまった場合はどうすべきなのでしょうか。そのまま何もしない、いわば非暴力を貫くということでしょうか。どうにも難しい問題だということがわかると思います。ある国が純粋な非暴力の平和主義の国家だとして、そこに他国が武力で侵略してきたとき、平和主義の立場からどうすべきなのでしょうか。こうしたことが絶対に発生しないとは、残念ながら、私たちの歴史的経験や21世紀の世界情勢に照らして、いえないでしょう。そして、そういう状況の際に、何もしないというのは、侵略行為を放置し、侵略させっぱなしにする、ということになってしまうようにも思えます。それに、非暴力をこちらが貫いても、相手が攻撃してくるのならば、最悪のケースとして、人命が続々と奪われるという悲劇が招来されてしまうようにも思えます。

つまり、平和主義はもともといのちの大切さの理念に基づくと思われますが、それを純粋に貫くと、逆にいのちが危険に曝されるのを黙認する、という矛盾した事態を招いてしまう恐れがあるようにも聞こえかねないのです。ということは、平和主義という思想は、何らかの条件付きで提示されなければならないということになるのではないでしょうか。では、平和主義は、

どのような条件をつけることで、その理念を維持しつつ説得力ある仕方で展開できるのか。ここはぜひ真剣な検討がなされるべきだと思います。

これに対して「現実主義」とは、ラフにまとめれば、戦争は歴史が示すように起こってしまうときには起こってしまうのであり、起こったときにはルールなどない、とする立場です。しかし、これは倫理や道徳を論じる視点から提起される平和主義に対して、それに対置される立場というよりも、むしろ戦争をあたかも自然現象のごとく捉えるような、事実を冷厳に記述する視点からの見解であるように思われます。道徳的判断を一旦捨象して、人間の事実について観察している、といった傾きからの議論でしょう。その意味では、確かに、絶対に間違っているとも言い切れないかもしれません。しかし、「正義」を謳うSDGsの文脈からは外れてしまうでしょう。

正戦論の意義

では、もう1つの「正戦論」とは何でしょうか。概括的にいえば、戦争には悪い戦争と正しい戦争がある、という考え方のことを「正戦論」と呼びます。そういう意味で、平和主義と現実主義の中間に位置する考え方であると捉えられます。これは、一般的にいって、他国への侵略を目論む侵略戦争は悪い戦争で、他国から侵略戦争を仕掛けられたときに防衛をするための戦争は正しい戦争だ、といった着想のことを指しているといえます。

少し細かくいうと、正戦論には、「開戦決定に関する正義」、「戦闘行為に関わる正義」、「戦後の正義」といった3つの局面が区別されて、厳密に論じられています。例えば、戦後の正義について、戦争犯罪について一体「誰が」裁くのか、といった問題が論じられているわけです。

ここでは深く立ち入りませんが、1つ指摘したいのは、「正しい戦争」といっても、大抵の戦争では、どちらの側も自分の行っている戦争は「正しい戦争」であるといいがちになるということ、この点です。「正戦」という言葉だけでは、戦争の問題は簡単に片付けられないのです。ここをどう考えていったらよいのか。他人事ではなく自分事として、ぜひ真剣に考えてもらいたいと思います。

死刑の問題

もう1つ、死刑の問題についても簡潔に例題を挙げておきましょう。死刑問題には存置論と廃止論の対立があることはよく知られています。応報的均衡の原理、遺族の被害感情、犯罪抑止効果などが存置論の主要な論点であり、それに対して、残虐性（とりわけ日本での絞首刑な

どについて）、誤判可能性、凶悪犯罪誘発効果（死刑になりたくて凶悪犯罪を犯す場合）、執行人の苦悩などが廃止論の根拠として申し立てられていることもよく知られていることでしょう。また、世界的に見た場合、世界の3分の2の国々が死刑を廃止しているのに対して、日本は8割以上の賛成世論のゆえに、国連からの死刑廃止勧告に抗して、死刑を存置し続けているという、そういう事実もよく報じられるようになってきたと思います。実際のところ、死刑問題についての議論はにっちもさっちもいかない、デッドロックに陥っているともいえます。

　ただ、この問題は実は非常に広く深い含意を持ちます。例えば、外国が死刑廃止しているのは関係ない、日本は日本だ、という意見が出されることがしばしばありますが、そうなると生き死にに関する倫理的問題には客観的判断基準はなく、文化に相対的だ、という見解を支持することになりえます。この点、どうなのでしょう。倫理的・道徳的善悪つまりは「正義」というのは、文化相対的で客観的基準はない、と考えるべきなのでしょうか。では、「平和」もまた特定の文化において正義だと見なされているだけで、そうでない文化もある、という可能性が許容されるのでしょうか。議論が必要なように感じます。

　加えて、刑罰とは害に対して害を加え返すことだと捉えるとき、死刑は果たして害を加え返すことになるのか、という哲学的問いもありえます。なぜなら、死んでしまうと意識がなくなり、害も苦痛も感じなくなると思われるからです。これに対して、死刑台に行くときの恐怖が死刑の害だ、と思う人もいるでしょう。しかし、それでは、その恐怖を味合わせさえすれば、実際に処刑しなくてもよいのでしょうか。謎が重なります。議論をしていく必要がやはりあります。

　また、殺人や死刑の議論においては、「死」がネガティブな事象であることが前提されています。しかし、安楽死や、いくつかの宗教的教義などでは、「死」はむしろ望ましい事態、幸福な境地であると表象されるときもあります。これをどう考えればよいのでしょうか。かなり難しい問いです。かくして、SDGsをめぐる考察の終局には、「死」をどう捉えるかという、まことに根源的な問いが待ち受けているのだということ、これを指摘して私の例題提起の旅を終えたいと思います。ぜひ深く考え続けてください。

注
(1)https://www.gender.go.jp/about_danjo/whitepaper/h25/zentai/html/ zuhyo/zuhyo01-00-20.html

「持続可能性」と言語

　この本を読んでいる人で、ハワイを知らない人はいないでしょう。現在、アメリカ合衆国ハワイ州では、主に英語が話されています。しかし、かつてハワイでは、「ハワイ語」が話されていました。aloha や hula、ukulele といった単語は、ハワイ語由来の単語です。また、ウィキペディアの「ウィキ」は、ハワイ語で「速い」という意味の wikiwiki からとられています（『デジタル大辞泉』）。

　このように、よく知られたハワイ語の単語こそいくつかありますが、ハワイ語がどんな言語かを説明できる人は決して多くはないでしょう。言語の親戚関係でいうと、ハワイ語は、タヒチ語やマオリ語（ニュージーランドの先住民族マオリの話す言語）などと親戚関係にある言語で、英語とはなんら関係がありません。また、発音の面では、母音の数は日本語と同じ5つ（a・e・i・o・u）ですが、子音の数が8つ（h・k・l・m・n・p・w・'：声帯を閉じて息を止める子音）しかありません（『言語学大辞典 第3巻』：341・1163–1164）。b・d・g・s・t・z といった子音は、ハワイ語にはないのです。誤解のないようにお伝えしたいのは、子音の数が少ないからといって、単純な内容しか表現できない言語では決してないという点です。ハワイ語は、世界中の他の言語と同様に、豊かな仕組みを持った言語です。

　18世紀末には、約30万人がハワイ語を話していたとされていますが、以下に示す経緯で、ハワイ語を話す人の数は激減しました。まず、1778年のクック船長の来航以降、伝染病が持ち込まれたことで、先住民族の人々が多数亡くなってしまいました。その後、1898年のハワイのアメリカ合衆国への併合に先立って、英語がハワイの官公庁の公用語に指定されました。併合後にはハワイ語を使って教育を行う公立学校が閉鎖され、教師も生徒も、ハワイ語を使うことが禁止されました。その結果、1980年代には、ハワイ語を母語とする人は2,000人程度に減っていたそうです（Grenoble and Whaley 95–96、松原 18–27）。

　その後、ハワイ語がどうなったかというと、「復活」への道が開けました。ベトナム戦争をうけて世界中に広まった民族解放運動の流れのなか、ハワイ語再活性化運動がハワイで起

こり、1978年にはハワイ州の公用語が英語とハワイ語になりました。1980年代半ばにハワイ語のみを使う保育施設が、1980年代末にはハワイ語ですべての教科を学べる高校卒業までのプログラムができました（Grenoble and Whaley 96–97、松原 29–41）。1998年にはハワイ語で学べる大学ができ、2010年にはハワイ語で書かれた論文で博士号を取得したケースが出ました（ハワイ大学ヒロ校 website）。現在では、保育施設から大学院までずっとハワイ語で学べる環境が整っています。かつては、学校でハワイ語を使うことすら禁止されていたことを考えると、奇跡的な復活劇です。2016年に発表された調査では、ハワイ州では18,610人の人々が家庭でハワイ語を話しているそうです（ハワイ州 website）。親が家庭でハワイ語を話せば、子どももハワイ語が話せるようになる確率は高いでしょう。こうして次の世代へと言語が引き継がれていくことこそ、まさに sustainable だといえるのではないでしょうか。

　日本語を母語とし、日本で育った皆さんにとっては、母語で教育を受けるのが当たり前かもしれません。一方、ハワイ語を母語としている人々は、母語で教育を受ける権利も、学校で母語を使う権利も一度は完全に失い、それを1980年代以降の数十年で取り戻しました。現在でも、自分の話す、あるいは理解できる言語では教育が受けられない人々が、世界の人口のうちの40％を占めています（UNESCO website）。【Goal4：質の高い教育をみんなに】の「質の高い教育」とは何かを考えるとき、母語で教育を受けられる環境をどう捉えるかということに、改めて目を向けてみてください。

注・参考文献

『デジタル大辞泉』「Wikipedia」https://japanknowledge.com（参照 2022-9-14）
Grenoble, Lenore A. and Lindsay J. Whaley (2006) Saving Languages: An Introduction to language revitalization. Cambridge.
亀井孝・河野六郎・千野栄一（編）(1992)『言語学大辞典 第3巻 世界言語編（下 -1）ぬ－ほ』三省堂 .
松原好次（2010）『消滅の危機にあるハワイ語の復権をめざして —先住民族による言語と文化の再活性化運動』明石書店 .
Research and Economic Analysis Division of the Department of Business, Economic Development & Tourism, State of Hawaii (2016) Detailed Languages Spoken at Home in the State of Hawaii. https://files.hawaii.gov/dbedt/census/acs/Report/Detailed_Language_March2016.pdf（参照 2022-9-14）
UNESCO (2022) Why mother language-based education is essential. https://www.unesco.org/en/articles/why-mother-language-based-education-essential（参照 2022-9-14）
University of Hawai'i at Hilo. Ka Haka 'Ula O Ke'elikōlani College of Hawaiian Language. https://hilo.hawaii.edu/catalog/khuok-college-of-hawaiian-language-undergrad.php（参照 2022-9-14）

第Ⅲ部

SDGsと大学

① SDGsと文学

はじめに

　SDGsの主体は、UNITED NATIONSです。日本では「国際連合」（国連）と訳されていますが、外務省による誤訳です。元を辿ればアメリカのルーズベルト大統領の用語で、本来の訳語は「連合国」。第二次世界大戦で（悪の）「枢軸国」に勝利した（正義の）「連合国」がUnited Nationsの由来です[1]。常任理事国も旧「連合国」により構成されました。旧「連合国」中心の判断に傾きがちな「国連」ですが、2015年のSDGsは、MDGs等のそれまでの施策とは異なり、すべての加盟国が採択して当事者になりました。先進国も発展途上国もパートナーシップを結び、協力して持続可能な発展を目指す責任主体になるべく地球レベルでの未来志向を打ち出した点で画期的でした。

　SDGsの「前文」には、「人間と地球、そして 繁栄のための行動計画」であり「より大きな自由と、平和を追い求めるものでもあります」と謳われています（外務省、JAPAN SDGs Action Platform）。「繁栄」「自由」「平和」はいずれも魅力的な言葉ですが、それらが誰（どこの国・どこの地域）にとってのものなのか、よく検証する必要があります。SDGsが掲げている17のゴールは、社会、経済、環境の3つの側面に絞って世界が取り組むべき課題を表したもので、個人、文化、歴史の側面からは公正かつ普遍的に定義することが困難な「繁栄」「自由」「平和」のような概念の内実には踏み込んでいません。しかし、人間の多様性や人間以外の生命体の実存を考慮する前に、まずは人類が共通して求めるべき目標（理想）を設定することを優先したところに、SDGsの最大の意義があるように思われます。

　地球を破壊するのも地球を守るのも人間なのだと胸を張る人間中心主義に基づき、すべての国が取り組むべき共通の課題を決定するという舵取りは、国連中心主義においては最良の形なのかもしれません。しかし、国家を単位としている以上、国益優先の原則に基づく国家間競争と資本主義の原則に基づく利益共同体同士の競争は継続されます。世界を網の目のように覆うグローバル企業の既得権益が温存されて不均衡が解消されない懸念もあります。19世紀以降、植民地と資源の収奪を通じて繁栄を築き、ローカルな自由と平和を獲得してきた旧帝国の

存在があります。SDGsの理念に則るなら、旧帝国は旧植民地や地球環境への債務を負っていることになりますが、それらは歴史的に清算されないのでしょうか。SDGsを契機として結ばれる諸々の契約関係が、将来において発展途上国の経済発展を阻害する方向で働く危険性はないのでしょうか。数々の思惑と疑念が見え隠れしますが、それでもなお矛盾を恐れることなくleave no one behind（誰一人として取り残さない）と宣言している点にはSDGs制作者のロマンチシズムが感じられます。

Goal 1 : NO POVERTY（貧困をなくそう）

　SDGsの前文には「わたしたちは、持続可能な世界を築くためには、極度の貧困を含め、あらゆる形の、そして、あらゆる面の貧困をなくすことが一番大きな、解決しなければならない課題であると、みとめます」とあります。Goal 1 も「貧困をなくそう」です。

　貧困(poverty)とは何でしょうか。19世紀後半にマルクスの『資本論』が登場して以来、貧困は現代世界の思想的課題となりました。絶対的貧困と相対的貧困とに区別する考え方も定着しました。「飢えた子ども」の背景にある絶対的貧困と、生活が苦しいと感じる感じ方の背景にある相対的貧困の双方の解決に向けて、人類は努力をしてきました。

　国連が採用している指標「相対的貧困率」は、国民の平均可処分所得の中央値の半分以下の可処分所得しか得られていない人たちが「貧困」の状態にあると考えて算出される数値です（OECD、貧困率）。その率が最も低い国はアイスランドで4.9%（2019年調査）(Global Note、「世界の貧困率 国別ランキング・推移」)、日本は15.7%（2019年調査）です（厚生労働省、「2019年国民生活基礎調査の概況」)。日本の相対的貧困率は、空前の好景気だった「バブル」の時代においても12 ～ 13%で推移しています[2]。好景気であっても不景気であっても相対的貧困率が高い日本は、同じ国に住む貧しい人たちに対して冷たい国だということがわかります。現在GDP第1位と第2位の経済大国であるアメリカと中国が、ともに国内に大きな「貧困」を抱える貧困大国であることを考えると、経済成長が国内の相対的貧困率を下げる手段になるとは言えません。

　ドストエフスキーの小説『罪と罰』[3]のラスコーリニコフ、魯迅の小説「故郷」[4]の「私」、フィッツジェラルドの『グレート・ギャツビー』[5]のギャツビーは、いずれも他者との比較を通じて自己が置かれた状況を認識する中で相対的貧困の問題にぶつかり悩みます。そこに描かれた相対的貧困はそれぞれの場面において普遍的な意味を持ちます。「飢えた子ども」を生み出す絶

対的貧困や社会的排除による貧困は問答無用でゼロにすべきですが、相対的貧困がゼロになる日が訪れる見込みはないように思われます。ただし、例えば梶井基次郎の小説「檸檬」[6]には、相対的貧困に苦しむ登場人物が自己の内部で意識の革命を起こして芸術的救済を目指す試みが描かれています。ささやかながらもその方法を人生の処方箋とする読者がいて、読み継がれてきたところに救いがあります。

Goal 2: ZERO HUNGER（飢餓をゼロに）

飢餓(hunger)とは何でしょうか。国連の調査（2020年）によると、約7.7億人が飢餓の状態にあるとされています（国際連合、「世界の食料安全保障と栄養の現状」）[7]。飢餓の原因には、食糧不足と栄養不足、健康に関する知識や教育の欠如、衛生環境の劣悪さなどがあります。飢餓を減らすために、国連は、国際的な食料支援を行っています。その量は420万トン（2020年）ですが（国連WFP Website）、よく知られるように日本国内の食品ロス（可食部分）はそれよりも多く、522万トン（2020年）です（農林水産省 Website）[8]。

飢餓の問題は、とりわけ先進国では食料自給率を指標として考えられています。日本でもしばしば食料自給率の低さが問題にされます。しかしそれはドメスティックな課題を人類共通の課題に優先させた結果です。人類の生存に必要な食料の総量が不足しているために飢餓が起こっているのではありません。食料資源を奪い合う競争状況それ自体が飢餓の解決を阻害しているといえます。国内で大量の食品ロスを出しながら食料資源の獲得競争に積極的に参加しているごく一部の飽食国家の国民は、国内外から食料資源を獲得して食品に加工して市場に出し、市場に出た食品からまた多くの食品ロスを生み出す、という循環の中で生きています。

1960年代にサルトルは、「死んで行く子どもを前にして、『嘔吐』は無力である」[9]と発言し、そこから「飢えた子どもにとって文学は有効か？」という問いが立ち上がり、各方面で議論を巻き起こします[10]。日本でも大江健三郎から村上春樹に至るまで、同様の問いが継承されました（大江健三郎、1965／村上春樹、1980）[11]。

目の前の子どものお腹を満たす力を文学は持ち得ません。死児は未来の読者にはなり得ません。サルトルが提唱するように、飢餓を救済するために実践的な活動に参加（アンガージュマン）することには大きな意義があります。他方で、リカルドゥが反論したように、「文学は、世界を言語の試練にかけて世界に問いかけるもの」（サルトル／ボーヴォワール／他、1966: 69）であり、「人間の飢餓状態を批難の種（スキャンダル）たらしめるもの」（同上、71）です。栗本薫がいうように「子

どもは食事にばかり飢えるわけではない」（中島梓、1995）ことも忘れるわけにはいきません[12]。

Goal 3: GOOD HEALTH AND WELL-BEING （すべての人に健康と福祉を）

　日本国内では栄養不足の問題が潜在しています。摂取カロリーに注目すると、20代30代の日本人女性の1日の平均は1600kcal台です（厚生労働省「国民健康・栄養調査」、2019）[13]。エネルギーの平均必要量（「身体活動ふつう」）が2000kcal台／日よりもかなり低い数値ですので、栄養不足と見なされます（厚生労働省、「日本人の食事摂取基準（2020年版）」策定検討会報告書）。

　栄養失調のイメージは、敗戦前後を描いた作品「火垂るの墓」[14]などに求めることができますが、統計が残る1946年の日本人の摂取カロリーの全国平均は約1903kcal／日（当時の必要量は2150kcal）です（国立健康・栄養研究所、「昭和25年度国民栄養調査成績の概要」、1950）[15]。それよりも低い数値の21世紀に生きる20代30代の女性は「栄養失調」なのでしょうか。栄養や健康よりも美容や体型に配慮して食事の量を制限し、あるいは摂食障害を起こしているためでしょうか。妊娠期の栄養不足は低出生体重児の割合を高めることにつながります。SDGsや国家の語る理想の枠組みからは逸脱する価値観や現象が介在していると言えそうです。

　「火垂るの墓」においても、兄妹の餓死は、清太と節子が2人で守りたいもの（父母と暮らした思い出の中にある生き方）を頑なに守り通した結果だったと読み取ることができます。2人が暮らす横穴に、自ら社会を離脱して築いた束の間のユートピアを見てとることもできます。現代の日本人女性もまた、既存概念としての「健康」や「福祉」よりも大切なものを守るために食事制限をしているのかもしれません。

　SDGsには崇高で壮大な理想が語られています。現時点では壮大な絵空事でもあります。壮大な絵空事である点では文学的であり、SDGsと文学とは補完的な関係を結び得る関係にあると言えます。

2 SDGsと グローバルスタディーズ

1. グローバルスタディーズと現代社会

グローバル化する世界

　グローバル化する世界では、多くの人が国や地域を超え流動して生活し、社会活動を行っています。これを読んでいる人の中にも、家族の仕事の関係で生まれ育った場所以外の国や地域で生活したことがある人がいると思います。楽しい思い出がたくさんあると同時に、大変だったこともあったでしょう。言葉や文化の異なる国や地域以外で暮らすということは、そう簡単なことではありません。

　グローバル化する世界に必要なスキルとして語学力があります。言葉がわからないというだけで、本来受けるべき権利を受けられない。現在も、そういう環境に置かれている人がたくさんいます。また、自分がそういう立場にならないとも限りません。一方、グローバル化する社会では語学ができればよいということではなく、異なる文化や考え方を理解することがとても大切です。常識や習慣は国や地域によって異なります。日本で生活している私たちにとっては当たり前のことが、他の場所では驚かれてしまうこともあります。

日本国内のグローバル化

　日本国内で見てみると、現在日本には、実に194の国や地域出身の在留者276万635人が生活しています（法務省「令和３年末現在における在留外国人数について」より）。国別で見てみると中国が最も多く831,157人、次いでベトナム432,934人、韓国409,855人（ですが、ブラジル204,879人やネパール97,109人の人が５位と６位になっています）。在留資格では、永住者と特別永住者で全体の40％を占めますが、技能実習と技術・人文知識・国際業務の資格で在住している人がそれぞれ10％を占め、留学生は全体の0.7％程度です。技能実習は正式には外国人技能実習制度で、日本の技能や技術、知識を開発途上国等へ移転することを目的にし

ています（厚生労働省のwebサイト参照）。しかし、技能実習生の基本的人権が守られていないケースが散見され、制度自体の問題が指摘されています。

■ 日本で見られる問題の一例（日本語教育を中心に）

　成人だけでなく外国籍児童も増えています。文部科学省の資料によると、現在日本の学校には小中高校合わせて10万人弱の外国籍児童が在籍しており、その中には日本語支援の必要な子どもたちが多くいます（図1）。家族とともに来日し日本の義務教育の場で学ぶ場合、日本語母語話者の子どもたちと一緒に日本語でさまざまな科目を学ぶことになります。子どもたちは、日本の義務教育の学校に通う前に、一定期間日本語だけ集中して学ぶ、という機会はほとんどありません。取り出し授業と呼ばれる、別室などで特別に指導する時間や日本語サポートなどはありますが十分とはいえず、そのため、学びについていけず学校に通えなくなってしまう子どもや進学ができない生徒がいます。

図1●日本語指導が必要な外国人児童生徒数の推移

出典：文部科学省「日本語指導が必要な児童生徒の受入状況等に関する調査（令和3年度）

　子どもたちだけでなく、日本語の学習機会を持たない在留者は少なくありません。「日本にいるんだから日本語を勉強すればいい」と簡単にいっても、仕事で拘束され勉強することができない、近くに勉強できる場所がないなど、さまざまな理由で日本語を学べない人たちがいます。前述した技能実習生も来日前来日後に日本語研修の機会はありますがそれだけでは十分で

はなく、その後の日本語学習は受け入れ先の考え方によってそれぞれ異なるため、生活や仕事に必要な日本語が習得できないまま働かざるを得ない場合もあります。また、外国に住んでいえば、それだけその国の言葉を話せるようなるかというと、特にある程度の年齢になっていると、そう簡単なことではありません。

2. SDGsのゴールと異文化理解と多文化共生社会

　それでは、グローバルスタディーズは、SDGsとどのように関わっているでしょうか。上記から考えると、グローバルスタディーズに関連するゴールはまず、【ゴール4：質の高い教育をみんなに】があげられます。滞在する場所で適切に生活するためには、一定の語学力が必要です。その語学力を養うためには、本人の自助努力だけでなく、国家や地域などによる学習の機会の保障も大切です。諸外国では、公用語を母語としない子どもの語学力向上に対しての取り組みが進んでいます。日本では現在、このような子どもたちの日本語教育は自治体や現場任せといわれており、国としての取り組みが必要になってきていると思われます。

　そして、外国での生活に必要な語学力を獲得するということは、さまざまなゴールに影響してきます。【ゴール1：貧困をなくそう】、【ゴール3：すべての人に健康と福祉を】、【ゴール5：ジェンダー平等を実現しよう】、【ゴール8：働きがいも経済成長も】、【ゴール10：人や国の不平等をなくそう】、そして、【ゴール16：平和と公正をすべての人に】、【ゴール17：パートナーシップで目標を達成しよう】……。

　例えば一定の語学力を身につけられれば、その国の母語話者と同じように学校に通い将来のためにいろいろなことを学ぶことができます。自分の夢のために学ぶことができれば、将来の可能性が広がります。また、病気になった時や怪我をした時に保証を受けられ、適切な治療を自ら選択することが可能になります。不当な要求に泣き寝入りしたりすることもなくなります。

　SDGsのさまざまな問題は、背景の異なる人と協力してこそ解決できることです。そのために、グローバル学部ではトライリンガルの習得を基盤とし、語学力や異文化・多文化の理解、コミュニケーション力などの問題解決の基礎力となる領域を学び研究します。

3. SDGsのゴールを達成するために グローバルスタディーズができること

異文化理解

　もう1つグローバルスタディーズの領域で大切なのは、自分たちと異なる人たちとどのように関わっていくかという点です。以前日本語を教えていた時、国の異なる2人の留学生から、なぜ日本人は来られない時に「行けたら行く」というのか、と聞かれたことがあります。断ることは悪いことじゃないのに、はっきり行けないと言わないのはなぜ？というのが留学生の疑問でした。これには、日本人の多くがはっきり断ることにあまりいい印象を持っていないということが影響しているかもしれません。しかし、意思をはっきり伝える文化圏の人から見ると、なんでそんな言い方を？と思うのでしょう。同様に、日本語が母語でない人のはっきりした返答に対して、言い方がきついと感じることがあるかもしれません。文化や習慣が違うと、それがコミュニケーションに影響します。外国語が流ちょうに話せても、それだけでは相互理解ができるわけではありません。

多文化共生社会で大切なこと

　SDGsの17番目のゴールは、「パートナーシップで目標を達成しよう」です。1つの国や地域の閉じた社会にとどまっていたら、ゴールは達成できません。異なる文化・習慣・考え方の人たちと一緒に問題を解決していくためにはどうしたらいいのか。他者を理解することは簡単なことではなく、時に居心地の悪い思いをすることがあります。ブレイディみかこさんは自著の中でそれを「他者の靴を履く」と表現しています。他人が脱いだばかりの靴は体温が残っていて、それを躊躇なく履けるという人は少ないのではないでしょうか。異なる文化や習慣には、すぐに理解できないことや、受け入れ難いことがあります。しかし、それを拒絶してしまうのではなく、自分の価値観とどう折り合いをつけるのかを考える。そのような柔軟さが現在の多文化共生社会では必要なのではないでしょうか。

　SDGsのゴールを達成し、より良い社会にするために、語学力だけではなく、他者理解の精神や異文化理解を促進し、多文化共生社会で活躍するために必要なマインドを身につける。グローバルスタディーズは、日本国内外において自分とは異なる背景を持つ多様な人たちと協働するために、大切な考え方であるといえましょう。

3 SDGsと法学

1. SDGsと法学—両者は無関係なのか?

2015年9月25日、国連総会は「持続可能な発展のための2030アジェンダ(以下、2030アジェンダ)」決議を採択し、その中で、2000年から2015年までのミレニアム開発目標(Millennium Development Goals)に代わる、「持続可能な開発目標(以下、SDGs)」を設定しました。本書でもすでに述べられている通り、このSDGsでは、地球環境や貧困、平和といった広範な事項が17のゴール、169のターゲットとして掲げられています。

しかし、SDGsに書かれていること(ゴール、ターゲット、指標)は、たとえ達成できなかったからといって法的な責任(損害賠償を払ったり、謝罪する義務等)が生じるということはありません。国連総会決議には基本的には「法的拘束力」がなく、その決議の一部であるSDGsもまた「非拘束的」な文書であるからです。SDGsそれ自身は、法的な権利や義務を生み出すものではない、ともいい換えられます。

法や法学と聞いて皆さんが想像するのは、裁判や刑罰、あるいは賠償等の法が我々に何かを強いる局面ではないでしょうか。こうしたイメージは、法には「拘束力」があることを前提としています。法は、法が指示することに従う義務を生み出し、その義務に違反した場合には、法が定める特定の結果が生じます。この性質を「法的拘束力」といいます。法学では、基本的には、法的拘束力を持つルール、つまり法を扱います。

そうだとすると、拘束的文書ではないSDGsは、法や法学とは全く関係がないのでしょうか。

いいえ、そんなことはありません。本章では、SDGsと法との密接で不可分な関わりを説明します。

2. SDGsと今ある法との関係

SDGsは、第1に、今ある法を前提としていますし、また、第2に、まずは今ある法に書れ

ている内容を実現することを求めています。

SDGsの前提としての法

2030アジェンダは、SDGsを実現する際に「我々は、国際法に対する約束を再確認し、このアジェンダが国際法上の国家の権利と義務に整合する形で実施されることを確認」する、と定めています（2030アジェンダ18項、19項、下線筆者）。ここでは、SDGsを達成する際に、今ある法（国際法）と整合することが求められている点に注目してください。具体的には、国際法上の誰かの権利を傷つけたり、誰かが負っている義務に反する方法でSDGsを実現することはできません。この意味で、SDGsの大前提に法があります。

ゴールの達成の手段としての「今ある法」

さらに、SDGsは、今ある法の内容を確実に、かつよりよく守る（遵守する、といいます）ことと、ゴールの達成を直接結びつけています。例えば、【ゴール14：海の豊かさ】のターゲット14.5では、「2020年までに、国内法及び国際法に則り、最大限入手可能な科学情報に基づいて、少なくとも沿岸域及び海域の10パーセントを保全する」と定めます。さらに14.Cでも、「国際法を実施することにより、海洋及び海洋資源の保全及び持続可能な利用を強化する」としています（下線筆者）。海洋の利用や、地球規模の環境問題について、国際社会はこれまで叡智を絞ってさまざまな法を作ってきました。例えば、国連海洋法条約や、気候変動枠組条約、パリ協定等です。これらの法の中には、まだ十分に遵守されていないものもあります。この点、SDGsは、【ゴール14：海の豊かさ】を達成する上で、今ある法を適切に実施することを求めています。同様に、【ゴール16：平和と公正をすべての人に】のターゲット16.10は「国内法規及び国際協定に従い、情報への公共アクセスを確保し、基本的自由を保障する」と定めています（下線筆者）。

このように、SDGsは、今ある法を出発点として、そしてそれらを最大限に遵守することを重視するという意味で、法と不可分の関係にあります。こうした観点からは、SDGsをよりよく達成するためには今ある法を正しく理解することが必要になります。

3. SDGsと未来の法の関係

法を通じてこそ、実現できるゴール

2では、既に存在している法を尊重することでSDGsの実現につながる例を紹介しました。ここからは、SDGsとの関係で、既に存在している法が変化したり、あるいは「新しい法」が生まれたりする例を見ていきましょう。

社会の仕組みを大きく変えるためには、一般的に、法を変えたり、作ったりすることが必要になります。例えば、【ゴール5：ジェンダー平等を実現しよう】を達成するために同性婚の導入が不可欠と考えられるならば、関連する法制度を改正しなければなりません（日本であれば、少なくとも民法の改正が議論されることになります）。

もちろん、法を作る、法を変えることが社会をよりよくする唯一の方法ではありません。ですが、法によって社会の仕組みを根拠づけることには、一般的には次のような強みがあります。第1に、誰でもその仕組みの内容をわかりやすく知ることができます。法は、通常は公布されるからです。第2に、「みんなで決めた法」によって仕組みを作ることで、人々はその仕組自体に「正しさ」を感じるようになります（その仕組みに「正統性が与えられる」と表現します）。人々が「正しい」と考える仕組みは、社会において安定して機能します。そして、第3に、国家の力（司法権、行政権）を通じて、その仕組みを実効的に運用することができます。

SDGsでは、「法に基づいて」仕組みを作ること自体を重視するゴールがあります。それは【ゴール16：平和と公正をすべての人に】です。例えばターゲット16.3は「国家及び国際的なレベルでの法の支配を促進し、すべての人々に司法への平等なアクセスを提供する」と定めています。法を基準にして物事が取り扱われ（「法の支配」）、かつ、争いが生じた場合には、誰もが裁判所で公平な判断を求めることができる（「司法へのアクセス」）、そんな社会の実現を【ゴール16：平和と公正を全ての人に】は謳っています。裏返せば、施政者や権力者が好き勝手に物事を決められる社会の仕組み（「法の支配」の対極にある「人の支配」です）をなくし、争いが生じても、誰かが泣き寝入りをするしかない状態を改善することを、SDGsは目指しています。そのために必要なのが、法に基づいた公平な仕組みです。

SDGsが指し示す法の将来像

SDGsを達成するために、法も変動しています。例えば、プラスチック規制の問題を挙げま

しょう。【ゴール14：海の豊かさ】のターゲット14.1は、「2025年までに、海洋ごみや富栄養化を含む、特に陸上活動による汚染など、あらゆる種類の海洋汚染を防止し、大幅に削減する」と定めています。このターゲットの達成度合いを測る指標14.1.1は、(b)で「プラスチックごみ」の濃度を挙げます。

しかし、今ある法には、海のプラスチック問題そのものを細かく規制する手段や内容が十分に備わっていません。海洋プラスチックのリスク自体、比較的最近認識された問題であり、まだ規制が追いついていないのです。

この点、2015年にSDGsが海洋汚染、特にプラスチックごみへの対策の必要性を明示してから、国際社会では新たな法づくりや、または既にある法の修正が進んでいます。また、日本国内でも、レジ袋有料化が行われたのみならず、2022年4月にはプラスチック資源循環促進法が施行されました。

要するに、SDGsには、そこに記されたゴールやターゲット等を反映した法が生み出されることを促す役割があります。さらに、SDGsが世界中で広く、深く浸透し、人々に受け入れられていくならば、将来、SDGsに反する法が生み出されるという事態も一定程度抑止されるのかもしれません。

4.　法からSDGsを考える―その魅力

SDGsそのものは法ではありません。しかし、SDGsの根底に法があります。また、SDGsを実現するためには、法を活用し、さらに法を生み出していくことが必要不可欠です。

今ある法をどのように運用すれば、SDGsを実現することができるでしょうか。また、将来どのような法があれば、「誰一人取り残さない」社会を作り上げることができるでしょうか。これらの問題を考えるためには、今ある法がどのように使われてきているのか、また、そこにはどのような課題や限界があるのかを学ぶ必要があります。

このような学びは、決して条文の暗記で足りるものではありません。むしろ、絶えず変動する社会の中で、人間の綺麗な部分、そうでもない部分の双方を見つめながら、望ましい社会の姿を想像し、そこでの法の役割を考えることが求められます。実に人間味溢れる、おもしろい営みだと、少なくとも筆者は思うのです。SDGsをきっかけに、皆さんが法学にも少しでも関心を寄せてくださることを願っています。

4 SDGsと政治学

1. SDGsと政治・政治学の多様な接点

　持続可能な開発目標（SDGs）は、2015年9月の国連サミットで全会一致で採択された2030年までに持続可能でよりよい世界を目指す国際目標です。先進国、途上国を含むすべての国に共通の課題として、経済や環境、社会の課題が幅広く取り上げられ、日本も積極的に推進しています。

　ところで、「日本として積極的に取組む」という場合、17の目標に取組む熱意はすべて同じでしょうか。取組みの担い手は誰でしょうか。また、先進国である日本は、途上国におけるSDGsへの取組みの支援も行っていますが、日本が支援したい分野と、相手国が支援してほしい分野は、常に一致すると言えるでしょうか。さらに根本的な問題として、この17項目の目標こそが優先的に取組むべき課題であると、国連加盟国はどのようにして合意することができたのでしょうか。

　SDGsを政治学の視点からみる場合、このように国内と国家間の両面からアプローチすることができます。

2. 国内：政治を通じてSDGs目標の実現に取組む

　国連でのSDGsの合意を受けて、日本国内では、政府が内閣総理大臣を本部長、内閣官房長官と外務大臣を副本部長、他の全ての大臣を本部員とするSDGs推進本部を設置しました。また、SDGs実施指針とSDGsアクションプランを策定しました。SDGs実施指針では、

(1) あらゆる人々の活躍推進
(2) 健康・長寿の達成
(3) 成長市場の創出、地域活性化、科学技術イノベーション

(4) 持続可能で強靭な国土と質の高いインフラの整備

(5) 省・再生可能エネルギー、気候変動対策、循環型社会

(6) 生物多様性、森林、海洋等の環境の保全

(7) 平和と安全・安心社会の実現

(8) SDGs実施推進の体制と手段

の8つの優先課題を設定しました。SDGsアクションプランには、「SDGsの担い手として次世代・女性のエンパワーメント」が含まれており、従来から日本政府が重視してきた政策の取組みを、SDGsの目標に沿って再確認したと見ることができそうです。

政治学の立場からは、これらの優先課題は国民のニーズを正確に捉えているのか、という点を問うことができます。例えば【ゴール1：貧困をなくそう】や【ゴール4：質の高い教育をみんなに】について、日本は国際的に見れば所得水準も高く教育も普及しているとされますが、近年、社会問題として子供の貧困や教育格差が指摘されます。貧困や教育を優先課題に含めるか否かの決定が、国民とかけ離れたところで行われてはいないかという、決定過程に目を向けた議論があるべきでしょう。

3. 国内：SDGs目標への民間の取組みと政治

SDGsの実施に向けては企業の役割が期待されていますが、SDGsへの取組みが企業にとっても大きな事業機会になると言われています。企業が取組みを進めるための指針として、国連グローバル・コンパクト（UNGC）とGRI（Global Reporting Initiative）等によって「SDG Compass」が作成され、ビジネスを通じてSDGsに貢献するための5つのステップ（1. SDGsを理解する、2. 優先課題を決定する、3. 目標を設定する、4. 経営へ統合する、5. 報告とコミュニケーションを行う）が示されました。

加えて、2017年11月に日本経団連が企業行動憲章を改定し、SDGsの達成を柱に据えたこともあり、大企業での取組みが進んでいます。また、従来型の財務情報だけでなく、環境、社会、ガバナンスの三側面を考慮するESG投融資の拡大も、企業によるSDGsの取組みの後押しとなっています。日本ではGPIF（年金積立金管理運用独立行政法人）が、企業の公開情報をもとにESG要素を加味して銘柄を組み入れる株価指数を（特定のテーマ型として女性活躍、環境を含む）採用し、2022年現在では10兆円規模で運用を行っています。ESG投資では、環境・

社会に悪影響を及ぼすような企業は、投資対象から外されていくという懸念が、企業がSDGs
に反するような行動をするのを抑制する力として働きます。

　では、企業の取組みについて、政治学の立場からはどんなことが言えるでしょうか。政府が
目標を示し、それに呼応して企業（民間主体）が行動を変化させ、経済活動の状況を踏まえて
政府が政策を修正し、目標の更新をするという、政府と企業の相互作用そのものが、政治学の
観察対象となります。また、その過程で、企業や経済団体がどのような手段で政府に対する要
望を伝えるのかという点も、政治学的に分析できます。

　企業が行う財務情報の開示は、金融商品取引法及び金融庁が策定する指針等に基づき行われ
ます。企業に対して、ＳＤＧｓへの取組みやESG等の非財務情報の開示を要求する動きは、政
府による法改正や規則制定という手続きを踏むことになります。この過程で、影響を被る利害
関係者の意見が適切に反映されたか、政府規制が企業に過剰な負担を強いていないか、政府の
規制政策が特定の価値（例えば環境）を過剰に保護する偏った内容になっていないかといった
点も、政治学の観点から議論することができます。

　なお、中小企業では、SDGsの認知・取組みは大企業と比較して遅れてはいるものの、既存
の取組みがＳＤＧｓに貢献していることに気づいていない企業もおり、気づきを与えるために
も、国・自治体のSDGs関連の目標や戦略に多様な民間主体の参加を求めていくことが必要で
しょう。この、公的な意思決定過程への参加も、政治学の研究テーマの１つです。

4. SDGsをめぐる国際政治

　SDGsの目標は2015年9月の国連総会で全会一致で採択されましたが、これに先立つ2013
年1月に、SDGs検討のための作業部会（OWG）設置が決議されました。検討過程では、例
えば【貧困】について、先進国側からは「人々の自立促進、国内の格差是正や災害リスク削減」
といった先進国・途上国共通の問題も重要な課題として提起されました。一方、途上国側から
は「先進国が責任を持ち持続可能な消費と生産を実施していくこと」、「最貧国を優先的に扱う
べき」、「途上国の制約に対処するグローバルな貿易と投資のルール設定と実施」、「国際金融、
経済的決定に関する途上国の発言力強化」等が提起されました。

　また、【実施手段、グローバル・ガバナンス】に関して、主に先進国は「実施状況の測定・報告（モ
ニタリング）を通じた相互の説明責任が不可欠」であるとか「貧しい国から豊かな国、民間団
体など全ての参画者が、普遍的アジェンダに責任を負い、必要な行動をとることが必要」といっ

た原則論を提案しました。これに対し途上国側は、気候変動問題に対する「共通だが差異のある責任」原則がSDGsにも適用されるべき、と主張しました。そして先進国に対し「技術移転、知識共有、研究開発、人材育成」支援や資金支援を求め、それぞれの目標に「実施手段」として支援枠組みを盛り込むよう求めましたが、実施手段を盛り込むことについて先進国側は難色を示しました。

　このように、SDGsの17の目標の検討過程では、先進国と途上国の利害対立、いわゆる南北問題が浮き彫りになり、2015年9月の国連総会で採択されたとはいえ、個別分野での南北問題は解消されたわけではありません。途上国においてSDGsを実施していく際に、途上国が先進国に対しどのような協力を求め、これに対し先進国がどの部分で応じ、どの部分の要求は拒むのか、といった過程も政治学の研究対象となります。

　さらには、SDGsの目標年である2030年が近づくにつれて、SDGsによって誰が得をしたのか——多額の援助を獲得した国はどこなのか、途上国援助を積極的に行って国際的な発言力を強化させた国はどこなのか、SDGsの力を借りて産業競争力を強化させた国はどこなのか——が明らかになり、それが国際政治における新たな対立の火種となることも考えられます。

5.　SDGs利用した国際政治

　SDGsは、世界共通の社会課題であると同時に、戦略的に利用されることもあります。SDGsに最も注力しているのは欧州企業ですが、欧州では今や事業を通じてて「持続可能性」を追求することが、企業のあるべき姿として認識されています。しかし、現在のところ環境や生態系や人権等に配慮した事業活動は、コスト増を伴う事も事実です。持続可能な事業活動の結果として国際競争に負けないこと、社会課題への取組みを企業価値として積極的に評価する仕組みを作ることが求められるでしょう。世界的な規範を自国に有利に作るという点でも、国家間の激しい競争が展開されています。

　2000年代に入って中国が開発援助を拡大させていますが、中国の対外援助は、資源や政治的影響力の確保といった目的を明確にしている点、内政不干渉の原則のもと、人権や民主化等の政治的条件を付けずに援助を供与する点などが、西側諸国から懸念されています。SDGsについても、中国政府は、最貧国に対する投資拡大など南南協力を掲げ、積極的に途上国支援を展開しています。この結果、西側の自由民主主義とは異なる価値観を共有する国が増え、国際秩序が変化していくことになるのか。政治学の立場からは、大いに気になるところです。

5 SDGsと経済学

1. SDGsの理念と経済学

生活と経済

　私たちの生活には経済が大きく関わっています。欲しいものが買える・買えないなどの日々の経済的な悩み、株や投資などの直接的に経済と関わるものが、経済のすべてではありません。幸か不幸か、私たちの日常生活の多くは経済とは切り離せません。その例として、SDGsゴールの1つである【ゴール4：質の高い教育をみんなに】で掲げられている「教育」について経済との関連を考えてみましょう。

　経済的状況によって、進学が困難になり望んだ教育を受けられない人がいます。それはその人の将来の職業にも影響を与え、人生そのものにも影響を与えてしまうかもしれません。現在の経済状況により望んだ教育を受けることができず、それが将来の経済状況に影響を与えているのです。そしてそれはその人の人生という教育や経済を超えたもっと大きな枠組みにまで影響を及ぼしています。これは個人の話ですが、経済全体に関しても教育との関わりを考えられます。教育水準が高い国々は経済的水準が高い傾向にあります。教育によりスキルを得て、経済活動がより活発に行えるようになるためです。例えば、現在日本ではコロナウィルスの影響によりリモートワークが広がっています。これはパソコンが使用できることが前提とされています。日本では、義務教育における情報の授業、大学などの高等教育でのパソコンの使用を通じた教育により、多くの人が社会に出た段階でパソコンを使用できます。もし日本で情報・パソコン教育が不十分であったり、そもそもパソコンが普及する経済的水準になければ、リモートワークが十分に行えず、日本の経済はさらに大変な状況になっていたかもしれません。教育と聞いて経済が思い浮かぶ人は少ないかもしれません。しかし上記の例にあるように、私たちの身近にある「教育」という制度は経済とも密接に結びついているのです。

SDGsのゴールと経済学

　経済学とは経済に関わる社会現象を分析する学問です。上記の例、教育が経済と関わるのであれば教育も経済学では分析対象となり、教育経済学という分野もあるぐらいです。教育というのはあくまで例で、それ以外の一見経済とは関わりがなさそうな多くのものが実は経済と関わっています。SDGsの17のゴールは私たちの生活に密接に関わっていることを考えると、SDGsそのものが経済学の分析対象といっても過言ではないでしょう。そして経済という現象を媒介にSDGsの理念「誰1人取り残さない」を求めることが、経済学の使命と言えるでしょう。ここでは経済学でよく取り上げられる少子高齢化・子どもの貧困という社会問題をあげ、SDGsと経済学の関係を見ていきましょう。

2.　少子高齢化

日本の現状

　日本では現在、少子高齢化が進んでいます。少子高齢化とは文字通り、子どもが減少し、高齢者が増加していくことです。図1は1990年から2020年までの30年間の子ども（15歳未満）と高齢者（65歳以上）の人口の推移です。1997年に高齢者の人口が子どもの人口を逆転しています。

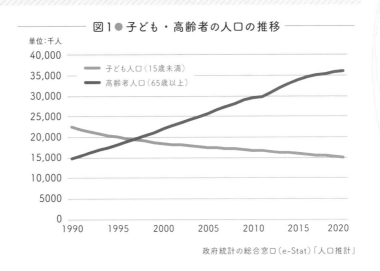

図1●子ども・高齢者の人口の推移

単位:千人

子ども人口（15歳未満）
高齢者人口（65歳以上）

政府統計の総合窓口（e-Stat）「人口推計」

問題点

　この状況、何が問題なのでしょうか。まず高齢者は若い人と比べ、十分に働くことができない傾向にあります。そのためほぼすべての高齢者が国から支給される年金により生活をしています。この年金はどこからか湧いてくるものではありません。現在の日本では、働いている人が収める税金が大きな原資となっています。つまり高齢者は働いている人により、間接的に支

えられる仕組みになっています。さあ、ここで先ほどの図1に戻りましょう。子どもの減少は将来働く人が少なくなることを意味します。このような状況で、高齢者の増加、つまり支えなければならない人が増えているのです。支える人が減少し、支えなければならない人が増加すれば、1人ひとりの負担は増え続けていきます。若ければ若い人ほど、この負担がより重くのしかかってくるということです。これが少子高齢化の大きな問題なのです。

SDGsと少子高齢化

この問題をSDGsの文脈で考えてみましょう。少数の働く人で多くの高齢者の年金を賄うためには、より多くの税金を給与内から支払わなければなりません。税金の支払いにより生活がままならなくなれば、貧困の問題も生じるでしょう【ゴール1：貧困をなくそう】。働く人の割合が減少すれば、経済成長も停滞するかもしれません【ゴール8：働きがいも経済成長も】。若い人たちの税金支払いと高齢者の年金受け取りは世代間の不平等の議論にもつながります【ゴール10：人や国の不平等をなくそう】。少子化に関連することとして、子どもを持つ・持たないという選択は女性の働き方にも大きな影響を与え、男性との働き方の違いも問題になるでしょう【ゴール5：ジェンダー平等を実現しよう】。その他のSDGsゴールとも直接的・間接的に関わってくるでしょう。政策の分析を通し、経済学は少子高齢化の問題に取り組んでいます。これはSDGsのゴールを達成することと密接に関係があるのです。

3. 子どもの貧困

日本の現状

日本では現在、7人に1人の子どもが貧困状態にあるといわれています。図2は2018年の先進7カ国の子どもの貧困率です。日本は他の国と比べても相対的に高く、OECD33カ国の平均よりも高い状況です。

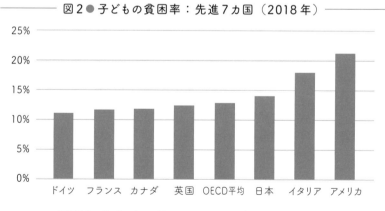

図2 ● 子どもの貧困率：先進7カ国（2018年）

OECD Family Database "Child poverty" 2021年　*アメリカのみ2017年のデータ

問題点

　貧困は大人に限った問題ではありません。貧困に陥っている家庭に子どもがいれば、自ずとその子どもも貧困の悪影響を受けることになります。子どもが自身の力で貧困の状況を脱することは極めて困難です。大人であれば、行政の就労支援により仕事を得て貧困を脱する例などがありますが、子どもは自身の意思でそのようなことができません。脱したくても脱せない、その手段すら取れない状態なのです。そのため、子どもの貧困は社会全体で取り組まなければならない大きな社会問題です。

SDGsと子どもの貧困

　この問題をSDGsの文脈で考えてみましょう。子どもの貧困は当然、【ゴール1：貧困をなくそう】や【ゴール10：人や国の不平等をなくそう】に直接つながります。貧困家庭の子どもは栄養状態、健康状態が悪いことが知られています【ゴール2：飢餓をゼロに】、【ゴール3：すべての人に健康と福祉を】。貧困であるために十分な教育を受けることができず、進学をあきらめるケースも多いです【ゴール4：質の高い教育をみんなに】。そのため、貧困家庭の子どもは大人になっても貧困のままであることが知られ、経済全体からみても悪影響を及ぼします【ゴール8：働きがいも経済成長も】。このように貧困といっても、その影響は波及的にさまざまな問題をもたらしていきます。経済学では、子どもの貧困のメカニズムを解明し、特に子どもの将来に悪影響を与えないためにはどのような政策が有効かを分析します。このことはSDGsのゴールを達成することと密接につながります。

4.　社会問題と闘う経済学—SDGsゴール達成のために

　経済学は、少子高齢化や子どもの貧困などSDGsと大きく関わる社会問題を解決するための学問です。多くの社会問題は実は経済と大きく関与をしています。社会問題を解決することは経済の問題を解決することにもつながることが多いのです。そのため、経済学では一見経済と関係がなさそうなさまざまな社会問題も扱います。そしてその方法としては、理論（人々の考えや行動）、統計（現実のデータ）、歴史（過去からの教訓）を総動員します。さまざまな角度から社会問題を見つめ、その問題を解決するにはどのような政策が良いかを分析し提言します。経済学は社会問題と闘い、SDGsゴールの達成を目指し、「誰1人取り残さない」社会を実現するための学問といってもよいでしょう。

6 SDGsと経営学

1. SDGsと企業活動

最近、日常生活でSDGs（Sustainable Development Goals）に関するさまざまなメッセージを目にするようになってきています。イベントや広告だけでなくSDGsに関連した商品等を見かけることも多くなりました。これらの取り組みの多くが、企業によって行われていることを皆さんは知っていますか。

一般的に、企業はSDGsの達成に向けて重要な役割を担うべき存在であると考えられています。企業が行う経済活動はいまや全世界規模で行われています。国外から商品や原材料を輸入することも、反対に国外に輸出することも、企業は日々当たり前のように行っています。そのような状況において、自分たちのビジネス自体を持続可能なものとするためにも、企業はSDGsで示されているような全世界的な課題に真剣に取り組む必要があるのです。

では、日本の企業は現在どのようなSDGs関連の取り組みを行っているのでしょうか。企業を主たる研究対象の1つとする経営学がSDGsにいかに貢献できるのかを考えていくためのヒントとして、国内の企業のSDGs関連の活動の実態をまずは把握していくこととしましょう。

2. 企業のプレスリリースから探る日本における企業のSDGsへの取り組み

最初に述べたように、私たちの身の周りには企業のSDGs関連の活動例があふれています。しかし、個別の事例を知ることは比較的容易でも、全体の傾向を把握することは簡単ではありません。

そこで、ここではプレスリリースと呼ばれる情報に注目し、日本国内の企業の取り組みの概要を捉えてみたいと思います。

プレスリリースとは

プレスリリース（以下：PR）とは、企業が対外的に発表する公式メッセージのことです。

新商品の発売や今年度の業績等、企業が特に重要だと考えている情報がPRとして公開されます。

　PRは企業のウェブページで公開されるほかに、報道機関（press）向けの情報公開（release）のことだったので、「プレスリリース」と呼ばれているのです。現在、日本国内では株式会社日本経済新聞社の『日本経済新聞 電子版（https://www.nikkei.com/)』等で主要なPRを読むことができます。

分析の概要

　近年、SDGsへの社会的な関心が高まるにつれて、SDGsに関連したPRも増えてきています。先に述べたPRの特性から考えると、PRとして公表されるSDGsの取り組みは、数ある取り組みの中でより重要視されているものであるはずです。

　多くの企業のPRのデータから日本国内の企業が特に重視しているSDGs関連の取り組みの全体的な傾向を捉えることが以下での分析の目的です[1]。

分析で用いるデータ

　以下の分析では、日本経済新聞社が提供する有料データベース「日経テレコン」内に収められている各社のPRのデータを用います[2]。日経テレコンでは、『日本経済新聞 電子版』等で公表されたPRを検索したり、閲覧したりすることができます。

　この検索機能を使い、「SDGs」という文言が文章中に含まれているPRを抽出して分析を行います。分析対象期間は、「持続可能な開発のための2030アジェンダ」が採択された2015年から2021年までの7年間とします。

　日経テレコンの検索結果に基づけば[3]、この7年間で日本経済新聞社を通じて公表されたSDGs関連のPRは1,475件ありました。これは、同じ期間に公表された190,156件のPRのおよそ0.8％に相当する数です。ここから先は、これらの1,475件のPRの概要を、業界別とテーマ別に分けて、もう少し詳しく見ていきたいと思います。

3. 業界別の動向

　日経テレコンには、PRの当事者がどのような業界に属する企業・組織なのかを分類する機能があります。業界とは、事業内容が類似している企業群を集合的に指す言葉です。わかりやすくいえば、同じようなビジネスをしている企業は同じ業界に分類されるということです。日

経テレコンでは、異なる業界に属する複数の企業・組織が共同でPRに関わっている際には、それぞれの業界がそのPRに関連した業界として示されます。

公的機関・大学と企業が連携したSDGs関連の取り組み

表1は、日経テレコンの業界分類機能を用いて[4]、1,475件のPRがどの業界からどれだけ発信されたかを、SDGs関連のPRの件数における上位15業界について示したものです。表中の「PR総数」は分析対象期間に同じ業界から発信されたPRの総数を表しています。

表1によれば、この7年間で最も多くSDGs関連のPRに関わっている業界は「公的機関・大学（283件）」となっています。その理由の1つは、企業が公的機関や大学と

表1

	SDGs関連PR数	PR総数	PR総数に占めるSDGs関連PR数の割合
公的機関・大学	283	17,623	1.6%
重機・建機・プラント	110	4,486	2.5%
不動産・住宅	98	5,434	1.8%
化学	96	4,872	2.0%
電機・家電	87	9,357	0.9%
システム・ソフトウエア	80	17,615	0.5%
商社・卸	79	6,482	1.2%
電力・ガス	77	3,989	1.9%
自動車・二輪車	61	7,989	0.8%
銀行・信用金庫	59	3,811	1.5%
加工食品	56	11,321	0.5%
保険	56	2,182	2.6%
建設	55	2,860	1.9%
投資業・その他金融	50	3,889	1.3%
鉄道・バス・タクシー	47	5,073	0.9%

連携してSDGsの達成に向けて行うプロジェクトが近年数多く実施されていることにあります。

例えば、神奈川県を中心に鉄道・バスの運営事業を手がける相鉄ホールディングス株式会社が2021年8月24日に公表した「相鉄本社ビル等で使用する電気の二酸化炭素排出量ゼロを実現　カーボンニュートラルの実現に向けて『アクア de パワーかながわ』を導入[5]」では、相鉄本社ビル等で使用される電気について、神奈川県内の県営水力発電所で発電した再生可能エネルギーを利用する取り組みが紹介されています。このプロジェクトには、相鉄ホールディングスだけでなく神奈川県等が関わっており、その点で公的機関に関連したPRとして（さらには鉄道・バス・タクシー業界に関するPRとしても）分類されています。

SDGsそのものにも【ゴール17：パートナーシップで目標を達成しよう】という形で複数の組織が協力する重要性が記載されている通り、企業と公的機関・大学の協力はSDGs達成に向けて非常に大切なものです。表1からは、そのような協力態勢が日本においても一定程度進んでいることがわかります。

重機・建機・プラント業界におけるSDGs関連の取り組み

また、表1でもう1つ注目しておきたいことは、「重機・建機・プラント」業界の状況です。この業界は、SDGs関連のPRの件数でも、同じ期間のPR総数に占めるSDGs関連PR数の割合でも、表1の15業界中2位となっています。つまり、重機・建機・プラント業界は現在日本で最も積極的にSDGsの取り組みを行っている業界であるといえます。

では、この業界でなぜSDGs関連の取り組みが積極的に行われているのでしょうか。その理由は、重機・建機・プラント業界が、私たちの生活を支えるインフラストラクチャ、いわゆるインフラの整備に関わっていることにあります。

一例を挙げると、同業界で最も多くSDGs関連のPRを行っている株式会社荏原製作所は、雨水の排水に使うポンプや廃棄物の処理設備等を製造しています。例えば、2021年11月18日に同社が発信した「日本下水道事業団 ポンプ場のポンプ設備工事を受注[6]」に書かれているとおり、雨水の排水ポンプは台風や大雨等の自然災害から私たちの生活を守るという点でSDGsの【ゴール11：住み続けられるまちづくりを】に直結するものです。

このように、一見すると私たちの日常生活に馴染みが薄いように見える重機・建機・プラント業界は、日本だけでなく世界中の人々の持続可能な生活を支えるインフラ整備に関わっているという点で、SDGsにまさに直結したビジネスを普段から行っているのです。

簡単なデータではありますが、表1のデータからは、現在日本国内の企業がどのようにSDGs関連の取り組みを進めているか、どういった業界でより積極的にSDGsの達成に向けたプロジェクトが行われているかを理解することができました。続いては、テーマ別の分類を用いて、業界別の分析とは異なった視点からの議論を行っていきたいと思います。

4. テーマ別の動向

日経テレコンの記事検索機能には、各PRがどのようなテーマに関連したものかを分類する機能も存在しています。例えば、環境に配慮した新商品に関するPRであれば、「環境問題」と「新商品・サービス」の両方のテーマに関連した内容として分類されます。

テーマ別に見たSDGs関連の取り組みの概況

表2は、このテーマ別の分類機能を使い[7]、1,475件のPRがそれぞれどのようなテーマに関

連したものであるかを、上位15テーマについて示したものです。先ほどの表1と同じく、「PR総数」は分析対象期間に同じテーマ関連で発表されたPRの総数を表しています。

表2からは、この7年間に発表されたSDGs関連のPRには「社会問題」や「環境問題」といったテーマに関連したものが多いこと、「新商品・サービス」についてのPRは数としては比較的多いものの同じテーマの総数に占める割合は少ない、つまり日本でPRの対象となるような重要な新商品・サービスのうちSDGsに関わるものはまだわずかであること等がわかります。

— 表2 —

	SDGs関連PR数	PR総数	PR総数に占めるSDGs関連PR数の割合
社会問題	400	6,082	6.6%
環境問題	359	4,068	8.8%
新商品・サービス	234	93,077	0.3%
販売・営業	149	32,040	0.5%
政策・制度	147	8,071	1.8%
行政	143	7,719	1.9%
研究開発	140	12,263	1.1%
エネルギー問題	54	1,293	4.2%
業務提携	52	5,299	1.0%
資本参加	48	2,246	2.1%
環境・ＣＳＲ	45	465	9.7%
経営計画	42	1,174	3.6%
既存事業の強化	41	6,026	0.7%
バイオテクノロジー	40	2,055	1.9%
新規事業進出	36	1,443	2.5%

テーマ別にみたSDGs関連の取り組みの経年変化

ここで、テーマ別の分析をさらに深めるために、分析対象期間を1年ごとに区切って、各テーマのPR数の経年変化を見ていくことにしましょう。表3は、2015年から2021年までの各年に発表されたSDGsに関連したPRの数をテーマ別に示したものです。

表の一番下の行の「SDGs関連PR数」で示されているように、この7年間のSDGs関連のPR数は増加傾向にあります[8]。これに伴い、大半のテーマについてここに分類されるPR数も増えていることが表3からはわかります。

— 表3 —

	2015年	2016年	2017年	2018年	2019年	2020年	2021年	PR数の3年平均成長率（2019年から2021年）
社会問題		3	6	42	87	63	199	140.0%
環境問題		3	6	37	74	53	186	71.3%
新商品・サービス		1	3	20	25	76	109	76.0%
販売・営業			5	13	19	44	68	73.6%
政策・制度			5	25	56	47	14	-17.6%
行政			5	25	55	47	11	-23.9%
研究開発		2	3	16	38	33	48	44.2%
エネルギー問題		1	1	4	11	11	26	86.6%
業務提携				4	10	11	27	89.0%
資本参加				7	9	8	24	50.8%
環境・ＣＳＲ		1	2	8	11	9	14	20.5%
経営計画			2	13	16	2	9	-11.5%
既存事業の強化				3	4	10	24	100.0%
バイオテクノロジー				4	12	11	13	48.1%
新規事業進出	1			2	7	10	16	100.0%
SDGs関連PR数	1	6	20	152	316	324	656	62.8%

表3の一番右の列は上位15のテーマすべてが初めて登場した2018年を基準年として、2019年から2021年までの各テーマに分類されるPR数の3年平均成長率（CAGR：Compound Average Growth Rate）を示したものです[9]。

この平均成長率からは、「社会問題」や「環境問題」といったテーマだけでなく「新商品・サービス」「販売・営業」といった新商品の販売に関するPRが近年増えていること、その一方で「政策・制度」「行政」に関するPRが減少傾向にあることがわかります。つまり、このデータは、2019年・2020年頃までは行政機関とともに企業が行うプロジェクトが非常に盛んに行われていた一方で、直近の2021年にかけてはSDGsの視点を盛り込んだ新商品・サービスがこれまで以上に展開されるようになったことを示しています。

詳しくは、今後さらに詳細に分析する必要がありますが、このデータが示唆していることは、SDGsへの社会的な関心が次第に高まるにつれて私たち一般の顧客にもSDGs関連商品のニーズが生まれつつあり、行政機関とのプロジェクトから通常の商品開発へと企業の関心が変化しているということなのかもしれません。

5. SDGsと経営学

企業のPRを対象とした以上の分析は非常に簡単なものですが、この数年間の日本の企業のSDGs関連の取り組みの状況についていくつか重要な示唆を得ることができました。SDGs関連のPR数全体が増加傾向にあること、ただしPR総数に占める割合はまだわずかであることからわかるように、このような取り組みはまさに発展途上の段階にあります。

これから日本の企業がSDGsへの取り組みをさらに進めていく上で、経営学の学びが貢献できる余地は少なくありません。例えば、ここでのテーマ別の分析では、SDGsの視点を盛り込んだ新商品開発は近年増加傾向にあると同時に、まだ全体の中では少数派であることが明らかとなりました。こういった先駆的な新商品をヒットさせるためには、顧客のニーズを正確に捉えてより魅力的な商品を生み出すためのマーケティング戦略の視点が重要なはずです。また、業界別の分析から1つのトレンドとして明らかとなった、企業や公的機関・大学等が連携して進めるプロジェクトを成功させる上では、自分たちの組織外の知見を積極的に活用しながらイノベーションを進めるオープンイノベーションと呼ばれる考え方が有用になるかもしれません。

SDGsへの社会的な関心の高まりは、新しい成長の機会を与えてくれるという点で、企業にとっても、経営学を学ぶものにとっても、1つのチャンスだといえるのです。

7 SDGsと アントレプレナーシップ

1. SDGsの理念とアントレプレナーシップ

アントレプレナーシップとは何か

アントレプレナーシップ（起業家精神）とは、高い志と倫理観に基づき、失敗を恐れずに踏み出し、新たな価値を見いだし、創造していくマインドを指します。アントレプレナーシップは現代社会において広く求められる、普遍的かつ重要なコンピテンシー（優れた業績を残すための行動特性）として位置づけられています（松永ほか, 2020）。

日本政府は成長戦略の一環として2022年を「スタートアップ創出元年」と位置づけ、国や経済界が一体となってベンチャー企業や起業家の創出に向けた支援を打ち出しました（首相官邸, 2022）。こうしたなかで、アントレプレナーシップ（教育）が注目を集めています。

アントレプレナーシップを考える上で重要になるのが「イノベーション」です。イノベーションは技術革新によって新たな価値を生み出すことを意味し、このイノベーションを通して人々は豊かな社会を実現してきました。

SDGsとアントレプレナーシップの関係性

イノベーションはアントレプレナーシップとSDGsとをつなぐ重要な概念です。「2030アジェンダ」は2015年9月に国際総会で採択されたSDGsの基本となる文章として広く知られていますが、もともとの正式名称は「我々の世界を変革する：持続可能な開発のための2030アジェンダ」というものでした（外務省, 2015）。

つまり、SDGsを議論する上で「変革（＝イノベーション）」は必要不可欠なものであり、イノベーションを生み出す主体であるアントレプレナーが宿すアントレプレナーシップは、SDGsの達成を可能とする源泉とも捉えることができます。

2. SDGsとアントレプレナー

ここからは、多様なアントレプレナーが取り組む社会的課題を取り上げることを通して、SDGsとアントレプレナーシップがどのように関連しているのかを見ていきます。

企業の社会的責任

本来、企業の最大の目的とは利益を追求し、成長し続けることにあります。しかしながら、SDGsが掲げる17のゴールや169のターゲットからもわかるように、現代社会はさまざまな解決されるべき課題を抱えています。そうしたなかで近年重視されているのが「企業の社会的責任（Corporate Social Responsibility: CSR）」です。

CSRは、「経営活動のプロセスに社会的公正性や倫理性、環境への配慮などを組み、アカウンタビリティ（説明責任）を果たしていくこと」と定義されます（谷本, 2004）。グローバル化の進展に伴い企業の経済活動が急速に拡大していくに従って、環境や格差、コミュニティといったさまざまな課題が顕在化し、企業は経済的利益だけでなく社会の持続可能性をも追求することが求められるようになったのです（加賀田, 2006）。

ソーシャル・アントレプレナーの登場とその役割

社会的課題に対する企業の責任が議論されるなかで注目を集めてきたのがソーシャル・アントレプレナーです。ソーシャル・アントレプレナーは、社会起業家や社会（的）企業家とも訳され、「社会的な課題を新しいやり方で解決したり、新しい社会的な課題を見つけて解決したりする人」として定義されます(清水, 2022)。

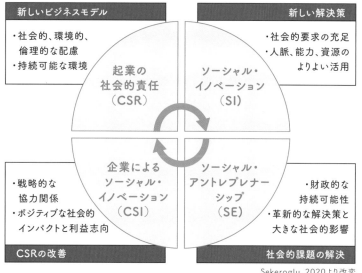

── 図1●企業の社会的責任、企業のソーシャル・イノベーション、 ──
ソーシャル・アントレプレナーシップの統合モデル

新しいビジネスモデル
・社会的、環境的、倫理的な配慮
・持続可能な環境

起業の社会的責任（CSR）

新しい解決策
・社会的要求の充足
・人脈、能力、資源のよりよい活用

ソーシャル・イノベーション（SI）

CSRの改善
・戦略的な協力関係
・ポジティブな社会的インパクトと利益志向

企業によるソーシャル・イノベーション（CSI）

ソーシャル・アントレプレナーシップ（SE）

社会的課題の解決
・財政的な持続可能性
・革新的な解決策と大きな社会的影響

Sekeroglu, 2020より改変

ソーシャル・アントレプレナーは、社会的課題の解決を目的とした技術革新やビジネス・モデルの変革である「ソーシャル・イノベーション（Social Innovation: SI）」を目的に起業をし、ソーシャル・アントレプレナーが事業として取り組むものをソーシャル・ビジネスと呼びます。ソーシャル・ビジネスとは「社会性」「事業性」「革新性」を備えた活動として定義され、ソーシャル・アントレプレナーはこれら3つの要素を満たした活動を行うことを通して、社会貢献に取り組んでいます（経済産業省, 2008）。

ソーシャル・ビジネスの代表的事例—グラミン銀行

ソーシャル・ビジネスの最も代表的な事例としてグラミン銀行（Grameen Bank）が挙げられます。グラミン銀行は世界最貧国とも呼ばれるバングラデシュにおいて、経済的に貧しい人々に対して融資を行う金融サービスです（【ゴール1：貧困をなくそう】【ゴール10：人や国の不平等をなくそう】）。

グラミン銀行の特徴は、本来お金を借りることができない女性を主とした貧困層を対象に（【ゴール5：ジェンダー平等を実現しよう】）、低金利・無担保で小額の融資を行うマイクロクレジット（小口融資）と呼ばれる画期的な仕組みを生み出したことにあります。貧国削減の成果をあげたグラミン銀行と創立者で経済学者のムハマド・ユヌス氏は2006年にノーベル平和賞を受賞し、マイクロクレジット機関は世界中で設立されました。近年では融資のみに限らず、貯蓄や保険などの幅広い金融サービスを扱うマイクロファイナンスが一般的となり、幅広い支援が行われています（【ゴール3：すべての人に健康と福祉を】）（高野, 2022）。

3. 私たちに実践できるSDGsの取り組み

SDGsの達成を実現されるためには、グラミン銀行のような世界的な事例だけではなく、私たちが自らのアントレプレナーシップを原動力に行動を起こすことが必要となります。

いまの自分にできることから始める

例えば、途上国のスラムコミュニティで生活する子どもたちの支援をしたいと考えたとしましょう。頭の中で考えるだけではなく、自分が意欲を持って取り組みたいと考える大きな社会的課題に対して、いまの自分にもできる小さなゴールを設定し、実践することが求められます。そうした実践により、ソーシャル・インパクト（社会的影響力）を与えることが可能となります。

周りの人を巻き込む

すでに現地で支援を行っている団体や情報提供者から具体的な状況やニーズを聞き、需要と供給のミスマッチを避けることも重要です。聞き取りを通して、あるコミュニティで火災が起き、文房具を買うこともできない状況であることがわかったとしましょう。

そこで思いついたのは、友人たちと協力して、使わなくなった文房具をクラスメートや周囲の学生から集めて、現地の子どもたちに届けるという活動でした。無事に文房具を受け取った子どもたちは勉強することができるようになったことで（【ゴール4：質の高い教育をみんなに】）、将来的に進学や就職が叶い（【ゴール10：人や国の不平等をなくそう】）、経済的にも豊かな生活を送ることができるようになるかもしれません（【ゴール1：貧困をなくそう】）。このように、1人では難しいことも、周りの人を巻き込み、協力し合うことで実現させることが可能となるのです（【ゴール17：パートナーシップで目標を達成しよう】）。

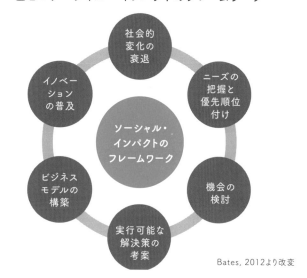

図2 ● ソーシャル・インパクトのフレームワーク

社会的変化の衰退
ニーズの把握と優先順位付け
イノベーションの普及
ソーシャル・インパクトのフレームワーク
機会の検討
ビジネスモデルの構築
実行可能な解決策の考案

Bates, 2012より改変

4. アントレプレナーシップが持続可能な社会を可能とする

アントレプレナーシップは、自らの実践によって「事を成す」ための原動力となるものです。"Think globally, act locally（地球規模で考えて、足元から行動せよ）"という言葉があるように、SDGsをはじめとする大きな社会的課題に対して、自ら実践できることを着実に取り組んでいくことが私たちに求められています。グラミン銀行のような世界的に普及したソーシャル・ビジネスも、筆者自身が学生時代に取り組んだ途上国の子どもたちへの「小さな」支援も、持続可能な社会を実現するための活動という点において共通したアクションといえます。私たちが抱いている内なるアントレプレナーシップをもとに実践をする。そうした1人ひとりによる草の根の活動こそが、SDGsの達成を可能とするのです。

8 SDGsと データサイエンス

1. はじめに

　我々人類は、地球上において最も進化し、繁栄した生命体として、地球規模の自然環境及び社会環境を永続的に維持・改善していくべき使命を担っています。環境の永続的な維持・改善のために必要不可欠なものは、個々の人間やコミュニティーが「環境への意識」と「環境に関する知識」を持つことですが、そのためには、グローバルな環境についての知識を共有・検索・分析するためのシステムを構築することが求められます。SDGsは、わたしたち人類が早急に取り組むべき課題を共有し、その解決を図ろうとしたものです。SDGsを推進するためにも、環境に関する正確な知識を共有し、これを検索・分析できるシステムを整える必要があります。

　本稿では、データサイエンス学の視点から、「グローバル環境知識共有・検索・分析・統合・可視化システム」を1つの事例として、我々がグローバル環境についての知識を共有・検索・分析するための方法を紹介します。

物理空間を情報空間に写像する

　現代社会には、物理空間（Physical Space）と情報空間（Cyber Space）が共存しており、それらを統合したシステムの総称をサイバー・フィジカル・システム（Cyber-Physical System: CPS ／情報・物理空間システム）と総称しています。図1に示すように、サイバー空間とフィジカル空間を連動させることで、実在の自然・社会環境である「物理空間」において発生する事象を、それらを表現するデータ構造を通じて「情報空間」に写像することができます。それらは「情報空間」において記憶（蓄積）、共有、検索、分析、統合され、その結果が可視化されて「物理空間」に発信されます。このようなサイクルによって、知識の蓄積・共有・検索・分析・統合・発信を行うシステムが、現在構想されているCPSです。これにより、SDGsへの新たなアプローチが可能になると期待されています。

この「グローバル環境知識共有・検索・分析・統合・可視化システム（以下「グローバル環境情報システム」と略称)」が実現すれば、地球規模の自然環境の変化、社会的環境の変化についていち早く俯瞰的・大局的な環境情報を検知することが可能となり、SDGsのさまざまなゴールの中でも【ゴール11：住み続けられるまちづくりを】、【ゴール14：海の豊かさを守ろう】、【ゴール15：陸の豊かさも守ろう】などに大きな貢献を果たすことが期待されます。

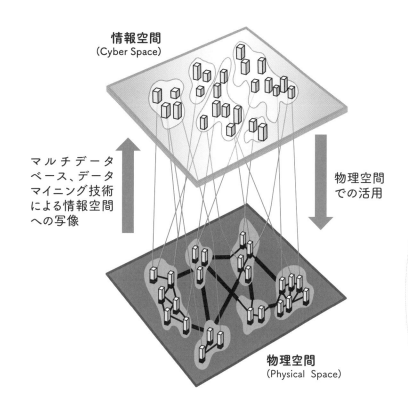

図1●グローバル環境情報システム

情報空間
(Cyber Space)

マルチデータベース、データマイニング技術による情報空間への写像

物理空間での活用

物理空間
(Physical Space)

「グローバル環境情報システム」は、まず個別の対象・地域においてローカルに存在する多様な環境事象・状況を対象とし、それらに関する画像、動画、音声、文書などのマルチメディアデータと、それらを記憶するローカルシステムの情報を収集します。その上で、それらローカルシステムの上位層、すなわち、1段階抽象度の高い層（メタレベル）において、それらを連結・連動し、新たな記憶蓄積・共有・検索・分析・統合・可視化を実現します。このシステムによって、ローカルに存在する多様な環境事象・状況をグローバルに共有・統合できるようになり、それらを対象とした地球規模での大局的な可視化によって、社会やコミュニティーにおいて、「ローカルかつグローバルな環境事象・状況を伝達、発信する」 ための、新しい応用分野が開拓できるものと期待されています。

5D-World-Map System（5次元世界地図システム）

そのような「グローバル環境情報システム」の一つとして有力視されているのが、"5D-World-World-Map System（5次元世界地図システム［1-5］）"です。このシステムの根幹は、メディアデータベースから知識ベースを自動生成する「システム・アーキテクチャ」にあり、それによって以下の主要な機能を実現しています。

（1）環境事象・状況を表すメディアデータに関する情報源の記憶、検索、統合機能
（2）メディアデータの自動解析によるメタデータ自動生成機能
（3）異種メディアデータの統合による知識表現機能
（4）知識化された環境情報の動的配信機能

この5D-World-Map Systemは、【ゴール11：住み続けられるまちづくりを】と【ゴール14：海の豊かさを守ろう】に取り組むための、環境センシング、環境分析、環境可視化を行うシステムとして、世界的に活用されています。主な共同研究機関としては、カリフォルニア大学サンディエゴ校、ワシントン大学、タンペレ大学（フィンランド）、スラバヤ電子工学工科大学（インドネシア）、タマサット大学、チュラロンコン大学（タイ）、国際連合アジア太平洋経済社会委員会（UN-ESCAP）などがあります[1]。

3. グローバル環境情報システムとしての5D-WORLD-MAP SYSTEM（5次元世界地図システム）

5D-World-Map Systemは、自然環境や社会環境に関する多様な情報を5次元に統合し、環境事象・状況、及びその変化を共有、統合、検索、分析、可視化するシステムです。このシステムは、環境事象・状況を多次元空間に写像する記憶系として構成し、以下の次元の統合を特徴とします。

・地理的空間軸（3次元）
・時間軸（1次元）

・第5次元の意味空間（人間の脳の記憶系に対応する多次元の記憶空間）

＊例えば、

色の空間：130色の識別空間、

水質空間：酸性度、濁度、溶存酸素量など12の指標によって記述される水質、

など。

図2●5D World Map System（5D世界地図システム）のコンセプト

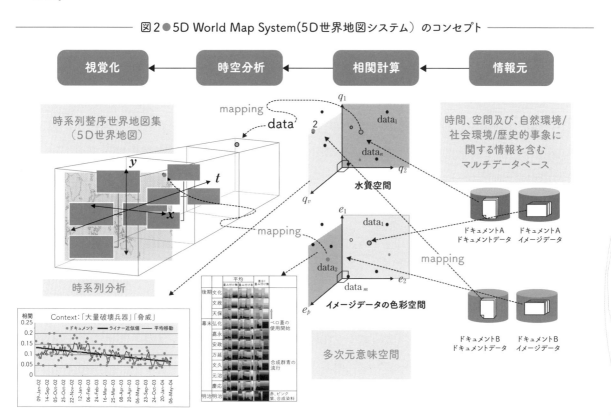

5次元世界地図システムに記憶される自然環境事象

　本システムの最大の特徴は、さまざまな地域の人々が獲得する海洋環境情報が、本システム上において統合され、グローバルな海洋環境の状況と変化が、地球規模で共有される点にあります。これにより、地球温暖化（Global Warming）や海洋環境汚染（Ocean Pollution）などによる海洋環境の変化について、ローカルかつグローバルな取り組みが促され、具体的な施策を立案する上でのプラットフォームが実現されることになります。

　図2に示すように、5D-World-Map Systemは、物理空間としての地理軸と時間軸に、上述の意味空間を加えた多次元空間によって構成されており、世界規模での知識蓄積、共有、統合、

検索、分析、可視化を実現しています。世界中で発生する事象（自然環境変化、災害、社会環境変化など）について、その地理的、時間的、意味的な内容と特徴を「地理軸」、「時間軸」、「意味空間」に写像し、固有の文脈に応じた記憶想起を可能にして、その結果を地図上に可視化するシステムです。本システムは、事象が発生した時点（その時代）の世界地図上で、ある事象の関連事象を可視化することにより、大局的な俯瞰と分析のためのプラットフォームを提供します。現在、本システムは「グローバル環境情報システム」プロジェクトにおいて、環境分野の知識蓄積、共有、検索、統合、分析、可視化のプラットフォームとして活用されています。

海洋環境分析への応用

5D-World-Map Systemは、その特性から、海洋環境分析に応用することができます。図3は、世界の広い地域に存在する珊瑚（Coral）の健康状態を対象として、海洋環境分析を行った例を示しています[5]。

近年、各地で減少や死滅が報告される珊瑚を守るには、広範囲にわたって珊瑚（Coral）の「健康状態」を分析し、その健康状態データを蓄積していく必要があります。珊瑚の健康状態の分析は、次のプロセス（処理）によって実現されます。

(1) 「珊瑚の健康状態」を評価するCORAL CHART[6]は、「珊瑚の健康レベル」を「珊瑚の色」（24の健康レベルを24色で示す）によって判定するチャートであり、このチャートを「CORAL色―健康レベル知識ベース」として用意する。

(2) このCORAL CHARTを海洋中の珊瑚（Coral）の写真と並べて1画像として撮影する。

(3) 珊瑚の色とCORAL CHARTの24色を比較し、珊瑚の色に最も近いCORAL CHARTの色を、色の近さの計量によって選択し、そのCORAL CHARTの色に対応する健康レベルをその珊瑚の健康状況データとして取得する。

(4) 取得した健康状況データを、その珊瑚の存在する場所、時間、及び、その画像自身とともに、5D-World-Map System上に格納する。

(5) 5D-World-Map System上に、(3) において獲得された特定の健康レベル（例：bleaching＜白化状態＞等）を入力すると、その健康レベルにある珊瑚を検索し、それらの分布をグローバルな地図上に可視化する。

(6) これら (1) 〜 (5) の操作を、プロジェクトに参加する多くの地域に存在する珊瑚に適用し、広域での珊瑚の健康状態をグローバル知識ベースとして広く共有する。これにより

5D-World-Map System は、海洋環境情報である多地域の珊瑚の健康状態の共有・検索・分析・統合・可視化を実現するグローバル知識ベースとして、珊瑚の健康状態の大局的状況や海洋環境の時間的変化を把握し、分析する機能を果たすことができる。

―――――――― 図3●5D World Map System の実現 ――――――――

5D World Map Systemの実装にあたり、ベースマップ表示と数値データ可視化機能はESRI社のArcGIS API for Javascript〔1〕を
ジオコーダー（住所と緯度経度の相互変換機能）についてはGoogle Maps API〔2〕を利用。
〔1〕ArcGIS API for Javascript:https://developers.arcgis.com/javascript/latest/api-reference/esri-Basemap.html
〔2〕Google Maps Platform: https://developers.google.com/maps/documentation

4. おわりに

　「グローバル環境情報システム」は、ローカルな環境情報の統合によって、グローバルな環境状況に関する知識の統合／集約と共有の可能性を大きく広げます。今後も、データサイエンス学の研究、システム開発、そしてそれらの応用により、危機に瀕している自然環境の改善、回復を目差す多くの取り組みを支援していかなくてはなりません。我々は、「グローバル環境情報システム」研究において、多様なメディアデータを対象とし、地理空間、時間空間、意味空間を統合し、高度な環境情報を共有する機能を持つ新しいシステム・アーキテクチャの設計・構築と応用を探究していくことにより、実際の環境改善活動を伴った環境改善への新たな具体的取り組みの創造を目指します。

9 SDGsと人間科学

1. 人間とは何かという問いと人間科学

大学での学びと人間科学

　高度に先進化・多様化した社会では、職業も複雑化するので、大学に進学する段階で、将来の進路を具体的に決められず困惑する人も少なくありません。何になりたいのか決められないけれど、漠然と人間に関心があるという場合、人間科学を学ぶのはいかがでしょうか。また、人間のこころの問題に向き合いたい（例えば公認心理師になりたい）といった具合に、ある程度具体的な方向性が決まっていたとしても、臨床心理学などの特定の分野だけでなく、もっと広く人間科学を学ぶことで、より多角的な視野で人間について考えてみるのはいかがでしょうか。

人間科学を構成する学問領域

　人間科学には、種々の心理学のみならず、行動科学、医学、保健学、生命科学、生物学、人類学、社会学、哲学、倫理学、宗教学、社会福祉学、教育学、看護学、スポーツ科学等々、文系から理系までさまざまな領域が包含されています。その多様さから、ひと口に人間科学と言っても、構成する学問領域は大学ごとに異なりますし、人間科学の定義自体もさまざまですが、人間について理解したいという問題意識は共通しています。学際的な点では、人文科学・社会科学・自然科学の基礎分野を横断的に教育・研究する今日的な意味でのリベラル・アーツに近いとも言えますが、人間科学では、人間に対する関心がより一層重要になります。

人間とは何か

　はるかな昔から、我々は、人間とは何かと問い続けており、理性や社会性に着目することに始まり、知性、経済活動、言語の使用、複雑な道具の作成、自由に遊ぶこと、抽象化する能力、神を信じることなど、さまざまな角度からの定義がなされてきました。その答えは多種多様で、

学問領域ごとに答えがあるといっても過言ではありませんが、どんな定義も、人間について十全に説明することはできません。理性的でなければ人間ではないのか、社会生活を送らなければ人間ではないのかといった具合に、どの定義にも反論の余地があります。

　人間であるということは、とても多義的なので、１つの学問領域だけで説明するのは難しいのかもしれません。しかし、ＤＮＡの研究が進んだり、コンピュータが発達して人工知能が人間の知能を超えるのではないかと議論されたりする中で、我々はいままで以上に、人間とは何かという問いに向き合わねばならなくなっています。

2.　人間科学宣言

実践的な知としての人間科学

　人間科学は、人間を研究の対象にしています。人間科学の各領域の研究者は、その研究成果を、すべての人間の尊厳を守り、幸福をカタチにするために活用しようと考えています。そのためには、多様な人々と出会い、対話を重ねることが重要です。大学や研究機関から生まれる知を縦糸とするなら、社会での実践的な活動から得られる知を横糸として、新たな知を織りなし、よりよい社会を創造することを目指しています。当然、真摯に学ぶ学生が縒りなす知の糸が縦糸・横糸と絡むことで、知の織物に輝きを添えてくれることも期待しています。

人類の未来に貢献するために

　日本で初めて人間科学を標榜する学術機関が大阪大学に創設されたのは1972年のことで、武蔵野大学に人間科学部の前身である人間関係学科ができたのは1995年、社会福祉学科ができたのは1998年でした。学問分野としての歴史はまだ浅いものの、全国各地の大学に、人間科学を冠する学部・学科が多数できています。これは人間について理解する必要性が、ますます高まってきているからにほかなりません。人間科学が人類の未来に深く貢献する学問として固有の存在意義を持ち続けるために、2022年には、全国人間科学系部局ネットワーク加盟大学部局長一同によって、人間科学宣言が提唱されました。

人間科学宣言

　人間科学宣言で謳われているのは、おおよそ以下の５点です。① 多様な学問領域の発展を目指し、研究・教育・実践において活発な相互交流を行うこと、② 学術的専門性を狭く規定

せず、多様な人々との繋がりに積極的な関心を向けること、③ 多様な人々との交流から学び、社会の課題や、急速に進歩する科学技術及びその応用に対して、独自の立場から提言を行うこと、④ 誰の誰に向けた取り組みなのか、そこから生まれる知は誰に属するのかといった問いを堅持すること、⑤ 人間の営為に関心を持つ人々を、社会を支え貢献する新たな人材として育成すること。これらはまさに、SDGsの理念と合致しています。

3. SDGsと人間科学

合理主義・人間主義・人道主義

　人間とは何かと昔から問い続けてきたとはいえ、我々が真の意味で人間に注目し始めたのは、実はそんなに昔のことではありません。人間の営為が大幅に拡大し、かつてなら神の意思として捉えざるを得なかったことの一端を科学で垣間見られるようになり、自然に大きな影響を与えるところまで技術が発展したのは、近代以降のことです。「神は死んだ」と宣言したニーチェ（1844 ～ 1900）も近代の人です。近代の特徴は、合理主義、人間主義、人道主義という観点から捉えられますが、これは人間の営為の拡大と密接に絡んでいます。科学技術は合理主義を母体として発展しましたし、自然に対する人間の影響力の増大を自覚したことで、我々は神ではなく人間を中心として世界と向き合わねばならないことを知りました。

世界の幸せをカタチにするために

　これは、世界の幸せをカタチにするには、神の御業に委ねるのではなく、人間が主体的に行動しなければならないということです。そして、人間中心という観点は、その人間を尊重し大切にしようという発想に繋がりますので、人道主義が重視されることになります。さらにいえば、合理的であるためには人間は平等である必要があり、（神ではなく）人間を中心に考えるためには自由である必要があり、人道的であることは博愛的であることに通じます。SDGsに力を入れる各国で、自由、平等、博愛という価値観が共有されているのは偶然ではありません。

人類が続いていくために

　持続可能な開発目標であるSDGsは、人間に注目することで生まれました。我々が持続可能であることを求めているのは、人間の社会であり、人類文明であり、人間という存在です。そして、人間科学も、人間に注目することで生まれました。つまり、人間科学とSDGsは、同じ

ところから生まれた同胞のような存在なのです。人間科学の諸分野が、SDGsと密接に関連しているのは、当然のことなのかもしれません。人間科学の諸分野は、すべて人間を研究や活動の対象にしていますので、誰一人取り残さないという誓いが、とても身近に感じられることになります。

4. SDGs17目標と人間科学の諸領域

　SDGsでは17の目標が定められていますが、これらは人間科学の諸領域と密接に関連しています。武蔵野大学人間科学部を例にとっても、貧困や飢餓をなくすことには、ソーシャルワークや地域福祉が真正面から向き合っています。すべての人に健康と福祉をもたらすことについては、臨床心理学や精神医学、精神保健福祉学、社会福祉学など、医療・保健に絡んだ多くの領域が専門としているだけでなく、自然人類学的な発想でも考えてみたいところです。みんなが質の高い教育を受けられるようにするためには、発達・教育心理学のみならず、障害者（児）の言葉の問題を取り扱う言語聴覚学も大きな力を発揮します。

　ジェンダー平等の実現のためには、仏教やトラウマ・ケアから言及できることがたくさんありますし、働きがいと経済成長の双方を目指すためには、産業心理学的な視座が必要です。人や国の不平等をなくすためには、社会心理学的な発想が役立ちますし、住み続けられるまちづくりとなれば、社会学の出番でしょう。平和と公正を行き渡らせることには、哲学や倫理学、宗教学、被害者学、犯罪心理学が絡んできます。安全な水やトイレ、クリーンなエネルギーなどを世界中で手にすることができるようにし、気候変動に具体的な対策を講じ、海や陸の豊かさを守るためには、生命科学的・生物学的な素養が不可欠です。

5. まとめ

　ここで挙げたのは、一例に過ぎません。もっともっと、いろいろな発想があり得ます。人間科学の諸領域は、それぞれがSDGsと関連していますし、SDGsの17目標は、複数の領域から多角的に検討される必要があります。人間が抱える問題を解決し、今後も人類が繁栄し続けるためには、もはや1つの学問領域のみではなく、学際的・総合的なアプローチが必要になっているのです。そしてそれこそが、人間科学の観点から捉えたSDGsなのです。よりよい人間の未来に向けて、人間科学はSDGsとともに歩んでいきます。

10 SDGsとサステナビリティ学

1. サステナビリティ学とはなにか

　「サステナビリティ学」は、持続可能な発展を損なう現場の問題を解決するためのものです。実践を重視し、解決のために必要となる多くの学問の成果や現場の知恵を応用する統合的アプローチです。なぜ、統合的でなければいけないか、どのように統合的なのかを説明します。

持続可能な発展のための実践学

　人類全体、アジア、日本、地域、企業といったさまざまなまとまりにおいて、環境面・経済面・社会面で持続可能な発展を損なう諸問題が顕在化し、将来的にさらに深刻な状況になることが予測されます。環境面では、気候変動、ヒートアイランド、資源・エネルギーの逼迫や価格高騰、有害化学物質やプラスチックによる汚染、生物多様性の喪失等の問題が、生活者の目に見えにくいところで進行し、地球や人類、生物の健康をむしばんでいます。

　そして、さまざまな問題が複雑に絡みあっています。例えば、気候変動（SDGs のゴール 13）による猛暑の増加や豪雨の頻繁化が農業に被害を与え、貧困（ゴール 1）や飢餓（ゴール 2）をもたらし、それが紛争（ゴール 16）につながる場合があります。一方、熱帯雨林の破壊（ゴール 15）は気候変動（ゴール 13）の原因となりますが、そこには日本など先進国による熱帯雨林の開発だけでなく、途上国の貧困（ゴール 1）の問題が絡んできました。熱帯雨林の焼失は、林道等が整備された土地に侵入した貧困者による野放図な焼き畑によるという報告があります。問題が複雑化するなかで、対症療法的な対策ではもぐらたたきのようになってしまい、問題の根本解決ができません。経済効率や物質的な豊かさの追求に固執し、目に見えない外部からの搾取に依存するグローバリゼーションのあり方を問い直すことが必要になっています。

　未解決の問題に立ち向かい、複雑な諸問題を解きほぐし、社会の根本を変えていくこと（社会転換）を考えること、そして持続可能な発展の具体的なあるべき姿（理想像）を描き、新たな取り組みを創造し、主体的に活動していくための実践学がサステナビリティ学です。

あらゆる学問分野、形式知と実践知の統合

　現場のさまざまな問題に取り組んでいると、1つの学問分野や机上の理論では解決できなことがたくさんあります。このため、問題解決の実践を重視するサステナビリティ学は、自然科学（気候学、生態学、化学、物理学等）と応用科学（工学、農学、計算機科学等）、社会科学（経済学、経営学、社会学、行政学、政策科学等）、人文科学（心理学、哲学、教育学等）といった、あらゆる学問分野を必要に応じて動員して統合するものとなります。

　また、問題が所在する現場には、研究者が知らない、そこに暮らす生活者や生産者が経験に基づいて磨いてきた知恵（実践の経験に基づく実践知）が豊富にあります。問題解決のためには、研究では扱いきれない現象も扱う必要があることから、サステナビリティ学は形式知（理論として体系化された地域）と実践知を統合したものとなります。

2.　重要な特徴は「つなぐ・つながる」こと

　サステナビリティ学の重要な特徴は、「つなぐ・つながる」ことにあります。さまざまな分野の問題をつなぎ、根本的な同時解決を図ること、問題解決のために必要となるさまざまな学問をつなぐこと、形式知と実践知をつなぐことに加えて、立場や考え方が異なる主体をつなぐこと、都市と農山漁村をつなぐこと、先進国と途上国をつなぐことなど、つなぎ・つながることで、これまでの限界を打開し、創造的な取り組みを生み出すことができます。「異なるものをつなぐ」というマネジャー・コーディネイターとしての姿勢とともに、自分自身が「自分と異なるものにつながる」という主体的な当事者・実践者としての姿勢が重要です。

SDGsのゴール間のトレードオフの解消とシナジーの創出

　気候変動防止のためには再生可能エネルギーの発電所を大量に設置することが必要になります。しかし、地域外の事業者が大規模な発電所をつくろうとして、自然破壊や土砂崩れ、景観阻害等が問題となり、反対の声が強く、中止になるケースが増えています。気候変動というグローバルな環境問題と地域におけるローカルな環境問題のトレードオフが発生しているわけです。こうした問題は、得てして地域外の大企業が地域住民等への配慮が不十分なままに、大規模な開発を行う場合に起こります。

　しかし一方では、再生可能エネルギーを地域の資源として捉え、地域住民等が出資して発電

所を設置し、売電収益を地域のために活用する取り組みが活発になっています。

　再生可能エネルギーがSDGsの多くのゴールに関連する多面的意義を持つこと（場合によってはマイナスになる場合もあること）を理解し、どのようなゴールの達成を目指して、誰がどのように取り組むのかを具体的にデザインすることが必要になります。うまくデザインすれば、再生可能エネルギーの導入により、気候変動問題と地域の自然保全、地域の経済活性化、住民のより良い暮らしといったシナジー（相乗効果）を得ることができます。ひいては、それが地域から国や社会を変えていくことになるでしょう。

■ 立場や考え方が異なる主体のパートナーシップ

　持続可能な発展を実現するうえで障害になることとして、理想する社会のあり方や実現の方法が、立場や考え方によって異なり、折り合いがつかないことがあります。場合によっては対立の火種になってしまいます。例えば、2050年のゼロカーボン社会を目指そうといっても、経済的利益を追求し、効率や速度・規模を重視する立場と、経済的利益では得られない精神面の豊かさを求め、余裕を重視する立場では異なる対策をとることになります。

　このため、異なる立場をつなぐ調整（SDGsのゴール17にいうパートナーシップ）が必要になりますが、多数決で合意をとりつけたとしても不満が残り、その場しのぎになりがちです。重要なことは、お互いに問いかけ、傾聴をする深い対話のプロセスを設けることです。それにより、考え方の前提の違いを理解し、それぞれが自分の前提を見直し、相互理解のもとに関係をつくり、違いを超えた共創を生み出していくことができます。

3.　サステナビリティ学とSDGsの理念

　サステナビリティ学は、SDGsのアジェンダにある「相互に関連しており、統合された解決が必要である」といった理念の実現を担います。そして、「誰一人取り残さない（社会的包摂）」というSDGsの理念に基づき、諸問題の同時解決を図ることが、サステナビリティ学に課せられた大きな使命となっています。

　振り返ると、サステナビリティに関する検討課題は、時代とともに変化をしてきました。20世紀には地球上の環境制約（プラネタリーバウンダリー）がある中で開発や経済成長をどのように図るべきかという環境と開発のバランスの取り方、また開発途上国と先進国の発展の公平性が検討課題となりました。

時代は進み、21世紀になり、環境と経済をトレードオフとして捉えるのではなく、環境への投資による経済成長（グリーン成長）という考え方が主流となり、いまや、ゼロカーボンに向けた投資を牽引役として、コロナ後の経済復興を図る政策（グリーンリカバリー）が打ち出されています。もはや、環境制約のために経済活動や成長を我慢するという固定観念は時代錯誤になりつつあります。

　そして、SDGsの重要な理念である社会的包摂が重要になっています。大企業や強い立場のものだけがグリーン成長の恩恵を得るのでなく、むしろ中小企業や弱者の視点から、公平で格差や不平等がなく、誰もが幸せ（ウエルビーイング）を感じられる社会を目指していくべきだからです。気候変動防止のためにゼロカーボンを実現したけれども、中小企業の多くが破綻し、大企業のみが生き残ったという未来は、環境面では持続可能でも、経済面・社会面では持続可能ではないでしょう。

未来に向けた大胆かつ変革的な手段

　SDGsのアジェンダでは、「世界を持続的かつ強靭な道筋に移行させるために緊急に必要な、大胆かつ変革的な手段をとる」と記しています。「できるところからやりましょう」とはいっていません。サステナビリティ学は、この理念を受けとめる、社会を変えるための実践でもあります。このように書くと、「何を変えようというのですか？」「どうやって変えるのでしょうか？」「社会を変えようというかけ声はよく聞くけれど、何も変わっていないのではないですか？」「社会を変えるのは無理ではないですか？」というさまざまな声が聞こえてきそうです。

　しかし、社会を変える実践はすでに始まっています。筆者の専門である持続可能な地域づくりでいえば、社会転換を先取りする先進的な地域は確実に増えています。2010年代には、再生可能エネルギーを活かす地域づくりを展開する地域が登場してきました。筆者は、長野県飯田市、長野県上田市、岐阜県郡上市石徹白地区、滋賀県湖南市、福岡県みやま市等を調査し、イノベーションが地域内で生成、普及、波及し、地域間の連鎖が行っているプロセスを明らかにしました。絶滅したコウノトリを飼育し、コウノトリの餌となる生態系の豊かさを育む農業を普及させ、コウノトリの野生復帰を成功させた兵庫県豊岡市は、環境と経済の好循環というビジョンをつくり、それを実現してみせてくれました。生ごみの堆肥化を行い台所と農業をつなぐ循環を実現した福岡県大木町、森林資源の活用を基盤にして起業型移住を活性化させた岡山県西粟倉村、などなど、社会転換の具体像は確実にあります。

　これらの先進地のノウハウを分析し、社会転換の理論と普及に貢献することもサステナビリ

ティ学の役割です。

4. サステナビリティ学で重要なキーワード

　ページ制約のため、ここではサステナビリティ学のすべてを説明することはできません。サステナビリティ学の基盤となる重要なキーワード（概念）を示しますので、全体像をイメージしてください。各キーワードの定義や説明の仕方には諸説ありますので、詳しくは関連するサステナビリティ学科の講義やテキスト（白井、2020）等により、詳しく深く学んでください。また、キーワード毎の代表的な書籍を示しますので、参考にしてください。

持続可能な発展の規範

　持続可能な発展の具体的なあるべき姿（理想像）を描くためには、その規範を共有することが必要です。理想を描かないと社会転換は進まず、規範を共有しないと、ばらばらの未来を目指して対立する、同床異夢の状態となってしまいます。

　ざっくりといえば、環境制約に配慮することを基本としつつ、あわせて、社会経済の活力を高めること、誰も取り残されないようすること、災害に備えること、これらの規範をすべて満たすことが持続可能な社会の条件だといえます。次のようなキーワードについて、さらに学びましょう。

表1

キーワード	簡易な説明	参考図書
プラネタリーバウンダリー	人類が地球上で生存できる限界。例えば、気候変動の問題が臨海点にならないための、二酸化炭素の排出量の限界。	J. ロックストロームら（2018）
レジリエンス	災害等の外部からの攪乱に対して、防御や影響の最小化を図る、あるいは災害からの復興や回復をする力を持つこと。	枝廣（2015）
正義・公正・包摂	格差や差別、偏見等がなく正しいこと。特に、身体的・精神的・社会的・経済的な弱者が取り残されないように配慮されていること。	ジョン・ロールズ（2010）
ウェルビーイング	身体的、精神的、社会的によい状態であること。ポジティブな感情や、良好な人間関係、達成感があることなど。	前野ら（2022）
コンヴィヴィアリティ	人と人が相互に支え合って実現された自由。支え合って歓びを分ちあいながら、1人ひとりがのびのびと生きること。	イヴァン・イリイチ（2015）

問題を包括的・統合的・根本的に捉える思考

サステナビリティ学では、問題の全体像や問題間のつながりを捉え、より根本的な問題を明

らかにしていくために、次のような思考が必要になります。この際、頭で論理的に考えるだけでなく、さまざまな立場に身をおいて、心身で感じて理解する共感力を持つことが大切です。

表2

キーワード	簡易な説明	参考図書
システム思考	問題を構成する要素と要素同士の相互作用を捉え、システム全体像を明らかにしたうえで、どこを優先的に解決するか等を考える分析法。	ドネラ・H・メドウズ(2015)
ライフサイクル思考	物の生産、消費、廃棄、輸送といった一生（ライフサイクル）を捉え、どこかの段階だけでなく、全体の環境影響と対策を考える思考法。	玄地ら(2010)
批判的思考	他者の考えを鵜呑みにしたり、自分の考えを信じ込まず、前提や根拠、客観性を確かめ、よりよい目標達成のための考えを生み出す思考法。	ジョエル・ベスト(2021)

問題解決の手法やプロセスを検討する視点や方法

　人類が持続可能であるための基盤は、自然システムであることに間違いありません。自然を保全するだけでなく、自然の力を活かす解決方法を重視することが必要となります。

　また、なりゆきの改善ではなく、社会を変えることを目指す大胆な方法をとること、多様な主体で連携すること、それを調整することが重要です。

　次のような方法論を学びましょう。

表3

キーワード	簡易な説明	参考図書
NbS : Nature based Solutions	自然の持つ力を活用して、自然の保全と気候変動等の課題を解決する方法。人と自然にとってWin-Winの関係を目指すもの。	古田尚也(2021)
トランジション・マネジメント	ニッチなイノベーションを試行し、その拡大や連鎖により、従来の制度や組織や社会経済の構造を変えていく社会転換の手法。	森ら(2022)
デザイン思考	問題を深く観察し、アイデアを出し、試作をなんども繰り返しながら、チームで解決策をつくっていく創造のプロセス。	ティム・ブラウン(2019)
ファシリテーション	多様な参加者の話し合いを活性化させ、双方向の学びと共同作業により、議論の整理や解決策の創造を支援すること。	井上ら(2021)

　以上のキーワードは代表的なもので、他にも学ぶべきキーワードはありますが、サステナビリティ学は解決すべき問題に応じて、臨機応変に組みたてるものです。時代の進展により、キーワードの表現の仕方は変わってきます。サステナビリティ学は常に進化していくものであると考えてください。表1～3に示すキーワードは統合的アプローチの骨格となる主なものです。解決すべき問題に応じて、他にも重要なキーワードがありますので注意してください。

SDGsと数理工学

1. SDGsと数理工学の目標

工学とSDGs

　工学とは、数学と自然科学を基礎とし、時には人文社会科学の知見を用いて、公共の安全、健康、福祉のために有用な事物や快適な環境を構築することを目的とする学問です。その価値は、地球規模での人間の福祉に対する寄与によって判断されます（工学における教育プログラムに関する検討委員会,1998）。

　数理工学の定義は人によって多少異なるようですが、工学と同じ目的と価値判断の基準を持つという点は共通に認識されていると思います。私は、数理工学とは、この目的と価値判断の基準に従い、数学を他分野に応用する研究や学問体系全般を指すものと考えています。標語的には、数学で世界の幸せをカタチにするもの、といえるかもしれません。

　SDGsは「人間と地球、そして繁栄のための行動計画」です（外務省, 2015）。したがって、SDGsの17の目標は、どれも工学、数理工学にとっても直接あるいは間接的に目指す目標になります。例えば、【ゴール9: 産業と技術革新の基盤を作ろう】は、まさに工学が産業界と連携して持続的に取り組んできた目標ですし、一見無関係に見える【ゴール5: ジェンダー平等を実現しよう】も、科学技術分野における「無意識のバイアス」の克服につながる大事な目標です（男女共同参画学協会連絡会, 2019）。こうした目標の達成には、正確にデータを集積し、解決すべき課題を見いだし、解決のための具体的な手段を示すことが必要です。数理工学は数学の力を用いてこの役割を担います。

数学の力

　数学の力とは、1つは科学における共通言語であること、もう1つは課題解決に導く優れた道具であることです。近代科学の父ガリレオ・ガリレイは「自然は数学の言葉で書かれている」と言いました（高橋 憲一,2006）。さまざまな現象を理解し、その理解を共有するためには、

誰にとってもその意味が明瞭で誤解を生む余地のない言葉が必要です。厳密な定義から出発し、論理的に証明されたもののみから構成される数学は、そのための唯一の言葉といっても過言ではありません。また、数学には、人類の英知によって、古代文明の時代から営々と築かれてきた極めて高度に発達した理論と問題解決の手法が存在します。数学の言葉で表せば、課題は具体的な数学の問いとなり、数学の道具…概念・理論・手法…を用いて解決を図ることが可能になります。

2. 数理モデル

感染症の数理モデル

2019年12月の初旬に第1例が報告された新型コロナウイルス感染症（COVID-19）は、わずか数か月の間にパンデミックといわれる世界的な流行になり、全世界で多くの死者を出し、国際社会を大混乱に陥れました。感染症への対応は【ゴール3: すべての人々に健康と福祉を】の課題であり、「重大な感染症の根絶」はそのターゲット3.3に指定されています。治療法の確立やワクチンの開発が重要であることは間違いありませんが、初期対応として感染者の隔離や外出自粛などの政策を適切に行うためには、感染症の拡大プロセスを理解することが急務となります。この感染症の拡大プロセスを数学の言葉で表したものが、SIRモデルに代表される感染症の数理モデルです（稲葉 寿,2020）。一般に、自然のありようや社会のできごとを、その本質が再現できるように数式を用いて表したものを数理モデルと呼びます。したがって「数学の言葉で表現すること」とは「数理モデルをつくること」と捉えることができます。

SIRモデル

SIRモデルでは、集団を3つに分け、S(susceptible)を未感染の人々、I(infected)を感染している人々、R(recovered)を感染から回復もしくは亡くなった人々とします。これらの人々の数が、お互いの相互作用によって時間的に変化する様子を微分方程式で表したものがSIRモデルです（Kermack-McKendrick, 1927）。積分や数値計算などを用いて微分方程式を調べることにより、感染のピークの時期と人数、終息までの期間などを予測することができます。また、感染を抑えるために必要なワクチン接種者の数や人と人との接触頻度を具体的に算出できます。COVID-19の感染初期に人との接触を8割減らす指針が出されましたが、8割という値はSIRモデルを改良した数理モデルから導かれたものです。

図1 ● SIRモデルの方程式

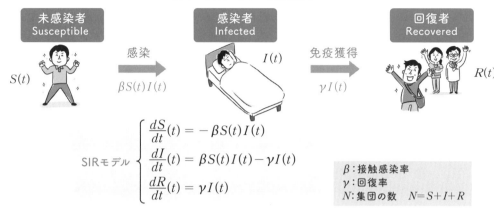

未感染者
Susceptible
$S(t)$

感染
$\beta S(t)I(t)$

感染者
Infected
$I(t)$

免疫獲得
$\gamma I(t)$

回復者
Recovered
$R(t)$

SIRモデル
$$\begin{cases} \dfrac{dS}{dt}(t) = -\beta S(t)I(t) \\[2mm] \dfrac{dI}{dt}(t) = \beta S(t)I(t) - \gamma I(t) \\[2mm] \dfrac{dR}{dt}(t) = \gamma I(t) \end{cases}$$

β：接触感染率
γ：回復率
N：集団の数　$N = S+I+R$

気候モデル

　気候変動の問題は、現在人類が直面する最も深刻な問題の1つです。その対応は一刻を争う国際社会の課題で、【ゴール13: 気候変動に具体的な対策を】です。統計によれば、19世紀の後半に比較して、現在の地球の平均気温は1度以上上がっています（気象庁，2022）。地球の平均気温は人の体温になぞらえることができます。人の体温は1度上昇しても身体に大きな影響を与え、4度以上上がると生命を維持することが困難になってきます。地球も同じだと考えられています。

　地形や温室効果ガス排出量などから地球の気候を予測する数理モデルを気候モデルと呼びます（大河内 直彦,2015）。気候モデルの基礎を確立し、地球温暖化を高い信頼性で予測できるようにした1人が眞鍋淑郎氏で、その功績により眞鍋氏は2021年度のノーベル物理学賞を受賞しました。地球の気候の数理モデルができたことによって、つまり数学の言葉で表されたことによって、将来の気候変動が予測できるようになり、必要な対策がわかってきたといえます。

3. 自由な発想

　数理工学は自由な着想・発想で数学を応用しています。その1つの例に、日本伝統の遊びに注目して、これを数学的に解析して応用した「折り紙工学」があります（萩原一郎・奈良知惠,2019）。ご存じのように、折り紙とは、紙を折って動植物や生活道具などの形を作る遊びです。1枚のシートから自在に複雑な構造を作ることができるため、現在、数理工学の一分野として、この折り紙の技術や発想を産業製品に活かす取り組みが活発になっています。可動性や強靱さ

を持たせるように折るために、数学における幾何学の理論、アルゴリズム理論などが用いられます。代表的な折り紙の産業応用に「ミウラ折り」があり、開閉がワンアクションで可能なポケット地図、人工衛星の太陽光発電パネル等に利用されています（miura-ori, 2022）。また「ステントグラフト」と呼ばれる、主に動脈瘤の治療に用いられるチューブ状の医療器具にも応用されています（繁富香織,2017）。

4. 分野間の融合研究

　これまで見てきたように、数理工学の主たる役割は、公共の利益のために、解決すべき課題に対する数理モデルを作り、その数理モデルから数学的に正しい結論を導くことです。良い数理モデルを作るには正しく精確な情報が必要です。また、数理モデルによる結論を現実の世界で実現するためにはさまざまな技術や、時には法律の整備も必要です。数理工学だけでは目指す目的を十分に達成することはできません。目的や目標を同じにする他の分野との連携が不可欠です。それは【ゴール17: パートナーシップで目標を達成しよう】に繋がります。

　2006年に文部科学省科学技術政策所から、報告書「忘れられた科学・数学 ～主要国の数学研究を取り巻く状況及び我が国の科学における数学の必要性～」が提出され大きな反響を呼びました（文部科学省，2006）。そこには、数学と他分野との融合研究から得られる社会的利益は巨大であり、数学と他分野との融合研究の推進拠点を作ること、数学研究者と産業界との相互理解を促進し共同研究を実施することなどが記されています。この目的のために、九州大学のマスフォアインダストリ研究所、東北大学の材料科学高等研究所などが設立されました。武蔵野大学の数理工学センターも同じ趣旨で設立されたものです。SDGsの目標達成のためには分野間の協力が重要であり、その仲立ちをすることも数理工学の重要な役割です。

5. 終わりに

　SDGsの理念、つまり行動計画の根本にある考え方は、すべての人類が誰一人取り残されることなく自由にそして平和に暮らし続けていくために、この地球を守り大胆な変革を進めていくこと、でしょう。そのためには、偏見にとらわれない分析、自由な発想、論理的な考察が必要です。それらは数理工学の得意とするところです。SDGsの達成に向けては、数理工学の役割を認識し、数理工学の素養を持つ人々の活躍が期待されます。

12 SDGsと建築デザイン

1. 建築の社会的責任とSDGs

　建築は、私たちの生活に欠かせない社会基盤の1つです。そのため、建築をデザインすることは、それを使う人だけでなく、地域や周辺環境にもさまざまなインパクトをもたらします。建築の役割は多岐にわたり、都市や地球環境への影響も大きいことから、SDGsとも深く関連しています。本章では、建築の社会的責任という観点から、SDGsに関わるいくつかの取り組みを紹介します。

2. SDGsに関連する建築分野の実践例

　以下では、地球環境、人間の多様性、世界平和という3つのテーマに沿って、SDGsと関連する建築デザインの実践例を見ていきましょう[1]。

地球環境と建築デザイン[2]

●木造・木質建築

　日本の建築は伝統的に、木や草などの植物性材料でつくられてきました。しかし明治期以降、西洋から煉瓦や鉄、コンクリートなどの近代的な建築材料がもたらされ、火に弱い木造建築は、急速に姿を消していきました。

　ところが最近になって、特に都市部を中心に、再び木造・木質建築が目立つようになってきています。この背景には、戦後に植林された人工林が成熟期を迎え[3]、国産木材の有効な活用が喫緊の課題となっていることがあります。木構造の耐火性能向上により法規制も段階的に緩和され[4]、現在では、中高層の木造建築も可能となりました。

　木材は製造や運搬にかかる二酸化炭素排出量が少なく、かつ炭素を固定するため、**カーボンニュートラル**への貢献が期待されます。のみならず、木の質感や風合いは私たちに馴染み深く、

安心感や快適性を与えてくれるものです。伝統技術の見直しだけでなく、木造の新技術開発も進められています[5]。

●パッシブデザインとZEH・ZEB

建築の使いやすさや快適な環境は、電気や冷暖房などの機械設備に大きく依存しています。しかし、地球環境のことを考えると、化石燃料の使用をなるべく控えることも重要です。建築のエネルギー消費量を抑える取り組みとして、1930年代にアメリカで始まった**パッシブデザイン**の手法があります。これは太陽の熱や光、風などの自然エネルギーを最大限に活用するもので、日本でも1990年代頃から、**パッシブハウス**[6]と呼ばれる省エネ住宅が普及しました。

さらに近年は環境意識の高まりから、**ZEH**（Net Zero Energy House）・**ZEB**（Net Zero Energy Building）と呼ばれる新技術も登場し、注目されています。エネルギー消費量を抑えるだけでなく、太陽光発電や高断熱利用などでエネルギーを創出して、建物全体の一次エネルギー[7]の収支を実質ゼロにするという技術で、新築だけでなく、既存建物の改修にも導入することができ、省エネ性能向上や低炭素化への寄与が期待されています。

●古材や廃棄物のリユース・リサイクル

建築はつくるときだけでなく、壊すときにも、環境に多大な影響を与えます。伝統的な木造建築の場合は、組まれた部材をなるべく丁寧に解体し、使える古材はそのまま、または繕って再利用（リユース）することが可能です。古材の中には、いまでは入手困難な貴重な材料が含まれることもあり、破棄してしまうのは大変に「もったいない」のです。

その他の再利用できない木材やコンクリート、アスファルト、プラスチック等の場合も、**建設リサイクル法**で分別解体や再資源化（リサイクル）が義務づけられています（環境省、法律第104号）[8]。粉砕し、別の材料として再生したり、埋め立てたり、燃料とするなどで、廃棄物の処分量を減らしています。建築には大量の材料が必要となるので、その調達から流通・消費、廃棄・リサイクルまでを一貫して、環境への影響を評価する**ライフサイクルアセスメント**という手法により、環境負荷を減らす取り組みが行われています。

人間の多様性と建築デザイン[9]

●バリアフリー

建築とは、人間が人間のためにつくるものなので、すべての人間のためのデザインが必要です。すでに私たちの生活に定着している**「バリアフリー」**という言葉は、1974年の国連障害者生活環境専門家会議で最初に使われた建築用語でした。日本では現在、**バリアフリー新法**[10]

によって「不特定かつ多数の者が利用し、又は主として高齢者、障害者等が利用する」建築物を対象とし、段差の解消や手すりの設置など、円滑な移動や利便性・安全性向上のための基準が設けられています。

このように、バリアフリーはもともと高齢者や障害者に配慮した建築設計から始まったものですが、近年では、物理的な障壁（バリア）だけでなく、社会生活を妨げる制度や心理的、文化的、情報面での障壁など、さまざまな角度から目が向けられるようになりました。設備の充実だけでは十分とはいえず、より当事者の目線に寄り添う**「心のバリアフリー」**など、さらなる取り組みも求められています。

●ユニバーサルデザイン

上述したバリアフリー新法には、**ユニバーサルデザイン**に基づく規定も盛り込まれています。これは、1985年にアメリカの建築家ロナルド・メイスが提唱したデザインの手法で（Mace, 1985：147-152）、「年齢や能力、状況などにかかわらず、できるだけ多くの人が使いやすいように、製品や建物・環境をデザインする」こと、と定義されています[11]。

日本でも1994年に**ハートビル法**[12]が施行されて以降、導入が進められ、バリアフリーと並び共生社会実現のために推進されています[xi]。自動ドアやスロープ（斜路）、ピクトグラム（絵文字）を用いた視覚的なサイン、音声や触覚による情報伝達など、私たちの身の周りにはさまざまなユニバーサルデザインが採用されています。特に公共施設など、不特定多数の利用者が想定される建築物では、さらなる多様性への視野が広がっています。

●インクルーシブデザイン

ユニバーサルデザインに続いて、近年では、発達障害などに配慮した**インクルーシブデザイン**も、次第に認知されるようになってきました。社会や環境にうまく適合できず、生きづらさを抱えるさまざまな人を「誰一人とり残さない」ために、建築デザインの分野でも常に新しい努力が続けられています。

最近の事例としては、東京オリンピック2020大会のために新設された新国立競技場（東京都新宿区）が挙げられます。ここには、発達障害の人を対象とした**カームダウン・クールダウン**[13]の部屋が設置され、話題を呼びました。

世界平和と建築デザイン [14]

●戦争の反省としての観光

建築は、場所の風景や景観をつくるものなので、観光の分野とも深く関わっています。建築

の体験そのものが旅行の目的となることも多く、修学旅行で奈良や京都を訪れるのも、そうした例の1つです。

　旅の起源は古代エジプトに遡るといわれますが、今につながるマスツーリズムとしての観光は、1960年代以降に世界に広がったものです。2度の世界大戦を経て、この反省を踏まえ、互いの歴史や文化的背景を知り、認め合うために、その土地に赴くのです。国連は「**観光は平和へのパスポート**」(15)をスローガンとして、1967年を**国際観光年**と定めています。

　場所の記憶としての建築や都市は、その土地で生きた人々の生活の証でもあります。多様な建築は、さまざまな環境の中で暮らすための人間のレジリエンスを物語っています。旅を通して、自分とは異なる歴史や文化を体験することが、ひいては世界平和への一歩になるのです。建築に、このような平和への役割があることは、忘れてはならないと思います。

●文化遺産としての建築

　上述のように、建築の価値には、利用価値や資産価値にとどまらない、場所の記憶としての歴史的・文化的価値があります。これは、ほかの何とも交換できない固有の価値であり、一度失われたならば、二度と取り戻すことができないものです。建築の文化遺産としての側面です。

　1972年に採択されたユネスコの**世界遺産条約**(16)は、文化遺産及び自然遺産に人類共通の価値を認め、これらを破壊などの脅威から守るために制定されました。世界がさまざまな垣根を越えて協力し、多様性を認め合うために、文化遺産としての建築も大いに関わっています。

　性急な開発は自然だけでなく、その土地の歴史や文化をも破壊するものです(17)。持続可能な開発のためには、目先の利益や便利さを優先するのではなく、長い時間軸の中で、守るべき価値は何かを考え、それを大切に守り伝えていくことも、未来に向けた私たちの役割です。

3.　これから建築デザインを学ぶ人に

　以上に紹介した事例のほかにも、建築は、さまざまなかたちでSDGsに貢献することができます。例えば、誰もが安心して使うことができる衛生的なトイレをデザインすることは、【ゴール5：ジェンダー平等を実現しよう】や【ゴール6：安全な水とトイレを世界中に】に直結するものです。

　人間の社会には常に建築があり、そのデザインによって、よりよい未来をつくることができるのです。これから建築デザインを学ぶ皆さんには、常に世界に向けてアンテナを高く張り、持続可能な社会の実現に向けて、新たな可能性を探究していってほしいと思います。

13 SDGsと教育学——幼児教育

1. SDGs の理念と幼児教育

　幼児教育学は子どものケアや教育に関わる総合的、学際的な学問領域です。教育分野では、「持続可能な開発のための教育（Education for Sustainable Development; ESD）」が注目されています。これは、私たちが直面する環境破壊、貧困、人権、平和、開発などの世界の問題を解決する価値観や行動を持つ学習者を育て、持続可能な社会を目指す教育活動です（文部科学省 , 2021）。幼児教育・保育における SDGs の指標としては、世界幼児教育・保育機構（Organisation Mondiale Pour l'Éducation Préscolairel; OMEP）が作成した「世界 OMEP の ESD Rating Scale（Ver.2）日本語訳」があります（OMEP 日本委員会 , 2022）。

　幼児教育は人間の生涯発達の重要な基盤となるものです。幼児教育は、遊びを中心とした学習が重視されています（厚生労働 , 2017; 文部科学省 , 2017）。子どもが遊びの中で体験しながら、SDGs のゴールへの理解を深めることが大切です。少子化・核家族化、児童虐待、子どもの貧困、いじめ・不登校など、子どもを取り巻く社会問題は深刻さを増しています。持続可能な社会を実現するために、未来の子どもたちとともに、幼児教育を考えていく必要があります。

2. SDGsと子どもの発達

　本節では、自然・環境、貧困、ジェンダー・人種のテーマを取り上げます。それぞれのテーマが、SDGs のゴールや子どもの発達とどのように関わるのかを見ていきましょう。

自然・環境と子どもの発達

　SDGsには、【ゴール13：気候変動に具体的な対策を】、【ゴール14：海の豊かさを守ろう】、【ゴール15：陸の豊かさを守ろう】をはじめ、自然・環境に関わるものが多くあります。ジャン＝ジャック・ルソー（1712-1778）は幼少期に五感を通じた自然体験をすることの重要性

を説いています（ルソー, 1962）。

　自然体験をふやすことは集中力の向上やストレスの低下につながり、学業成績や社会情動的スキルの向上に影響を及ぼします（Kuo et al.,

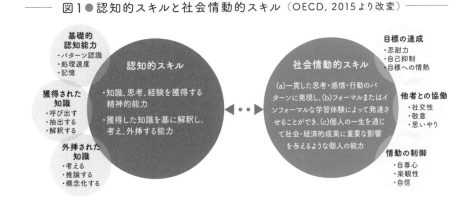

——— 図1●認知的スキルと社会情動的スキル（OECD, 2015より改変）———

2019）。社会情動的スキルは近年の幼児教育で世界的に注目され、学校の成績や仕事の業績、友人関係、将来の健康を規定するといわれる、目標の達成、他者との協働、情動の制御などのスキルです（図1）。

貧困と子どもの発達

　貧困は、【ゴール1：貧困をなくそう】、【ゴール2：飢餓をゼロに】、【ゴール3：すべての人に健康と福祉を】、【ゴール10：人や国の不平等をなくそう】などに関わります。絶対的貧困（世界基準で衣食住などの最低限必要なものを購入できない状態）と相対的貧困（日本において世帯所得が中央値の半分に満たない状態）という言葉があります。日本は「貧困」とは無縁と思うかもしれませんが、子どもの貧困は深刻な問題です。例えば、2018年度の日本の相対的貧困率を見ると、17歳以下の子どもは13.5％、約7人に1人が貧困です（厚生労働省, 2020）。保護者の社会経済状態（socioeconomic status; SES）は子どもの発達に関連します。SESとは、保護者の所得や教育歴などです。低いSESの家庭の子どもは、養育・教育環境が悪くなる傾向にあり、ストレスに弱く、精神的健康や発達に問題を抱えやすくなるという報告もあります（Yoshikawa et al., 2012）。貧困の解決には、経済的支援はもちろん、子どもと保護者や保育者・教育者との関係への支援も大切かもしれません。

ジェンダー・人種と子どもの発達

　ジェンダーや人種は、多様性のある社会で他者と協力して目標を達成することにつながる問題です。【ゴール5：ジェンダー平等を実現しよう】や【ゴール10：人や国の不平等をなくそう】、【ゴール17：パートナーシップで目標を達成しよう】などに関わります。2022年度の男

女の平等を示す「ジェンダー・ギャップ指数」において、日本は世界146カ国中116位と主要先進国でも最下位の現状です（World Economic Forum, 2022）。

　子どもは、ジェンダーの固定観念（ジェンダー・ステレオタイプ）をいつ頃から持つようになるのでしょうか。例えば、「男性はかしこい、女性はやさしい」というジェンダーの固定観念は6歳には存在します（Bian et al., 2017）。小学生では「算数は男の子が得意」という固定観念が既に芽生えているようです（Cvencek et al., 2011）。

　人種への偏見では、3〜5歳児の時点で、他人種に対する偏見が見られる可能性が示されています（Rutland et al., 2005）。外国籍の幼児が増加する中で、どのように子ども同士の交流を促すかが課題となります。

3. 幼児教育における実践的なSDGsの取り組み

　自然・環境、貧困、ジェンダー・人種などのSDGsに関わるテーマについて、武蔵野大学附属幼稚園（以下、附属園）での実践的な取り組みを紹介します。

自然・環境に触れる幼児教育

●米づくりで食事の大切さを知る

　私たちの主食である米はどのようにできるのでしょうか。附属園では子どもが、土づくり、田植え、稲刈り、脱穀を体験します。米づくりを体験することで、お米の一粒一粒の大切さを実感します（図2）。また、野菜も土づくりから収穫までを行っています。

―――――――― 図2●米づくりの様子（左から、土づくり、田植え、稲刈り、脱穀）――――――――

●梅干しづくりで自然の恵みを味わう

　附属園の付近には梅林があります。子どもは梅を収穫、塩漬けし、育てた赤しそを加え、天日干しをして梅干しをつくります（図3）。つくった梅干しをみんなで食べて味わい、自然の有

難みを実感します。梅干しづくりで使ったしそは、ゆかりにしてご飯にかけて食べます。

●自然を発見して利用する

　春夏は、お散歩中に竹やぶで子どもが見つけたたけのこの葉に、殺菌作用があることを学び、おにぎりに包んで使えることを知ったり、竹をアサガオの支柱に使ったりします。秋冬には、さつまいも掘りの時に、さつまいものつるをいただき、つるを乾燥させてリースを作ります。

●廃材を使ってものの大切さを知る

　ゴミの分別や、ペットボトル、紙の切れ端、飲み物のパックなどの廃材の利用について、保育者は子どもに伝えます。そうすると、子どもは積極的に廃材を遊びに使います。廃材は子どもたちの作品づくり、工作、お店屋さんごっこ、砂場の遊びなど、附属園での生活に欠かせません。卒園時には、園服のリユースを行っています。

多様性を認め合う幼児教育

　附属園では、男の子と女の子の区別をできる限りしないようにジェンダーに配慮しています。例えば、保育者は「男の子は青、女の子はピンク」のように男女を色で分けずに、1人ひとりの子どもが好きな色を選ぶことができるように、子どもと関わります。

　外国籍の子どもには、日本語に触れる機会を多くつくり、保護者にこまめに連絡をしています。誕生日会では外国籍の子どもの母語を使い、日本国籍の子どもが外国籍の子どもの国のことに触れる機会をつくります。

4. 幼児教育から持続可能な社会をつくる

　持続可能な社会とは、私たちが協力しながら限りある資源を利用して、「誰1人取り残さない」状態で生活を営める環境です。幼児教育は、未来の子どもたちに持続可能な社会について伝える役割を担っています。

　附属園の事例のように、周りにある自然と共存し、多様性の中で価値観を共有しながら学ぶ環境は、子どものSDGsの理解につながると考えられます。しかし、SDGsの取り組みの普及や、その教育効果の検証は不十分です。保育所、幼稚園、認定こども園などの幼児教育の各施設が実践するSDGsに関わる取り組みを、具体的に共有するとともに、科学的根拠（エビデンス）を構築し、持続可能な幼児教育の方法を併せて構築していくことが課題となっています。

14 SDGsと教育学──学校教育

1. 学校教育におけるSDGs学習

　学校教育における教育課程（カリキュラム）の基準である学習指導要領の前文は、次のような文言で「これからの教育の目的」を示しています。

　　　これからの学校には（中略）1人ひとりの児童が、自分のよさや可能性を認識するとともに、あらゆる他者を価値のある存在として尊重し、多様な人々と協働しながら様々な社会的変化を乗り越え、豊かな人生を切り拓き、持続可能な社会の創り手となることができるようにすることが求められる」（文部科学省、2018: 15、下線部筆者）。

　ここに述べられている「持続可能な社会の創り手」は、SDGsの目標・理念との照応関係が明確です。皆さんのなかには、これまでの学校教育においてSDGs学習に取り組んだ経験のある方もいることでしょう。

　本章では、SDGs学習の学校教育における現状の課題を列挙した上で、その望ましいあり方について、中学校でSDGs学習に積極的に取り組んでおられる教員へのインタビューを手がかりに、具体的な方略を考えていきます。

2. SDGs学習の抱える課題

カリキュラム・オーバーロードと教師の力量形成

　現在の学校教育では、前述の学習指導要領に基づく教育課程の全面実施に伴い、新たな内容の取り扱いが求められるようになりました。例えば、小学校高学年での外国語の教科化、プログラミング教育の実施、「特別の教科 道徳」の設置などが挙げられます。これらはカリキュラム・オーバーロード（過積載）や教師のワーク・オーバーロードの要因として指摘されること

もあります。そんな中で、カリキュラムにSDGs学習をさらに加えるという認識であるならば、過積載を加速させ、学校教育の健全な運営を妨げかねません。また、現職の先生方の多くは教育原理や教科教育の内容及び指導法について一定の学修や研修を経て教壇に立っていますが、SDGs学習については詳細な研修を受けたことがない方が多数派です。SDGs学習を担う教師の力量形成といった課題も挙げられます。

生徒エージェンシーとSDGs学習

　一方、児童や生徒といった学習者の目線ではどうでしょうか。現在、教育分野では生徒エージェンシー（student agency）概念が注目されています。OECDのコンセプト・ノートでは、生徒エージェンシーとは「変化を起こすために、自分で目標を設定し、振り返り、責任をもって行動する能力」と定義されています（白井、2020: 79）。生徒エージェンシー概念に即してSDGs学習を考えるならば、例えば「SDGsの17のゴールの文言を覚える」ような学習では、十分とはいえません。「持続可能な社会の創り手」としてSDGs学習を「自分事の問題」として捉え、現に社会を変化させるために行動する能力を育むことが求められているといえるでしょう。

　けれども、現在行われているSDGs学習においては、必ずしもそのような資質・能力の育成が目指されていないケースもあります。SDGsそのものの認知度は高まってきているという調査結果は散見するものの、この学びが「スローガン的にSDGsを用いた活動」や「他人事の知識としてSDGsに関連する内容を調べる／覚えるだけの学習」に終始しないためには、どのようなポイントに留意していくことが必要なのでしょうか。

3.　学校教育でのSDGs学習の実際

　ここからは、これまで長くSDGs学習の実践に携わってきた松倉紗野香先生[1]へのインタビューを紹介して、前述の課題やポイントについて考察してみましょう。

SDGs学習との出会い

——英語科の教員である松倉先生が、なぜSDGs学習に積極的に取り組むようになったのでしょうか。

　学生の頃、バックパッカーとして世界各国を旅する中で、貧困や紛争の跡を目の当たりにし

てきました。そういった地域の方々との関わりの中で、現地の学校や孤児院を訪れる機会を通して、教育が国や社会を形づくる根源なのではないかという直感を得ました。そのため、教職に就いてから、こういった私自身の経験をどうすれば英語科や国際理解教育といった授業に関連させられるのか、という問題意識を持っていました。

そんな時、開発教育のワークショップを紹介する書籍[2]に出合いました。これはまさに国際協力の根源を問うワークショップであり、とても印象的でした。「私のやりたいことはこれだ」と思い、その縁で開発教育やSDGs学習に関わることとなりました。

——多くの先生や教職を志望する学生は、教科教育の内容を専門的に学ぶ機会はありますが、SDGs学習について詳しく学ぶ機会はさほど多くありません。そんな方々にアドバイスをするなら、どんなことが大切でしょうか。

マイノリティになる体験が大切だと考えます。自分と違う意見を持つ他者に出会うこと。気の合う友達同士との交流だけでなく、自分と意見の異なる他者との交流が面白いと思える経験を大切にしてほしいです。

——途上国への旅や留学だけでなく、より身近に「マイノリティ体験」を得ることは可能でしょうか?

例えば、ボランティアでもアルバイトでも、自分の知らない団体にアクセスしてみるのはどうでしょう。マイノリティになった経験がないと、自分の中にあるマジョリティ性に気づくことが難しいと思います。勇気がいることですし苦労も伴いますが、大切なことです。それらの体験を通じて、例えば「宗教が異なるとは、どんなことだろう?」といった(自分事の)問いを、たくさん持ち帰ることができます。そのマイノリティ体験を通すことで、学びが「本物」になって返ってきますし、自分の中での納得も得られます。

SDGs学習の実践事例

——そのような経験を背景に、具体的にどのようなSDGs学習の実践を行ってきましたか。

私自身にも学びが多かったのは、「SDGsの17の目標に用いられている言葉は、つまりどういう意味なのだろうか?」を考えた実践です。例えば「包摂的」のような、いわんとすることはわかるけれど、自分で言い換えることが困難な言葉や、普段の会話には頻繁に使われない言葉がたくさんあることに中学生は気づきます。彼らがSDGsを学んでいく中で、それらの言葉

を「知ったかぶり」で学んでいくことは望ましくありません。また、【ゴール４：質の高い教育をみんなに】といった時の「『質の高い』とは、具体的にどのようなことか？」のように、考えてみたい「きかっけ」がたくさん見つかります。

　そこで、<u>外務省が作成した「SDGs17の目標」の日本語訳と、元々の国連文書で作成された英語を照らし合わせて「自分たちなりの日本語訳を作ってみよう／自分たちの言葉で言い換えてみよう」</u>という活動を行いました。対象は中学校１年生、時期は２学期[3]です。SDGsとは何かを教師が説明するのではなく、教師と生徒でともにSDGsとは何かを考えることが目的でした。

　「翌年入学する１年生にSDGsを説明するとしたら、どのように説明するか？」という課題にして、１から17までのゴールを言い換えていきます。単に言語的に説明するだけでなく、グラフや写真、エピソードを交えることを求めました。その成果をまとめて４人１グループでポスター発表を行いました。

――その実践の中で、印象的だった生徒の発表にはどのようなものがありましたか？

　そうですね、【ゴール８：働きがいも経済成長も】に関わる発表です。「働く」とは、そもそもどういう営みなのか、中学校１年生にはなかなか言語化ができません。そこで苦戦している生徒がいました。また、「技術革新」という言葉について、当初は「知っているつもり」になってしまう生徒もいました。まず、それを「何か新しいものをつくること」だと言い換えますが、それだけだと何かが足りません。そこで彼らは「よりよい暮らしを描くため」といった、何のための技術革新なのかという目的を明確にして発表しました。この発表は、「技術革新」を何となく当たり前のものとして捉えていた私たち大人にも、「なるほど」と思わせるものでした。

――なるほど。すると「借り物の言葉」から「自分事の言葉」にしていく感度を教師にも生徒にも育む必要があると思います。そのあたりはどのようにお考えですか？

　生徒がいまひとつわからない言葉の使い方をしているのを見つけたら、「つまり、これってどういうこと？」と生徒に問い返すようにしていました。生徒は一瞬、固まりますが、一所懸

命に説明してくれます。「例えば、貧しい国
では…」とか「（資料を提示して）こういう
子どもたちがいて…」とか。それを受けて、
「今、説明してくれたことをわかりやすく言
い換えたらどうなるの？」と返すようにして
います。そうすることで、生徒が「借りてき
た言葉」から「自分事の言葉」として納得の
いく様子に変わっていくようにしました。

これからの教師に求められる資質・能力と役割

**——SDGs学習を実践していくこれからの先生方に求められる役割とは、どのようなものに
なっていくのでしょうか？**

　まず、先生たちもまず「教師」である前に「市民」であることに自覚的になることが必要です。
普段、私は生徒に「みんなはどう思いますか？」と問うてきましたが、ある時、生徒から「（先
生はどう考えるのかをいわないと）それって、ずるくないですか？」といわれて、ハッとしま
した。環境の話題にせよ、食の話題にせよ、生徒が生まれる前から連綿と続く問題です。その
問題の背景をつくってきた先人たる私たちが、「君たち若者はがんばりなさい」という目線で
「みんなはどう思いますか？」とだけ問うのは、フェアではありません。「みんなはどう思いま
すか？」と問う前に、少なくとも「私自身はどう思うのか」を1人の市民として自問するよう
になりました。1人の市民として、私はどういう意識を持っているのか、どういう生き方をし
ているのかを、先生方自身も問うてみるのはいかがでしょうか。

　また、私たちは生徒を「なんでも知っている人」に育てたいわけではありません。以前、同
僚の先生が「難民については、テレビのニュースで目にしているから別に知らないわけではな
いけれど、学生の頃から今までを通じて詳しく勉強したことはない。難民の方にお会いしたこ
ともない。そういった方々が、どういう暮らしをしているのかを想像で語るのは失礼だと思う。
だから、しっかり準備をしてから授業をしたいけれど、どうしたらよいのかがわからない」と
おっしゃっていました。けれども、例えばこの「難民をめぐる問題」を私たちが十分に勉強し
て「解決」できるならば、ノーベル平和賞を受賞できるくらいの快挙だと思います。誰にも「解決」
できていないからこそ、今もなお難民の方々は増え続けているわけです。教師がそんな難問を
「解決できる」とか、「全部知っている」とかいうスタンスになるのではなく、同じ本を読むの

でもよいし、同じ映画を観るのでもよいので、<u>生徒と一緒に考えていくというスタンスになること</u>が大切でしょう。

―― 教師の役割としてご指摘いただいた2点に通じるのは、生徒だけでなく教師も SDGs の「当事者」だという在り方ですね。

　私たち教師も「社会を形づくる一員である＝市民」という意識が片隅にでもあれば、実践はおのずと変わってくるのではないでしょうか。選挙権の有無に関わらず、私たち自身が国や社会を構成する一員です。学校と社会は切り離して考えられがちですが、そうではありません。私たち教師は、働く場所がたまたま学校であるだけで、社会の中にいます。閉じているのは生徒ではなく、まず教師である私たち自身かもしれません。

4.　学校教育における SDGs 学習のこれから

　松倉紗野香先生へのインタビューから、2節に挙げた「SDGs学習の抱える課題」を乗り越え、SDGs学習を通じて生徒エージェンシーを育むことに寄与するポイントが見えてきました。

　第1に、SDGs学習についてのいわゆる<u>カリキュラム・マネジメント的な視点</u>の必要性です。松倉先生の実践では、総合的な学習／探究の時間や英語科などの教科と関連づけながら、SDGs学習を教育課程に位置づけている様子がうかがえました。

　第2に、<u>マイノリティとしての視点の獲得</u>の重要性です。「誰一人取り残さない」というSDGsの理念のもとで、「自分事の問題」として捉えるためには、豊かな想像力が必要であることは当然です。ただ、その想像力を支え、自分自身のマジョリティ性を客体化して捉え直すためにも、自身のマイノリティ性を自覚できる経験の重要性が示唆されました。

　第3に、<u>一般的定義と具体的事例の双方を理解する</u>ことの必要性です。SDGsのゴールやターゲットには、一般的かつ抽象的な定義での説明がなされています。それを「自分事の言葉」にかみくだいて理解するために、「つまりそれはどういう意味なのか、例えばどのようなことを指すのか」といった具体的事例とセットで理解することが求められています。

　第4に、<u>教師の役割と教育観の変容</u>です。真に確かなSDGs学習を成立させるためには、教師が知識を占有し「教える者」であるという役割から、児童・生徒と問いを共有し、学び方をガイドする「共に学ぶ者」であるという役割への変容が期待されています。同時に、教師自身も生徒同様に市民としての生徒エージェンシーを育むことが必須であるといえるでしょう。

15 SDGsと薬学

1. SDGsの理念と薬学 —— 薬学が目指すもの

　日本の薬学教育課程には6年制と4年制があり、前者が医療の世界で主体的に活躍する薬剤師の養成を主たる目標にするのに対して、後者は薬学の基礎知識を持って製薬企業などさまざまな分野で活躍する研究者の養成を主たる目的とします。6年制の薬学教育では、医療の担い手としての10の資質・能力、すなわち①人の命と健康生活を守る使命感・倫理観と人間性、②患者・生活者本位に立つ姿勢、③高いコミュニケーション能力、④医療機関や医療チームへ

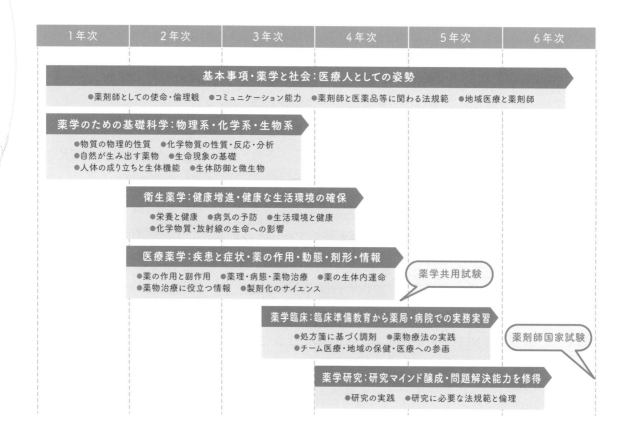

の参画力、⑤医薬品・化学物質等の影響を理解するための基本的な科学力、⑥薬物療法と医薬品の使用・服薬指導・処方設計（薬学的管理）に関する実践的能力、⑦地域の保健・医療における実践的能力、⑧問題解決能力を高めるための研究マインド、⑨生涯にわたる自己研鑽力、⑩次世代を担う人材の育成能力、を体系的に身につけさせるために薬学教育モデル・コアカリキュラム（図）が提示されています[1]。武蔵野大学薬学部では6年制（薬学科）が設置され、コアカリキュラムに加えて、建学科目で学ぶ慈悲の心や薬学研究所併任の薬学教員からの指導で身につける科学的な思考力を通じて、高い倫理観と豊富な専門知識に深い科学力を兼ね備えた人材の育成を目指しています。薬学は、医療人を育成する立場からゴール3に直接関わっているほか、医薬品をはじめとする化学物質の開発・供給・品質保証など、人の健康環境の確保に役立つことを担う領域で、複数のSDGsの理念に沿った内容をまなぶことができます。

2. SDGsのゴールと薬学

【ゴール3：すべての人に健康と福祉を】と薬学〔ターゲット3-3, 5〕

医薬品の開発を通じて、エイズ、結核、マラリアやその他の伝染病の根絶を目指すなど、感染症対策に貢献しています。麻薬を含む薬物乱用防止に関しては、関係法令の整備や薬剤師資格を持つ麻薬取締官（員）による取り締まりや啓発活動を進めています。

【ゴール9：産業と技術革新の基盤をつくろう】と薬学〔ターゲット9-5〕

日本は、アメリカ、スイスに次ぐ世界第3位の新薬創出国で、日本発の新薬は、世界中の人の健康・医療に貢献しています。新薬開発はグローバルな開発拠点で連携して進めるため、創薬の研究者や開発者を増やすことで、各国の科学研究や技術力の進展に寄与します。

【ゴール12：つくる責任つかう責任】と薬学〔ターゲット12-2, 4〕

医薬品の生産工程や品質管理（分析等）において、原料植物の栽培化や有害物質を使用しない代替方法の開発が行われており、天然資源の持続的な管理と効率的な利用、有害物質の適切な管理、有害廃棄物の減少に貢献しています。

【ゴール14・15：海と陸の豊かさを守ろう】と薬学〔ターゲット14-7, 15-1, 5, 6〕

自然の薬を利用してきた人類にとって、薬学の観点から重要な視点である、海洋資源の持続

的利用と経済的利益の確保、陸上や内陸淡水の生態系やその恵みの保全・回復、それらの持続可能な利用、生物多様性の損失阻止、絶滅危惧種保護の緊急対策、国際合意に基づく遺伝資源を使って得る利益の公正（公平）な配分、については次節で触れます。

3. SDGsと薬学のアプローチ

SDGsに関連する先行事例として、生物多様性条約に関するアプローチを紹介します。本条約は、1992年リオデジャネイロ開催の国連環境開発会議（地球サミット）で調印され、①生物の多様性の保全、②その構成要素の持続可能な利用、③遺伝資源の利用から生ずる利益の公正かつ衡平な配分（Access and Benefit-Sharing: ABS）、の3つの目的を柱とし、定期的な条約締結国会議（Conference of Parties: COP）において具体的な目標を設定してきました。2010年名古屋開催のCOP10においては、「遺伝子資源の取得の機会及びその利用から生ずるABS」に関する名古屋議定書が採択されました。この中で、ABSを適用する対象は「生物資源又は遺伝子資源の遺伝的な発現又は代謝の結果として生じる生化学的化合物であって、天然に存在するものをいう」であると明記されており、例えば、ハーブに含まれる精油もこれにあたります。SDSsゴール12,14,15に通じる本議定書は、2014年に国際的に発効しましたが、日本では、産業界や学術研究の分野にも影響が大きいため、慎重に議論が進められ2017年に発効しました。世界各地の薬用植物、海洋生物、土壌微生物から医薬品開発を目的とした有用物質の探索が行われていますが、海外の遺伝資源を利用する場合には、これらのABSに関する国際ルールや遺伝資源提供国の法令を遵守することが必要です[2]。

4. 薬学が取り組むさまざまな問題

超高齢化社会に向けた薬剤師の役割の変化

日本は急速な少子高齢化が進む中、医療機関のみに頼らない健康の自己管理（セルフメディケーション）が求められています。2015年に厚労省から「患者のための薬局ビジョン」が公表され、健康サポート薬局やかかりつけ薬剤師・薬局として、地域に根差した薬剤師・薬局の役割が提示されました。さらに2019年の医薬品医療機器等法改正により、薬剤師の仕事は、対物から対人への業務シフトが鮮明になりました。調剤業務の一部をロボットが担うシステムの導入も始まっています。これまでは、患者からの聞き取り等の断片的な情報に基づく対人業

務が中心でしたが、情報通信技術とデジタルトランスフォーメーション（DX）が発展し、オンラインでの診療や服薬指導など、医療分野のDXへの関心が世界的に高まっています。医療に関わるビッグデータのことをリアルワールドデータ（RWD）と呼び、電子カルテや調剤レセプト（診療報酬明細）などのデータが含まれます。日本でもRWD基盤が整いつつあり、レセプト薬剤情報や特定健診情報等の閲覧、電子処方箋システムによるリアルタイムでの処方・調剤情報の閲覧、電子版お薬手帳アプリの利活用などが推進されることになります。今後の患者中心の業務として、重複投薬のチェック自動化、リアルタイムの処方情報に基づく丁寧な服薬指導、オンライン服薬指導による効率的フォローアップ、電子処方箋ネットワークを活用した医療機関へのフィードバックなどが期待されています。高齢化は世界的な問題でSDGsのすべてに関係します。日本の薬剤師がこの問題に主体的に取り組むことには大きな意義があります。

武蔵野大学薬学部における取り組み

　ゴール4「質の高い教育をみんなに」の理念に沿うためには、国際的視野を持つ薬剤師の養成が必要です。薬学部には国際交流委員会を設置し、米国薬学部教員の臨床薬学講義やグループワークから構成される、選択科目International Lecturesを委員会担当教員が開講しています。さらに短期海外研修を通じて、海外における薬や医療環境を直接学ぶ機会も設けています。

　また、薬学部は、薬学研究所・臨床薬学センター・薬学キャリア教育研究センターと連携してSDGs3, 4に関連する「薬学系統合企画」に取り組んでいます。

5.　薬学を学ぶ人々のために ── 薬学がひらく未来とSDGs

　薬学が関係するさまざまな仕事の基盤とは、医薬品、化粧品、食品、家庭用品など化学物質の品質に関する基礎科学と、生命現象の理解（生命科学）が融合した複合的なサイエンスです。薬剤師に求められるのはサイエンスに基づく薬学的ケアの患者への提供であり、セルフメディケーションにあっては、食事や運動療法の科学的知見（エビデンス）等の提供を通じた健康管理の支援です。薬学全体の観点から見るなら、日本の創薬力を活かして世界最先端の医療等に貢献すること、創薬に関わる基礎（開発）研究、医薬品等の承認審査や生産品質管理、レギュラトリーサイエンス（科学技術によって生み出されたものを真に人間の利益にかなうよう調整するためのサイエンス）の推進が可能です。本章で触れたさまざまなSDGsへの関連性を考えると薬学関係者のSDGs達成に向けた責務は大きいといえます。

16 SDGsと看護学

1. SDGsの理念と看護学

健康と生活

　SDGsの理念は、「誰1人取り残さない」であり、世界のすべての人々に共通する課題であり目標といえます。人々がその人らしく生きて、生活を維持していくためには、「健康」はとても大切な資源です。「健康」の定義は大変難しいのですが、世界保健機構（以下WHOと略す）は、1948年WHO憲章前文で、「Health is a state of complete physical, mental and social well-being and not merely the absence of disease or infirmity.健康とは、病気でないとか、弱っていないということではなく、肉体的にも、精神的にも、そして社会的にも、すべてが満たされた状態にあること」（日本WHO協会訳）、と定義しています。2019年から続く新型コロナウィルス感染症拡大の状況を振り返ってみてください。COVID-19 に感染した人々は自身の身体やこころ、社会生活（仕事や人間関係、余暇の過ごしかたなど）に大きな影響を受け、場合によっては命の危機ともいえる状況に陥ります。

　さらに、感染拡大による感染者の増加、感染防止対策であるマスクの着用や人と人との距離の確保、社会活動の自粛は、人々の社会活動で維持されていた社会機能にも影響を及ぼし、感染していない人々の生活にも制約が生じて、それまでと同じ生活を維持していくことが困難となりました。このように個々人が健康な状態でいることは、社会を維持し、その人が社会の中でその人らしく生活していくために不可欠なものといえるでしょう。

　このような健康と生活との関係について、WHOオタワ憲章（1986年）では「健康は生きる目的ではなく、日々の生活の資源であり、健康は、社会、経済、そして個人の発展のための重要な資源であり、生活の質（Quality of Life）の重要な要素である」と説明されています。つまり、人々が満足する生活を維持していくためには、健康が重要な鍵となります。

看護職（日本では、保健師、助産師、看護師という3つの国家試験による資格の免許、ならびに職業准看護師という知事試験による資格の免許を有する職業に分かれています）の看護実践の基盤となる学問が看護学です。看護については「人々は、健康で幸福な生活を願っており、看護は、あらゆる年代の個人、家族、集団、地域社会を対象に、健康の保持増進、疾病の予防、健康の回復、苦痛の緩和を行い、生涯を通して最期まで、その人らしく人生を全うできるようその人の持つ力に働きかけながら支援することを目的としています」（日本看護協会、看護職の倫理綱領、2021: 1）と説明されており、人々がその人らしく、よりよい健康状態で人生を過ごせる（生活できる）ことが看護の目的といえます。

この看護の目的からわかるように、SDGsの達成において、【ゴール3：すべての人に健康と福祉を（Good Health and Well-Being）】において果たす、看護の役割は非常に大きいといえます。

2. 看護学が取り組むさまざまな課題

近年、医療の高度化とともに日本は高齢化が進んだことにより疾病構造が変化し、悪性新生物（がん）、高血圧症、脳血管疾患、糖尿病などの疾患が増加しています。これらの疾患では、食事、運動、休養、喫煙や飲酒などの生活習慣が、発症に関与します。

このような疾患は、発症すると命に関わる状態をもたらしますし、完全に治癒することが難しく、病気とともに病状をコントロールしながら生活していくことが必要となります。また、妊娠、出産、子育てにおける、性教育、妊産婦の心身の健康、子どもの健康支援、家族への支援は、少子化の進む日本だけでなく、新生児（5歳以下）死亡率の高い発展途上国においては重要な課題です。

さらに人々の健康に関わる課題として災害があります。日本では阪神・淡路大震災（1995年）、東日本大震災（2011年）などの地震、台風や集中豪雨などの自然災害や大事故などが、多くの死傷者を発生させ、社会生活そのものに直接的な大きな被害をもたらします。

さらに、災害に伴い避難所生活を余儀なくされることもあり、衛生面での問題、基礎疾患の悪化、ストレスによる心身への影響など、多くの健康問題やリスクを人々は抱えることとなります。

　また、保健医療サービスへのアクセスや提供されるサービスの公平性も課題です。医療費や介護料の負担は、高度医療や高齢化に伴い大きな問題となっています。また、医療の偏在（病院、医療従事者などの地域による差）は、住民にとって受けるサービスの違いをもたらします。このように健康に関わる社会経済的な不平等は、人々の健康状況や生活状況に影響を及ぼすことになります。

　この社会経済的な不平等は、日本国内だけでなく国際的にも大きな課題です。発展途上国と先進国とで医療サービスは同じでしょうか。ワクチン接種していれば罹らないかもしれない、あるいは適切な医療を受ければ助かるような感染症や疾患（例えば、エイズ、肺炎、結核、マラリア、下痢など）による死亡率は、先進国に比べ発展途上国では非常に高くなっています。医療者や医療機材や施設の不足、治療薬の不足、医療費への負担が大きいなど医療サービスへのアクセスやサービスの享受が大きな課題となっています。

　このような課題に対し、WHOは「ユニバーサル・ヘルス・カバレッジ(Universal Health Coverage:UHC)：すべての人が適切な予防、治療、リハビリ等の保健医療サービスを、支払い可能な費用で受けられる状態」(厚生労働省,2018)を提唱して医療サービスへのアクセスへの改善に取り組んでいます。

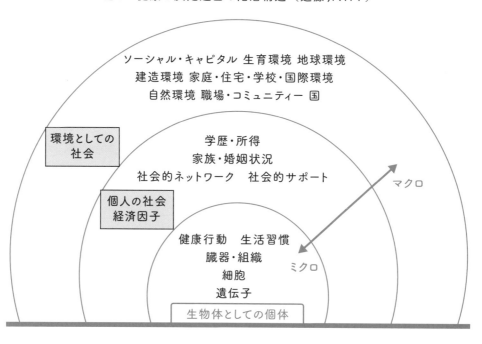

図1●健康の決定起因の階層構造（近藤,P.177）

これらのさまざまな課題に対し、看護職は、人々の健康問題やそれに伴う生活状況改善に向けて、苦痛の緩和、日常生活が困難であればその支援、治療の補助を行います。さらに、人々が生活習慣を自ら改善し、さまざまな病気を予防しながら、より良い健康状態に向けて健康をコントロールできるよう情報提供や相談を行い、他職種とも連携しながら、人々が健康的な生活を実現・維持できるように支援しています。そして、保健医療に関する社会システムのあり方に関する政策的な取り組みにも看護職は関与します。また、国内においては在留・訪日外国人を対象とした看護活動、そして看護職という技術協力専門家として当該国への支援や日本での研修協力など、国際保健協力活動にも取り組みグローバルヘルスに貢献しています。このような看護職の看護活動の質を高めるため、エビデンスのある看護実践方法の開発、能力の高い看護職の育成、より効率的で効果的な看護を提供するための体制の構築など、看護学は多様な視点から課題を探求し、社会における質の高い看護職の実践を通してSDGsの目標達成に寄与します。

3. SDGsと看護学のアプローチ

健康や日常生活状況は、個々人の生物学的な要因、健康に関する行動や生活習慣だけで成立するのではありません。個人を直接取り巻く社会経済的な要因(家族や所得、社会的ネットワークなど)、さらにそれらを取り巻く環境としての社会(ソーシャル・キャピタル、生育環境、職場、コミュニティー、国、国際環境、地球環境)によって影響を受けます。これらは健康の社会的決定要因（Social Determinants of Health：SDH）といわれます（図1）。

個人の健康や生活をよりよくしていくためには、個人の健康的な行動や生活習慣などに着目する必要がある一方、個人を取り巻く健康に影響を及ぼすこれらの要因に目を向ける必要もあります。図1にあるような要因は、SDGsの17の目標と重なる内容といえるでしょう。

看護学は、【ゴール3：すべての人に健康と福祉を】の達成と密接に関わりながらも、その達成のためには健康に関わる要因として他のSDGsの目標達成にも積極的に注意を払い関与しながら、すべての人が自分らしく満足して生活できる持続可能な社会の実現に向けて取り組んでいます。

SDGsと仏教
17 ―古代インド思想と仏教からSDGsを考える

1. 「持続可能な開発」と「ダルマ」

　この章では、SDGsないしSD、つまりsustainable development（持続可能な開発）という考え方を、仏教思想と、仏教以前から成立している古代インドのバラモン教思想に照らしながら、考えてみましょう。その際、キーワードとなるのが「ダルマ」です。

　ダルマは、仏教を含めてインドの多様な宗教思想・哲学を特徴づける非常に重要な言葉であり、またそうした宗教思想・哲学に裏付けられた生活様式、規範や慣習、伝統、制度などまでをも意味します。したがってダルマという語が意味し得る範囲は実に広く多様で、代表的なものを列挙するだけでも、「法、法則、理法、真理、存在の基盤、正義、善、務め、慣習、功徳、性質、教え、宗教」などという具合です。しかし概していえば、そうした多様な意味の根底には「支える」「維持する」という動詞「ドゥリ」の意味が活きています。ダルマは、その動詞から派生した名詞だからです。ちなみに、「持続可能な」の原語sustainableも、「支える」「維持する、持続する」という意味の動詞sustainから派生した形容詞です。

　ではこうしたダルマが、SDの問題とどのようにリンクしているのでしょうか？

　それを説明するために、ここではダルマの多様な意味群を、①「秩序」「理法」「真理」（「法則」「存在の基盤」なども）と、②「なすべきこと」「規範」「務め」（「正義」「善」なども）という二系列にわけてみます。その上で、古代インドの宗教であるバラモン教と仏教において、①の「秩序・理法」系列と、②の「規範・務め」系列とが相互連関的な関係に捉えられ、秩序と規範とが一体をなすものがダルマと呼ばれていることを、以下で確認します。最初にバラモン教のダルマ観を見ます。

2. バラモン教のダルマ思想と環境問題

　バラモン教の聖典はヴェーダです。ヴェーダ聖典（前1200年〜前600年頃）が人々に「な

すべし」と説く「務め」がダルマであり、その務めの中核は神々に供物を捧げる祭祀行為です。なお最初期のバラモン教は、自然崇拝を基調とする多神教であり、太陽神、風神、雨神、地神、火神など、数多くの自然神を崇めていました。では人間がそのように供物を神々に捧げる祭祀行為（ダルマ）をする意味は何かといえば、2つあるとバラモン教では説明します。

　1つは、その務めを果たすことによって、人間は願い事を叶えることができるという意味です。そしてもう1つは、神々の方も人間から供物を受けることによって自らの力を維持し、増大することができるという意味です。祭祀行為を通じて人々と神々の双方に恩恵がもたらされるので、これを神人互恵関係といいます。

　では維持、増大されるべき神々の力とは、どんな力でしょうか？

　力の中身は神々の性格によっても異なるでしょうが、自然神であれば、何らかの形で自然界の秩序を維持する力や、自然の恵みを与える力に関与していると考えられていました。そして神々が守り維持するところの、そのような宇宙・自然界の秩序・理法もまたダルマと呼ばれました。例えば太陽の規則的な運行は、太陽神の力によって維持されていると考えられていました。また降雨現象は雨神が司るものと考えられていたので、人は雨神に供物を捧げ、雨乞い祈願を成就しようとしました。

　しかし、こうした自然界の秩序・理法（ダルマ）を守る神々の力は決して無尽蔵ではなく、人間が捧げる供物がなければ減退してしまい、結果的には自然界の秩序も恵みも失われてしまいます。そこで神々に供物を捧げる祭祀行為が、人としての務め（ダルマ）となるという理屈になるのです。つまり人が宇宙の秩序・理法に守られ、自然界からの恵みに与るためには、その〈秩序・理法（ダルマ）に適った務め・規範（ダルマ）〉である神々への献供を果たさなければならないわけです。まさにここに、秩序・理法と規範を相互連関的な融合体として捉えるダルマの思想が読み取れます。

「ダルマは（人によって）守られる時に、（その人を）守る。」（『マヌ法典』8.15）

　これはバラモン教が後代、民衆社会に浸透する土着のヒンドゥー教へと展開した時代の有名な法典の言葉ですが、世界の秩序（ダルマ）は、それに適った務め（ダルマ）を人間が果たす限りにおいて人間を守るという、秩序と規範が一体をなすダルマ観はここにも窺われます。

　SDとは、「将来の世代の欲求を満たしつつ、現在の世代の欲求も満足させるような開発」のことです。SDを実現するためには、地球資源及び環境の保全と両立するような開発が、絶対

条件として求められます。地球環境は、私たち人類の成長の基盤そのものです。どれほど科学技術が発達したとしても、その点は変わらないことでしょう。地球環境を守り、自然界からの恵みを受け続けるために、私たち人類の側がなさなければならない行動規範があるという事実は変わらないでしょう。環境倫理とか地球倫理と呼ばれているものがそれです。

　高度な技術が発達していなかった古代の人々は、自然環境の変化に左右される度合いが、今よりも遥かに大きかったはずです。しかしその分、自然環境を守ることの大切さを、より肌感覚で自覚していて、何らかの意味で持続可能な環境保全につながる思想・文化・生活様式を保持していたのではないでしょうか。バラモン教のダルマの思想もまた、そうした事例の1つといえるでしょう。

3. 仏教とダルマ

　仏教においても、ダルマは非常に重要な言葉です。そもそも「ブッダ（仏陀）」とは「目覚めた方」のことで、何に目覚めたかといえば、ダルマに目覚めたのです。ブッダが目覚めたダルマは一般に「真理」ないし「理法」と訳します。南方仏教諸国の仏典の言語であるパーリ語では「ダンマ」、漢語では「法」と訳されます。ブッダは目覚めた理法を教えとして示されました。ですから、ブッダの教えもまたダルマ（教法）と呼ばれます。なお、漢字文化圏で「仏教」という呼称が一般化したのは、宗教学が成立した19世紀後半以降のことで、それ以前は「仏法」ないし「仏道」といわれていました。またインドの言葉では、仏教のことを「仏教徒たちのダルマ」といいます。

　ではブッダが目覚め、教え示したダルマとはいかなるものでしょうか？

　初期経典の『ダンマパダ（真理の言葉）』から有名な言葉を引きます。

　　「実にこの世においては、怨みに報いるに怨みを以てしたならば、ついに怨みの息むことがない。怨みを捨ててこそ息む。これは永遠の真理（ダンマ）である。」（第5句）

　1951年のサンフランシスコ講和会議において、セイロン（現在はスリランカ）の代表ジャヤワルダナ蔵相（後に大統領）が、この言葉を引用して日本に対する賠償請求を放棄する演説を行ったことで、この「永遠の真理」の言葉は世界的に注目されるところとなりました。

　「ダンマ（＝ダルマ）」はここで「真理」と訳されていますが、この真理は、私たちの行動が

どうであれ、「それでも地球は回っている」といった真理とは大きく異なる面があります。自分の側の怨みの感情を鎮めることで、相手側の怨みの感情も鎮まるものだという真理を、単に理屈の上で理解するばかりではなく、実際に自ら実践することで、その真理が現実に活かされるべき性格のものです。

　あるいは、その真理の意味をしっかりと認識すれば、自ずとその真理に適った行動へと人を向かわせる働きのある真理が、ダルマであるといえるかもしれません。このように仏教においても、いつ、どこでも当てはまる「そういうものだ」という「永遠不変の真理」と、「だからこうすべきだ」というように、現実の場面において個々人にその真理に適った行動が求められる「実現すべき真理」という両側面が、表裏一体をなしているものがダルマと呼ばれています。

4.　仏法とSDGs

　それでは仏教のダルマとSDGsとはどのようにリンクするのでしょうか。ただし、仏教のダルマ、すなわち仏法は、仏教全体を指す言葉でもあり、また仏法とは何かについては、いろいろな見解が成り立ちます。仏法とSDGsとの関係は今後、諸方面で盛んに議論されるべき重要課題ですが、今はさしあたり仏法の核心的な位置を占める「縁起」という理法と、自己中心的な欲望からの解放を目指す「心の制御」という仏道の2つを起点として、ごく基本的な考察をスケッチするにとどめます。

　縁起とは、すべての「もの・こと」は、必ず相応の原因（因縁）があって起こるのであり、またすべての存在は、他の「もの・こと」に依存してあるという考え方です。裏を返せば、原因もなく、他の何かに依存することなく、独立自存のものはこの世にはないということにもなります。このことから、仏教では万物を創造した全知全能の神は認めません。

　しかしこの世界、この世界で起こる出来事（仏教の「器世間」に相当する）、そして人間を含むすべての生類のありよう（仏教の「有情世間」）は、決して偶然の所産ではなく、いずれも相応の原因があり、他の「もの・こと」に依存してあると考えます。

　ですからSDGsにおいて重大な関心事となっている地球資源や自然環境は、仏教の縁起の考え方からすれば、私たち人間の行動の集積によって、それらは変わりゆくものと捉えることになります。そして環境が変われば私たちにそれなりの影響を及ぼすということも縁起の理法から出てくる結論です。

　地球環境との共生のほか、グローバル・パートナーシップや、男女間の平等など、SDGsの

実現に向けて、さまざまな意味での共生が求められています。縁起の思想は、こうした共生思想の構築、促進に貢献し得る大きな可能性があると思われます。

ちなみに、「共生」という日本語のルーツは2つあります。1つは、生物学において複数の生物が同所的に共存するあり方を意味する用語symbiosisの訳語として「共生」ないし「共棲」という漢字が当てられました。明治時代のことです。もう1つは、大正時代に椎尾弁匡（1876–1971）という仏教学者が、仏教の縁起思想を基礎として、人々が各自の能力、性別、環境などの違いに即しつつ、本分を尽くして分担協調する生き方を、「共生仏教」と呼びました。椎尾は「共生」を「ともいき」とも読みました。

縁起の教説は、さまざまな形で、仏教の実践道や、その背景となるものの見方、考え方の思想的基盤ともなっています。仏教の実践道の大きな特徴の1つは、自己中心的な欲望（貪りや怒りなどの煩悩、執着）からの解放をはかる「心の制御」（「心の統一」「心の浄化」などとも言われる）を強調する点です。「心」を整えよ、「自己」を整えよ、などともいわれます。先ほど引用した『ダンマパダ』にも次のような言葉があります。

「心はとらえがたく、軽々しく、欲するがままに進んでゆく。心をよく制御せよ、制御された心は幸せをもたらす。」（第35句）

「実に心が統一されたならば、豊かな智慧が生ずる。心が統一されないならば、豊かな智慧が滅びる。生ずることと、滅びることとの、この二種の道を知って、豊かな智慧が生ずるように、心を整えよ。」（第282句）

SDGsに掲げられた17の目標を実現するためには、何らかの意味で個々人のライフスタイルを転換することが求められています。自己中心の欲望を満たすために、ひたすら物的な繁栄を求めることを良しとする価値観は、曲がり角に来ているのかもしれません。

ライフスタイルを転換するためには、意識の転換が求められます。この意識の転換へと導く実践道が、仏教では「心の制御」などと呼ばれています。

5. 結びにかえて

「持続可能な開発」という概念には「開発」という語も含まれています。原語は

developmentですから「発展」「成長」などと訳すことも可能です。

　ところで、そもそも開発とは何であり、成長とは何でしょうか？

　この議論はSDという概念の成立当初には、ある程度なされていたようですが、文化、思想、価値観の違いによって、さまざまな答えが予想され、国際的な合意に達することが困難な問題であることが災いしたのかもしれません。その後はあまり議論されなくなったと思われます。

　しかし、もしも何らかの意味で全地球規模での大きな転換が不可欠であるとするならば、何をもって「開発」「成長」と考えるべきかについて、もっと議論を行い、意識を高めていく必要があるのではないでしょうか。

　漢字の「開発」は現在では、「自然や知識を利用して、より人間に有用なものを生み出す行為」のことを指します。しかし、もとは仏教用語であり、読みも「かいほつ」で、私たち人間に本来、備わっているはずの尊い性質（仏教では仏性と呼ぶ）を「開き、発せしめること」などという意味でした。

　仏教の開祖であるゴータマ・ブッダが、覚った場所は菩提樹下ですが、その後、バンヤン樹に移ります。バンヤン樹は、広がった枝々から多数の気根が下に伸びて、やがて大地に根付くと、大地からさらに養分を吸収して成長をとげてゆく熱帯樹です。

　このバンヤン樹は、サンスクリット語でニャグローダ（パーリ語はニグローダ）といいますが、「下に成長するもの」という意味です。成長といえば、上へ上へという方向をイメージするのが一般的かもしれません。

　しかしバンヤン樹は、下に成長することで、自らを支える基盤へと還り、さらなる成長をとげるのです。これを現代の環境問題などに当てはめて考えるならば、人類の繁栄をささえてくれてきた地球環境に、私たちなりの「気根を下ろす」ことが求められているのかもしれません。

　そしてその「気根を下ろす」とは、基盤をなす地球環境の尊さをあらためて認識し、その認識を全地球的に深め合うことといえるかもしれません。

ターミナルケアの視点から見たSDGsの今後

　ターミナルケア（終末期医療）において、終末期の人などに提供される心のケアをスピリチュアルケアといいます。本コラムではその視点からSDGsについて考えてみましょう。

　SDGsでは、基本的に地球上のすべての人がサステイナブルに一定の生活レベルを実現すること、特に発展途上国の生活レベルを向上させることが目指されています。２０３０年までにこれを実現することは困難かもしれませんし、資本主義システムに起因する貧富の差の拡大がその妨げとなるかもしれませんが、近い将来、多くの国で現在の先進国の生活レベルが実現する可能性は十分に考えられるでしょう。

● その先の問題

　では、すべての人に一定の生活レベルが実現した時、今度は人類に一体何が求められるのでしょうか。そこで直面する問題とは一体何でしょうか。私たちはそうしたことについても考えておく必要があります。

　ターミナルケアの視点から考えた場合に予想されること、それは人類がその後も依然として「生死の問題」と向き合っていくことになることです。そのうち「生」の問題とは、人が自らの人生をいかに生きるかということです。人生のさまざまな困難や危機と直面した場合の生き方発見の問題ということもできます。死といかに向き合うのかという「死」の問題も、実は生の問題の一部といえます。というのは、スピリチュアルケア専門職が多くの終末期患者に寄り添うなかで実感するように、死の問題の本質は「いかに死ぬか」ではなく、「限られた時間をいかに生きるか」にあるからです。したがってスピリチュアルケアは、終末期を含め、人生の困難や危機において生き方を見失った人に対して提供される、生き方発見のサポート、ということができます。

● 手段価値と目的価値

　スピリチュアルケアのキーワードの１つは「目的価値」です。それは生きる意味や目的に関する価値、すなわち「何のために生きるか」です。目的価値の例としては、社会のため、

家族のため、というのもあるでしょうし、宗教的信仰を持っている人にとってはその宗教が示す真理の実現ということになるでしょう。人間の生とは、各々が自ら納得できる目的価値を発見し、その実現を試みていくプロセスです。そのサポートがスピリチュアルケア、ということになります。

　ちなみに目的価値の対概念に「手段価値」というものがあります。それは健康、安全、安心、便利さ、といったいわば基本的生活実現に必要な価値のことです。

●手段価値から目的価値へ

　この目的価値と手段価値の視点から、SDGsの達成等によってすべての人が一定の生活レベルを実現できた後のことを考えてみますと、そこでは目的価値の重要性が高まっていく可能性が考えられます。

　基本的にSDGsは、手段価値の事柄といえるでしょう。しかし健康、安全、安心、便利さは、あくまでも「生きること」の必要条件に過ぎません。人間はそれらの実現だけでは人生に深い満足を得ることができません。自ら納得のいく目的価値を追求・発見し、それらを可能な限り実現することを通じて、初めて充実できるような存在であるといえます。

　また手段価値の実現は科学技術の発展と一体ですが、その高度化に伴い、目的価値のさらなる明確化が求められるようになります。例えば人類は既に人と動物のキメラ（ギリシャ神話に出てくる半人半獣のような存在）を造るような技術さえ手にしています。しかし私たちはそのようなことをしても良いのか。本当にそのようなことを望んでいるのか。技術の使い方の問題を突き詰めていくと「私たちは生に何を求めているのか」について深く考えることを求められるようになります。すなわち目的価値の問題になってきます。

　それ以前に「際限のない手段価値の追求は可能か」ということについても考えておく必要があります。手段価値の多くが物質的な事柄であることを考えるならば、その限界も予想されます。限界が見えてきた時、私たちは目的価値をいっそう明確化した上で、そこで不可欠となる手段価値とそのレベルを吟味していくことになるでしょう。

　このように、SDGs等を通じて手段価値の実現が進展していくと、今度は、それと同時に目的価値の重要性が高まっていくことが考えられるのです。

［第Ⅰ部］注・参考文献

SDGs はじめの 5 講

参考文献
＊「SDGs はじめの 5 講」における訳文はすべて筆者が作成した。
＊ Website の情報はすべて 2022 年 11 月 30 日に最終閲覧した。

第 1 講
【1.SDGs とは何か】【2.SDGs の理念】
UN (United Nations) (2015) "Transforming Our World: The 2030 Agenda for Sustainable Development."
https://sustainabledevelopment.un.org/content/documents/21252030%20Agenda%20for%20Sustainable%20Development%20web.pdf
［外務省仮訳］
「我々の世界を変革する：持続可能な開発のための 2030 アジェンダ」
https://www.mofa.go.jp/mofaj/files/000101402.pdf
外務省「後発開発途上国」
https://www.mofa.go.jp/mofaj/gaiko/ohrlls/ldc_teigi.html
--------「内陸開発途上国」
https://www.mofa.go.jp/mofaj/gaiko/lldc/lldc_gaiyo.html
--------「小島嶼開発途上国」
https://www.mofa.go.jp/mofaj/gaiko/sids/sids_gaiyo.html
【3.SDGs のゴールとターゲット】
UN (2015) "The OECD Approach to Measure and Monitor Income Poverty across Countries"
https://unece.org/fileadmin/DAM/stats/documents/ece/ces/ge.15/2013/WP_17_OECD_D_En.pdf
厚生労働省「国民生活基礎調査（貧困率）」
https://www.mhlw.go.jp/toukei/list/dl/20-21a-01.pdf
-------------「相対的貧困率の年次推移」
https://www.mhlw.go.jp/houdou/2009/10/dl/h1020-3a.pdf
内閣府「相対的貧困率とは？」
https://www8.cao.go.jp/shoushi/shoushika/whitepaper/measures/w-2010/22pdfhonpen/pdf/column1.pdf
（ターゲット日本語訳）
朝日新聞「「SDGs とターゲット新訳」制作委員会」
https://www.asahi.com/ads/sdgs169/japanese.pdf
蟹江憲史『SDGs（持続可能な開発目標）』（中公新書、2020 年）
南博・稲場雅紀『SDGs―危機の時代の羅針盤』（岩波新書、2020 年）

第 2 講
【1. 持続可能な開発】
UN (1987) "Report of the World Commission on Environment and Development: Our Common Future"
https://sustainabledevelopment.un.org/content/documents/5987our-common-future.pdf
蟹江憲史『SDGs（持続可能な開発目標）』（中公新書、2020 年）
【2.SDGs の目標にあらわれることばと概念】
(inclusive)

UN (2016) "Leaving No One Behind: The Imperative of Inclusive Development"
https://www.un.org/esa/socdev/rwss/2016/full-report.pdf
[Chapter1 "Identifying Social Inclusion and Exclusion" https://www.un.org/esa/socdev/rwss/2016/chapter1.pdf]
国際連合広報センター「国連憲章テキスト」
https://www.unic.or.jp/info/un/charter/text_japanese/
文部科学省 (2012)「共生社会の形成に向けたインクルーシブ教育システム構築のための特別支援教育の推進（報告）概要」
https://www.mext.go.jp/b_menu/shingi/chukyo/chukyo3/044/attach/1321668.htm
(resilient)
Brunnermeier, Markus K.. *The Resilient Society*. Endeavor Literary Press: 2021.［マーカス・K・ブルネルマイヤー／立木勝・山岡由美（訳）『危機から立ち直る力』（日本経済新聞出版、2022 年）］
(well being)
CDC (Center for Disease Control and Prevention) "Well-Being Concepts"
https://www.cdc.gov/hrqol/wellbeing.htm#three
OECD (Organisation for Economic Cooperation and Development) "Measuring Well-being and Progress: Well-being Research"
https://www.oecd.org/wise/measuring-well-being-and-progress.htm
SDC (Swiss Agency for Development and Cooperation) "Poverty Brief: Understanding Poverty"
https://www.shareweb.ch/site/Poverty-Wellbeing/Documents/SDC%20Poverty%20Brief%2020160413%20Web.pdf

第 3 講
【1.SDGs の 17 のゴール】
ILO (International Labour Organisation) (2017) "Measuring Productive Employment: A 'How to Note'"
https://www.ilo.org/wcmsp5/groups/public/---ed_emp/documents/publication/wcms_565180.pdf
ILO "Decent Work" https://www.ilo.org/global/topics/decent-work/lang--en/index.htm
OECD (2012) "Equity and Quality in Education: Supporting Disadvantaged Students and Schools"
https://www.oecd-ilibrary.org/docserver/9789264130852-sum-en.pdf?expires=1669599059&id=id&accname=guest&checksum=3618D7E6A939BA547EF8749271D10495
WHO (World Health Organization) (2022) "Sanitation"
https://www.who.int/news-room/fact-sheets/detail/sanitation
【2.17 のゴールの全体像と優先課題】
UN (2015) "Transforming Our World: The 2030 Agenda for Sustainable Development"
https://sustainabledevelopment.un.org/content/documents/21252030%20Agenda%20for%20Sustainable%20Development%20web.pdf

第 4 講
【1. 水に恵まれない人々】
UNICEF (United Nations International Children's Emergency Fund) "Water, Sanitation and Hygiene (WASH)"
https://www.unicef.org/wash
UNICEF Data (2021) "Progress on Household Drinking Water, Sanitation and Hygiene, 2000-2020: Five Years into the SDGs"
https://data.unicef.org/resources/progress-on-household-drinking-water-sanitation-and-hygiene-2000-2020/
UNICEF Data (2022) "State of the World's Drinking Water"
https://data.unicef.org/resources/state-of-the-worlds-drinking-water/
UNICEF 日本「水と衛生／衛生的な習慣（手洗い）」
https://www.unicef.or.jp/about_unicef/about_act01_03_handwashing.html
WHO (2022) "Progress on WASH in Health Care Facilities 2000-2021: Special Focus on WASH and Infection Prevention and Control (IPC)" https://www.who.int/publications/i/item/progress-on-wash-in-health-care-facilities-2000-2021--special-focus-on-wash-and-infection-prevention-and-control-(ipc)
厚生労働省 (2021)「水道の基本統計」
https://www.mhlw.go.jp/stf/seisakunitsuite/bunya/topics/bukyoku/kenkou/suido/database/kihon/index.html
内閣府「消費動向調査」2021 年
https://www.esri.cao.go.jp/jp/stat/shouhi/honbun202103.pdf
日本下水道協会 (2021)「下水道処理人口普及率」
https://www.jswa.jp/sewage/qa/rate/
日本トイレ協会（編）『SDGs とトイレ―地球にやさしく誰もが使えるために』（柏書房、2022 年）
【2. 餓えに苦しむ人々】
FAO (Food and Agriculture Organization of the United Nations) (2022) "The State of Food Security and Nutrition 2022"
https://www.fao.org/3/cc0640en/cc0640en.pdf
WHO (2022) "The State of Food Security and Nutrition in the World"
https://www.who.int/publications/m/item/the-state-of-food-security-and-nutrition-in-the-world-2022
農林水産省 (2021)「食料資源の状況（1）国内外における食料問題の現状」
https://www.maff.go.jp/j/syokuiku/plan/4th/attach/pdf/refer-1.pdf
【3. 教育の問題】
UN Department of Economic and Social Affairs "Goal 4"
https://sdgs.un.org/goals/goal4
UNICEF "Education" https://www.unicef.org/education
---------- "Education Overview"
https://data.unicef.org/topic/education/overview/
UNICEF 日本「世界子供白書 2021」
https://www.unicef.or.jp/sowc/data.html
文部科学省「学制百年史」
https://www.mext.go.jp/b_menu/hakusho/html/others/detail/1317613.htm
文部科学省 (2021)「高等学校教育の現状について」
https://www.mext.go.jp/a_menu/shotou/kaikaku/20210315-mxt_kouhou02-1.pdf
日本トイレ協会（編）(2022)『SDGs とトイレ―地球にやさしく誰もが使えるために』
【4. コロナ禍と教育】
UNICEF "COVID-19 and Children"
https://data.unicef.org/covid-19-and-children/
---------- "Education and COVID-19 Response"
https://www.unicef.org/eap/education-and-covid-19-response
UNICEF (2020) "Mitigating the Effects of the COVID-19 Pandemic on Food and Nutrition of Schoolchildren" https://www.unicef.org/media/68291/file/Mitigating-the-Effects-of-the-COVID-19-Pandemic-on-Food-and-Nutrition-of-school-children.pdf
UNICEF Data (2021) "Education Disrupted: The Second Year of the COVID-19 Pandemic and School Closures"
https://data.unicef.org/resources/education-disrupted/
文部科学省 (2020.4)「新型コロナウイルス感染症対策のための学校における臨時休業の実施状況について」
https://www.mext.go.jp/content/20200424-mxt_kouhou01-000006590_1.pdf
文部科学省 (2020.5)「臨時休業等に伴い学校に登校できない児童生徒の食に関する指導等について」
https://www.mext.go.jp/content/20200514-mxt_kouhou01-000004520_3.pdf
文部科学省 (2020.6)「新型コロナウイルス感染症に関する学校の再開状況について」
https://www.mext.go.jp/content/20200603-mxt_kouhou01-000004520_4.pdf
【5. 社会的弱者―脆弱な環境にある人々】
OECD/OECD and Post-2015 Reflections "Keeping the Multiple Dimensions of Poverty at the Heart of Development" https://www.oecd.org/dac/POST-2015%20multidimensional%20poverty.pdf
復興庁 (2022)「全国の避難者数」https://www.reconstruction.go.jp/topics/main-cat2/sub-cat2-1/20220428_kouhou1.pdf

第 5 講
【1. 気候変動対策の動き】
（ゴール 13 と COP21）
UN (United Nations) (2015) "Transforming Our World: The 2030 Agenda for Sustainable Development." https://sustainabledevelopment.un.org/content/documents/21252030%20Agenda%20for%20Sustainable%20Development%20web.pdf
環境省「国連気候変動枠組条約締約国会議（COP）・京都議定書締約国会合（CMP）・パリ協定締約国会合（CMA）」
https://www.env.go.jp/earth/copcmpcma.html
（COP21）
UN (2015) "Paris Agreement"
https://unfccc.int/sites/default/files/english_paris_agreement.pdf

環境省 (2015a)「国連気候変動枠組条約第 21 回締約国会議(COP21) 及び京都議定書第 11 回締約国会合(COP/MOP11)の結果について」
https://www.env.go.jp/earth/cop/cop21/
環境省 (2015b)「COP21 の成果と今後」
https://www.env.go.jp/earth/ondanka/cop21_paris/paris_conv-c.pdf
環境省 (2017)「世界のエネルギー起源 CO2 排出量（2015 年）」
https://www.env.go.jp/content/900444100.pdf
（IPCC 報告書）
IPCC (Intergovernmental Panel on Climate Change) "Special Report: Global Warming of 1.5 ℃"
https://www.ipcc.ch/sr15/
［環境省仮訳］
「1.5 ℃の地球温暖化：気候変動の脅威への世界的な対応の強化、持続可能な開発及び貧困撲滅への努力の文脈における、工業化以前の水準から 1.5 ℃の地球温暖化による影響及び関連する地球全体での温室効果ガス (GHG) 排出経路に関する IPCC 特別報告書」
https://www.env.go.jp/content/900512329.pdf
IPCC (2021) "Sixth Assessment Report"
https://www.ipcc.ch/assessment-report/ar6/
https://www.ipcc.ch/report/ar6/wg1/downloads/report/IPCC_AR6_WGI_SPM.pdf
気象庁「IPCC 第 6 次評価報告書（AR6）」
https://www.data.jma.go.jp/cpdinfo/ipcc/ar6/index.html#ES
（日本の取り組み）
Global Carbon Budget 2022
https://www.globalcarbonproject.org/carbonbudget/22/files/GCP_CarbonBudget_2022.pdf
UN (2022) "Emissions Gap Report 2022"
https://www.unep.org/resources/emissions-gap-report-2022
環境省 (2021)「地球温暖化対策計画（令和 3 年 10 月 22 日閣議決定）」
https://www.env.go.jp/earth/ondanka/keikaku/211022.html
国立環境研究所 (2022)「温室効果ガスインベントリ 2022」
https://www.nies.go.jp/gio/archive/nir/jqjm10000017uzyw-att/NIR-JPN-2022-v3.0_J_GIOweb.pdf
国立環境研究所地球環境研究センター (2022)「日本国温室効果ガスインベントリ報告書 2022 年」
https://www.env.go.jp/content/900444570.pdf
https://www.env.go.jp/content/000050991.pdf
（グラスゴー合意以降）
UNFCCC (United Nations Framework Convention on Climate Change) "Report of the Conference of the Parties Serving as the Meeting of the Parties to the Paris Agreement on its Third Session, Held in Glasgow from 31 October to 13 November 2021"
https://unfccc.int/sites/default/files/resource/cma2021_10_add1_adv.pdf
［環境省暫定訳］
https://www.env.go.jp/content/000049858.pdf
環境省「国連気候変動枠組条約第 26 回締約国会議（COP26）、京都議定書第 16 回締約国会合（CMP16）パリ協定第 3 回締約国会合

（CMA 3）について」
https://www.env.go.jp/earth/26cop2616cmp16cma10311112.html
【2. 環境保全と生物多様性】
IUCN (International Union for Conservation of Nature) "The IUCN Red List of Threatened Species"
https://www.iucnredlist.org/
環境省「レッドリスト・レッドデータブック」https://www.env.go.jp/nature/kisho/hozen/redlist/
-------「みんなで学ぶ、みんなで守る生物多様性／生物多様性条約締約国会議」
https://www.biodic.go.jp/biodiversity/about/treaty/convention.html
-------「みんなで学ぶ、みんなで守る生物多様性／愛知目標」
https://www.biodic.go.jp/biodiversity/about/aichi_targets/index.html
環境省生物多様性センター「いきものログ」https://ikilog.biodic.go.jp/Rdb/booklist
環境省 (2021)「令和 3 年版環境白書／第 2 章生物多様性の保全及び持続可能な利用に関する取組／第 1 節愛知目標の達成状況」
https://www.env.go.jp/policy/hakusyo/r03/html/hj21020201.html
外務省「国際自然保護連合（IUCN）」
https://www.mofa.go.jp/mofaj/gaiko/kankyo/kikan/iucn.html
UN [UN News] (2002) "3,000 Languages in the World Face Extinction, UNESCO Warns"
https://news.un.org/en/story/2002/02/28072-3000-languages-world-face-extinction-unesco-warns
UNESCO (2021) "UNESCO Launches the World Atlas of Languages to Celebrate and Protect Linguistic Diversity"
https://www.unesco.org/en/articles/unesco-launches-world-atlas-languages-celebrate-and-protect-linguistic-diversity
文化庁「消滅の危機にある言語・方言」
https://www.bunka.go.jp/seisaku/kokugo_nihongo/kokugo_shisaku/kikigengo/index.html
【3. 人権と平和】
WEF (World Economic Forum)(2022) "Global Gender Gap Report 2022"
https://www.weforum.org/reports/global-gender-gap-report-2022/
内閣府男女共同参画局 (2022)「世界経済フォーラムが「ジェンダー・ギャップ指数 2022」を公表」
https://www.gender.go.jp/public/kyodosankaku/2022/202208/202208_07.html
UN [UN75: 2020 and Beyond] "A New Era of Conflict and Violence"
https://www.un.org/en/un75/new-era-conflict-and-violence
UNHCR (United Nations High Commissioner for Refugees) "Global Trends: Forced Displacement in 2021"
https://www.unhcr.org/publications/brochures/62a9d1494/global-trends-report-2021.html
UNHCR 日本 (2022)「数字で見る難民情勢（2021）」
https://www.unhcr.org/jp/global_trends_2021

第 3 章　持続可能性とは何か

参考文献
・石川英輔 (1993)『大江戸エネルギー事情』講談社文庫.
・石川英輔 (1997)『大江戸生活事情』講談社文庫.
・一方井誠治 (2008)『低炭素化時代の日本の選択』岩波書店.
・一方井誠治 (2011)「環境保全と経済成長」環境情報科学 40-2.
・一方井誠治 (2013)「地球環境時代の経済成長を考える」「エネルギー・コンセプト：環境上健全で信頼性が高くかつ実効可能なエネルギー供給のために」Seneca21st.
　http://seneca21st.eco.coocan.jp/working/ikkatai/36_energyconcept.html
・一方井誠治 (2018)『コアテキスト環境経済学』新世社.
・一方井誠治 (2019)「成長パラダイムから持続可能性パラダイムへの転換に向けた現代の課題」環境情報科学 48- 1 .
・一方井誠治 (2022)「脱炭素の前提としての持続可能性の考え方とドイツの気候変動・エネルギー政策」（スライド資料）国際高等研究所《なぜ今脱炭素のうねりなのか》研究会 2022 年 8 月.
・大森正之 (2020)『持続可能な経済の探究』丸善出版.
・加藤尚武 (2005)『新環境倫理学のすすめ』丸善ライブラリー
・環境イノベーション情報機構『環境用語集』「インクルーシブ・ウェルス」.
　https://www.eic.or.jp/ecoterm/
・環境庁・外務省 (1993) 監訳『アジェンダ 21』海外環境協力センター.
・環境庁 (1995) 編『平成 7 年版環境白書』大蔵省印刷局.
・環境経済・政策学会 (2018) 編『環境経済・政策学事典』（持続可能な発展、持続可能性の指標、強い持続可能性と弱い持続可能性、包括的富　他）丸善出版.
・国民生活審議会 (2008) 資料「諸外国における持続可能な発展に関する戦略」2008 年 7 月 3 日.
・早乙女伸 (2001)『世界で初めて公害に挑んだ男』東京図書出版.
南博・稲葉雅紀 (2020)『SDGs』岩波新書.
・ハーマン・デイリー (2005)（新田功・藏本忍・大森正之共訳）『持続可能な発展の経済学』みすず書房.
・P・K・ハーツ (2003)（西本あづさ訳）『アメリカ先住民の宗教』青土社.
・ポール・ホーケン (2021)（江守正多監訳・東出顕子訳）『ドローダウン』山と渓谷社.
・J・S・ミル (1961)（末永茂喜訳）『経済学原理（四）』岩波書店.
ケイト・ラワース (2018)（黒輪篤嗣訳）『ドーナツ経済学が世界を救う』河出書房新社.
・ローマクラブ (1972)（大来佐武郎監訳）『成長の限界』ダイヤモンド社.
・Kate Raworth(2017) Doughnut Economics: Seven Ways to Think Like a 21st-Century Economist, Penguin Random House UK.
オーエン・ガフニー、ヨハン・ロックストローム (2022)（戸田早紀訳）「地球の限界」河出書房新社.

第 4 章　「気候変動」の基礎知識

注

(1) 英国気象庁・気候研究ユニット発表のデータ (HadCRUT.5.0.1.0 Non-infilled data) に基づく。https://hadleyserver.metoffice.gov.uk/hadcrut5/data/current/download.html#nonfilled_data から取得 (2022 年 8 月 10 日)

(2) この導出は、例えば、以下の本に詳しく記されている。多田隆治『気候変動を科学する』第 1 章（みすず書房、2019）ISBN 978-4-2-622-08672-7.

(3) Wallace, John M. and Peter V. Hobbs. Atmospheric Science: An Introductory Survey, Second Edition, Elsevier. 2006. ISBN 978-0-12-732951-2. Chapter 5, p.155. そこに示されている値が、現在、大気の組成として標準的に使われている。

(4) 濃度の単位 ppm は、parts per million の略で、「100 万分のいくつか」を表す。気体の濃度を表すときには、通常は、重さではなく、体積の割合で示す。例えば、CO_2 濃度 400 ppm は、気体分子 100 万個あたり CO_2 分子が 400 個含まれることを示す。100 万分の 400 = 0.0004 なので、400 ppm は 0.04% に等しい。これは大気 1 L 中に CO_2 が 0.4 mL 含まれていることを意味する。

(5) 米国海洋大気庁・地球システム研究室付属地球モニタリング研究室 https://gml.noaa.gov/ccgg/trends_ch4/（2022 年 12 月 1 日閲覧）

(6) 濃度の単位 ppb は、parts per billion の略で、「10 億分のいくつか」を表す。気体の濃度を表すときには、通常は体積の割合で示す。310 ppb = 0.310 ppm = 0.000031% である。

(7) 米国航空宇宙局ゴダード宇宙飛行センター・オゾン観測 https://ozonewatch.gsfc.nasa.gov/facts/SH.html（2022 年 12 月 1 日閲覧）

(8) 大気の組成は、通常は乾燥大気（水を含まない）の体積分率として示されている。水の濃度が示されないのは、大気中の水蒸気濃度は、場所と気象条件によって大きく変動（0 ～ 4 %）するからである。砂漠地帯で風が吹いているときにはほぼ 0 になる一方、非常に蒸し暑い日は 3% 近くとなり、最大は熱帯性気候で観測された 4% であるとされている。米国国立気象局 https://www.weather.gov/jetstream/atmos_intro（2022 年 12 月 1 日閲覧）

　このため、大気中の水の平均濃度として使われる値には幅があるが、ここでは論文で報告されている質量分率約 0.25% を用いる。これは体積分率で約 0.4% に相当する。
cf. K. E. Trenberth, L. Smith, "The Mass of the Atmosphere: A Constraint on Global Analyses, "Journal of Climate, 18, 864-875 (2005). https://doi.org/10.1175/JCLI-3299.1

　大気の成分に水を加えると、組成値の総和は 100.44% となる。そこで、図 2 に示した大気の組成値は、総和が 100% になるように一律に 0.9956 倍してある。そのため、主成分である N_2 と O_2 の組成値は，乾燥大気の組成値よりわずかに小さく表示されている。しかし、成分間の比は変わっていない。

(9) スティーブン・E・クーニン著／三木俊哉訳『気候変動の真実』（日経 BP、2022）ISBN 978-4-296-00062-3. pp.76-77; p.97.

(10) Ollila, A. V. E. " The Roles of Greenhouse Gases in Global

Warming" *Energy & Environment*, 23 (5), 781–799 (2012). https://doi.org/10.1260/0958-305X.23.5.781.

(11) Schmidt, G. A., Ruedy, R. A., Miller, R. L., and Lacis, A. A. "Attribution of the Present-day Total Greenhouse Effect." *J. Geophys. Res.*, 115, D20106 (2010), doi:10.1029/2010JD014287.

(12) 米国海洋大気庁・地球システム研究室付属地球モニタリング研究室 https://gml.noaa.gov/ccgg/trends/mlo.html（2022 年 8 月 11 日閲覧）

(13) 気象庁・各種データ・資料 https://www.data.jma.go.jp/ghg/kanshi/co2timeser/co2timeser.html（2022 年 8 月 11 日閲覧）。各観測地点の観測結果がグラフとして閲覧できる。

(14) 米国航空宇宙局天文台 https://earthobservatory.nasa.gov/features/CarbonCycle#:~:text=Most%20of%20Earth's%20carbon%E2%80%94about,has%20slow%20and%20fast%20components（2022 年 12 月 1 日閲覧）
https://en.wikipedia.org/wiki/Carbon_dioxide_in_Earth%27s_atmosphere（2022 年 12 月 1 日閲覧）
　炭素として 800 Gt（Giga ton = 1×10^9 トン）なので、二酸化炭素に換算すると、3×10^{12} トン、すなわち 3 兆トンとなる。

(15) データは https://gml.noaa.gov/ccgg/trends/ から取得（2022 年 10 月 20 日）。内挿図は https://commons.wikimedia.org/w/index.php?curid=40636957 による。

(16) Our World in Data https://ourworldindata.org/co2-emissions から取得（2022 年 10 月 20 日）。

(17) 気候変動に関する政府間パネル（IPCC, Intergovernmental Panel on Climate Change）「第 6 次評価報告書 第 1 作業部会報告書 気候変動 2021：自然科学的根拠 政策決定者向け要約（SPM）」（気象庁暫定訳）A1.1 https://www.data.jma.go.jp/cpdinfo/ipcc/ar6/IPCC_AR6_WGI_SPM_JP.pdf（2022 年 12 月 25 日閲覧）

(18) 国際エネルギー機関 https://www.iea.org/reports/global-energy-review-2021/co2-emissions（2022 年 12 月 1 日閲覧）

(19) 渡辺正『「気候変動・脱炭素」14 のウソ』（丸善出版、2022）ISBN 978-4-621-30732-8. p. 8.

(20) 氷床を深部まで掘削することで長い円筒状の氷を切り出し（切り出した氷を氷床コアと呼ぶ）、氷を構成している水分子の同位体組成を分析すると、その氷ができた時の気温が推定できる。同位体とは、同じ元素でありながら、質量の異なる原子の一群を意味する（例えば、水素と重水素）。氷床コアは長さ 3,000 m にも及ぶ。コアの最上面は現在の氷で、深いほど古くなるので、コア最上面からの距離が年代に対応する。重い同位体を含む水は軽い同位体を含む水よりも蒸発しにくいので、蒸発して降水すると、気温が高いほど重い同位体を含む水の割合が増え、軽い同位体を含む水の割合が減少する。逆に、気温が低いほど軽い同位体の割合が増える。この関係を利用すると、測定された同位体の割合から気温が推定できる。コアには気泡が閉じ込められているので、気泡中の二酸化炭素の濃度を測定すれば、その気泡の深さに対応する年代の二酸化炭素濃度が求められる。

(21) Glen Fergus, https://en.wikipedia.org/wiki/Geologic_temperature_record より取得（2022 年 8 月 10 日）

(22) 篠田謙一『人類の起源』（中公新書、2022）ISBN 978-4121026835. p.19.

(23) オスロ大学名誉教授 Ole Humlum 氏の気候関連情報サイト https://www.climate4you.com/ より取得（2022 年 11 月 4 日）。原著論文はサイト内に記載。

(24) 渡辺正『「地球温暖化」神話』（丸善出版、2012）ISBN 978-4-621-08517-2. pp.107-111.

(25) 渡辺正『「地球温暖化」狂騒曲』（丸善出版、2018）ISBN 978-4-621-30304-7. p.51.

(26) River Thames frost fairs, https://en.wikipedia.org/wiki/River_Thames_frost_fairs（2022 年 12 月 1 日閲覧）

(27) 米国環境情報センター（National Centers for Environmental Information）公開のデータから作成（2022 年 5 月 3 日）。
https://www.ncei.noaa.gov/pub/data/paleo/icecore/antarctica/vostok/co2nat.txt
https://www.ncei.noaa.gov/pub/data/paleo/icecore/antarctica/vostok/deutnat.txt
いずれのデータも、下記論文に基づく。
Petit, J., Jouzel, J., Raynaud, D. et al. "Climate and Atmospheric History of the Past 420,000 Years from the Vostok Ice Core, Antarctica." *Nature*, 399, 429–436 (1999). https://doi.org/10.1038/20859.

(28) Caillon, N., Severinghaus, J.P., Jouzel, J., Barnola, J.-M., Kang, J., Lipenkov, V.Y., "Timing of Atmospheric CO_2 and Antarctic Temperature Changes across Termination III." *Science*, 299 (5613), 1728–1731 (2003). https://doi.org/10.1126/science.1078758

(29) Mudelsee, M., "The Phase Relations among Atmospheric CO_2 Content, Temperature and Global Ice Volume over the Past 420 ka." *Quaternary Science Reviews* 20, 583–589 (2001). https://doi.org/10.1016/S0277-3791 (00) 00167-0

(30) Martin, P., Archer, D., Lea, D.W., "Role of Deep Sea Temperature in the Carbon Cycle during the Last Glacial." *Paleoceanography*, 20 (2), 1–10 (2005). https://doi.org/10.1029/2003PA000914

(31) Toggweiler, J.R., "Variation of Amospheric CO_2 by Ventilation of the Ocean's Deepest Water." *Paleoceanography*, 14 (5), 571–588 (1999). https://doi.org/10.1029/1999PA900033

(32) 米国地質調査所（United States Geological Survey）https://www.usgs.gov/special-topics/water-science-school/science/how-much-water-there-earth?qt-science_center_objects=0#qt-science_center_objects（2022 年 11 月 22 日閲覧）

(33) IUPAC-NIST 溶解度データベース https://srdata.nist.gov/solubility/sol_detail.aspx?sysID=62_68（2022 年 11 月 22 日閲覧）
IUPAC: International Union of Pure and Applied Chemistry 国際純粋応用化学連合
NIST: National Institute of Standards and Technology 米国標準技術研究所

(34) 地球表層の二酸化炭素は以下のように分布している：海の深層に 135 兆トン、海の表層に 4 兆トン、陸地（土壌と生物）に 8 兆トン（炭素として 2.3 兆トン）、大気中に 3 兆トン（炭素として 8000 億トン）。

合計 150 兆トン。米国航空宇宙局天文台 https://earthobservatory.
nasa.gov/features/CarbonCycle#:~:text=Most%20of%20
Earth's%20carbon%E2%80%94about,has%20slow%20and%20
fast%20components（2022 年 11 月 22 日閲覧）

（35）大気の二酸化炭素濃度が 400 ppm から 1 年間に 2 ppm 増加
した場合、大気の二酸化炭素の総量を 3 兆トンとすると、大気に増
える二酸化炭素は約 1500 億トンとなる。詳細な解析からは約 1800
億トンと見積もられている。

Ballantyne, A., Alden, C., Miller, J. et al. "Increase in Observed
Net Carbon Dioxide Uptake by Land and Oceans during the Past
50 Years." *Nature*, 488, 70–72（2012）. https://doi.org/10.1038/
nature11299

（36）Humlum, O., Stordahl, K. and Solheim, J-E. "The Phase
Relation between Atmospheric Carbon Dioxide and Global
Temperature." *Global and Planetary Change*, 100, 51-69 (2013).
https://doi.org/10.1016/j.gloplacha.2012.08.008.

（37）IPCC 第 5 次報告書（2013）Figure SPM.3 https://www.ipcc.
ch/report/ar5/wg1/

（38）Carlo Nike Bianchi, Carla Morri, Mariachiara Chiantore,
Monica Montefalcone, Valeriano Parravicini, and Alessio Rovere
"Mediterranean Sea Biodiversity between the Legacy from the
Past and a Future of Change" in *Life in the Mediterranean Sea:
A Look at Habitat Changes*. Ed. Noga Stambler, New York: Nova
Publishers, 2011. ISBN: 978-1-61209-644-5. Figure 8 をもとに作
図。http://dueproject.org/en/wp-content/uploads/2019/01/8.pdf
より取得（2022 年 11 月 22 日）

第 5 章　SDGs と平和──地球の未来

参考文献

・Boulding, K. (1966) "The Economics of the Coming Spaceship
Earth." In H. Jarrett, ed. Environmental Quality in a Growing
Economy. Johns Hopkins University Press, pp. 3-14.
・Collier, P. et al. (2003) Breaking the Conflict Trap: Civil War
and Development Policy. Oxford University Press.
・Hardin, Garrett. (1968) "The Tragedy of the Commons."
Science. 162: 1243-1248.
・Ruggie, J. G. (1980) "On the Problem of 'the Global
Problematique': What Roles for International Organization."
Alternatives. 5 (4): 517-550.
・Wiseman, Geoffrey. (2005) "The Palme Commission: New
Thinking about Security." In R. Thakur, et al., eds. International
Commissions and the Power of Ideas. United Nations University
Press, pp. 46-75.
・The World Commission on Environment and Development.
(1987) Our Common Future. Oxford University Press.
・中村研一（2010）『地球的問題の政治学』岩波書店 .
・パルメ委員会（1982）『共通の安全保障──核軍縮への道標』
NHK 出版 .
・メドウズ、ドネラほか（1972）『成長の限界──ローマ・クラブ「人
類の危機」レポート』ダイヤモンド社 .

第1章　SDGsと文学

注

(1) United Nations の由来については、「国際連合：その憲章と機構」（国際連合広報センター基本情報）https://www.unic.or.jp/info/un/（2022年9月16日最終閲覧）を参照。

(2)「2019年 国民生活基礎調査の概況」における「貧困率の年次推移」によると、日本の相対的貧困率は、1985年は12.0%、1988年は13.2%、1991年は13.5%と上昇しています。

(3) 1866年に発表されたロシアの長編小説。日本では、明治期においては英訳、昭和期においては日本語訳を通してよく読まれ、日本文学も大きな影響を受けて、現在に至ります。主人公のラスコーリニコフは、選民意識を持つ貧乏な青年で、悪名高き高利貸しの老婆を殺害してその金を奪い、社会のために役立てる計画を立てます。

(4) 1921年に発表された中国の短編小説。日本では、佐藤春夫、竹内好、高橋和巳らによって繰り返し翻訳されており、また中学3年国語教科書にも日本語訳が掲載されているため、よく読まれてきました。主人公の「私」は、久しぶりに再会した幼馴染に「旦那さま」と呼ばれて衝撃を受け、如何ともし難い隔たりを痛感します。

(5) 1925年に発表されたアメリカの長編小説。特に現在では、村上春樹とその作中人物が愛読している作品として知られます。大金持ちと結婚した元恋人デイジーのことを諦めきれないギャツビーは、貧農の生まれから這い上がって巨万の富を得て、彼女との再会を待ちます。転じて国際金融界では、格差の大きさと親子間の所得の連動性（格差の拡大と固定化）を示すグラフを Great Gatsby Curve（グレート・ギャツビー曲線）と呼んでいます。

(6) 1925年に発表された短編小説。教科書にも掲載され、多くの人に読み継がれ、また飲食店などでは多くのコラボ商品が生まれました。借金取りに追われる「私」の憂鬱をレモンで吹き飛ばす想像上のテロ行為が描かれています。

(7) 2022年7月にユニセフ（国連児童基金）、国連食糧農業機関（FAO）、国際農業開発基金（IFAD）、国連世界食糧計画（国連WFP）、世界保健機関（WHO）が共同で発表した2022年版によると、2021年の飢餓人口はさらに増加し、8億2800万人となりました。

(8) 日本の食品ロス量は、推計開始以来、一貫して減少傾向にあります。

(9) 1964年4月18日の Le Monde に掲載されたインタビューでのサルトルの発言。「嘔吐」はサルトルが1938年に発表した小説。1964年、サルトルにノーベル文学賞が授与されることが決定されますが、サルトルはノーベル文学賞を「資産家層によって作られた儀式に過ぎない」と評してこれを辞退します。この頃の彼の影響力は特に大きなものでした。

(10) サルトル／ボーヴォワール／他（平井啓之訳）『文学は何ができるか』（河出書房、1966年）を参照。同書（原書は1965年）は、サルトルの問題提起を受けて、1964年12月にフランスで開催された討論会の内容を掲載したものです。

(11) ここで示されている村上春樹の問いは、他の文学者たちとは少し異なり、「飢えたことのない子ども」の前で文学が有効たり得るか、でした。飢えや貧病争を前提にしてきた日本の近代文学の伝統と村上文学が袂を分かつ重要な問いだといえます。

(12) 中島梓は栗本薫の別名義。

(13) エネルギー摂取量の最新の調査は2019年11月で、20代女性は1600kcal、30代女性は1673kcalでした。

(14) 野坂昭如が1967年に発表した短編小説で、直木賞を受賞した話題作です。漫画や映画などのアダプテーションの対象にもなり、高畑勲監督が1988年に公開したアニメ映画が特によく知られています。1945年8月22日と9月21日、4歳の節子（妹）と14歳の清太（兄）が相次いで栄養失調によって衰弱死する場面は涙を誘いますが、物語の上では、必ずしも戦争のみが引き起こした「死」ではありませんでした。

(15) 1946年の日本人の摂取カロリーは、都市部で1721kcal、農村部で2084kcal。平均をとって1903kcalとしました。ちなみに、国立健康・栄養研究所による国民栄養調査は、貧困状態にあった戦後の日本が海外からの食糧援助を受けるための基礎資料を得ることを目的として、GHQの指令により1945年に開始した基礎調査でした。

参考文献

・OECD「貧困率」.
　https://www.oecd.org/tokyo/statistics/poverty-rate-japanese-version.html（2022年9月16日最終閲覧、以下同様）

・大江健三郎「飢えて死ぬ子どもの前で文学は有効か」（『厳粛な綱渡り』（文藝春秋、1965年）.

・外務省（JAPAN SDGs Action Platform）「持続可能な開発のための2030アジェンダ（英語本文・仮訳）」.
　https://www.mofa.go.jp/mofaj/gaiko/oda/sdgs/about/index.html

・梶井基次郎『檸檬』（岩波文庫、角川文庫、ちくま文庫ほか）.

・Global Note（国際統計・国別統計専門サイト）「世界の貧困率 国別ランキング・推移」（出典は OECD 統計）.
　https://www.globalnote.jp/post-10510.html

・厚生労働省「2019年 国民生活基礎調査の概況」.
　https://www.mhlw.go.jp/toukei/saikin/hw/k-tyosa/k-tyosa19/dl/03.pdf

・厚生労働省「国民健康・栄養調査」（令和元年）.
　https://www.mhlw.go.jp/bunya/kenkou/kenkou_eiyou_chousa.html

・厚生労働省「「日本人の食事摂取基準（2020年版）」策定検討会報告書」.
　https://www.mhlw.go.jp/stf/newpage_08517.html

・国際連合「世界の食料安全保障と栄養の現状」.
　https://data.unicef.org/resources/sofi-2022/

・国際連合 WFP（世界食糧計画）.
　https://ja.wfp.org/overview

・国立健康・栄養研究所「国民栄養の現状」（昭和22（1947）～平成14（2002））.
　https://www.nibiohn.go.jp/eiken/chosa/kokumin_eiyou/doc_

year/1950/1950_kek01.pdf

・サルトル『嘔吐』（人文書院、白井浩司訳、1951／鈴木道彦訳、2010）.

・サルトル／ボーヴォワール／ほか（平井啓之訳）『文学は何ができるか』（河出書房、1966 年）.

・ドストエフスキー『罪と罰』（岩波文庫、江川卓訳／角川文庫、米川正夫訳／光文社古典新訳文庫、亀山郁夫訳／新潮文庫、工藤精一郎訳ほか）.

・中島梓『夢みる頃を過ぎても』（ベネッセ、1995 年）.

・野坂昭如『火垂るの墓』（ポプラポケット文庫ほか）.

・フィッツジェラルド『グレート・ギャツビー』（角川文庫、大貫三郎訳／光文社古典新訳文庫、小川高義訳／新潮文庫、野崎孝訳、中央公論新書、村上春樹訳ほか）.

・農林水産省「食品ロス量が推計開始以来、最少になりました」.
https://www.maff.go.jp/j/press/shokuhin/recycle/220609.html

・村上春樹「フィッツジェラルドの魅力 自分の精神を映す鏡」（『朝日新聞』1980 年 11 月 12 日夕刊）.

・魯迅「故郷」（講談社文芸文庫、駒田信二訳／光文社古典新訳文庫、藤井省三訳／ちくま文庫、竹内好訳／中公文庫、髙橋和巳訳ほかに所収）.

第 2 章　SDGs とグローバルスタディーズ

参考文献

・出入国在留管理庁（2022）「令和 3 年末現在における在留外国人数について」.
https://www.moj.go.jp/isa/publications/press/13_00001.html#:~:text=%E4%BB%A4%E5%92%8C%EF%BC%93%E5%B9%B4%E6%9C%AB%E7%8F%BE%E5%9C%A8%E3%81%AB%E3%81%8A%E3%81%91%E3%82%8B%E4%B8%AD%E9%95%B7%E6%9C%9F%E5%9C%A8%E7%95%99%E8%80%85,%EF%BC%94%EF%BC%85%EF%BC%89%E6%B8%9B%E5%B0%91%E3%81%97%E3%81%BE%E3%81%97%E3%81%9F%E3%80%82（2022/08/26 閲覧）

・文部科学省（2022）「日本語指導が必要な児童生徒の受入状況等に関する調査（令和 3 年度）」.
https://www.mext.go.jp/b_menu/houdou/31/09/1421569_00003.htm（2022/08/26 閲覧）

・文部科学省（2021）「外国人児童生徒等教育の現状と課題」.
https://www.mext.go.jp/content/20210526-mxt_kyokoku-000015284_03.pdf （2022/09/12 閲覧）

・田中治彦・三宅隆史・湯本浩之編著（2016）『SDGs と開発教育 持続可能な開発目標のための学び』学文社.

・バウンド著功能聡子・佐藤寛監修（2019）『60 分でわかる SDGs 超入門』技術評論社.

・ブレイディみかこ（2021）『他者の靴を履く アナーキック・エンパシーのすすめ』文藝春秋.

・ブレイディみかこ（2019）『ぼくはイエローでホワイトで、ちょっとブルー』（新潮社）.

第 3 章　SDGs と法学

参考文献

・坂元茂樹「持続可能な開発目標（SDGs）が目指す世界」『ジュリスト』2022 年 1 月号（No.1566）（2021 年）14-20 頁.

・佐俣紀仁「SDGs による海洋プラスチックごみ問題への対応 ―『目標ベースのガバナンス』と法の相互関係」『環境管理』2022 年 4 月号（2022 年）15-18 頁.

・筑紫圭一「法律問題としてのプラスチック」『ジュリスト』2022 年 1 月号（No.1566）（2021 年）56-62 頁.

・鶴田順「海のプラスチックごみ問題―国際社会の対応、日本の対応」『国際問題』693 号（2020 年）28-37 頁.

・法務省「法務省における SDGs 推進の取組」
https://www.moj.go.jp/kokusai/kokusai03_00007.html

・Duncan French & Louis J. Kotzé, Sustainable Development Goals: Law, Theory and Implementation（Edward Elgar, 2018）.

・Resolution adopted by the General Assembly on 25 September 2015, UN Doc. A/RES/70/1（21 October 2015），日本語訳「我々の世界を変革する：持続可能な開発のための 2030 アジェンダ」.
https://www.mofa.go.jp/mofaj/files/000101402.pdf

第 6 章　SDGs と経営学

注

(1) ここでの分析のように、プレスリリース等の大量の文献情報を定量的に分析する手法を「計量書誌学（bibliometrics）」といいます。各種のデータベース等が整備されつつあることから、このような調査・研究方法が現在急速に発展しています。本稿は科研費（18K12855）「定量的アプローチを用いた『知の構造』研究」の助成を受けて書かれたものです。

(2) 媒体選択画面にて「公開情報・企業 IR 情報」「企業 IR 情報」「プレスリリース」を選択しています。

(3) 2022 年 9 月 8 日の検索結果。

(4) 検索画面にて「（SDGs）AND［業界：業界名］」として検索しています。

(5) 「相鉄本社ビルなどで使用する電気の二酸化炭素排出量ゼロを実現【相鉄グループ】」(https://www.sotetsu.co.jp/pressrelease/other/r21-110/) 最終閲覧日 2022 年 9 月 9 日。

(6) 「日本下水道事業団　大谷川雨水ポンプ場のポンプ設備工事を受注」(https://www.ebara.co.jp/corporate/newsroom/release/company/detail/1199153_1673.html) 最終閲覧日 2022 年 9 月 9 日。

(7) 検索画面にて「（SDGs）AND［テーマ：テーマ名］」として検索しています。

(8) 1 つのプレスリリースが複数のテーマに分類されていることもあるため、上位 15 テーマの該当年の合計数と該当年の「SDGs 関連 PR 数」は一致しないことには注意してください。

(9) この 3 年平均成長率は、y_{2021}：2021 年（3 年目）の PR 数、y_{2018}：2018 年（基準年）の PR 数とし、

$$\text{CAGR} = \sqrt[3]{\frac{y_{2021}}{y_{2018}}} - 1$$ の式で算出しています。

第 7 章　SDGs とアントレプレナーシップ

参考文献 ─────────

・Bates, Sandra M., 2012, *The Social Innovation Imperative: Create Winning Products, Services, and Programs that Solve Society's Most Pressing Challenges*, McGraw Hill: New York.

・外務省，2015，「我々の世界を変革する──持続可能な開発のための 2030 アジェンダ（仮訳）」（2022 年 8 月 26 日取得）
https://www.mofa.go.jp/mofaj/gaiko/oda/sdgs/pdf/000101402.pdf）

・加賀田和弘，2006，「企業の社会的責任（CSR）──その歴史的展開と今日的課題」『KGPS review』7: 43-65.

・経済産業省，2008，「ソーシャルビジネス研究会報告書」（2022 年 8 月 26 日取得.
http://www3.keizaireport.com/report.php/RID/70112/?sanku）

・松永正樹・芦澤美智子・渡邉万里子，2020，「アントレプレナーシップ教育における Project-Based Learning（PBL）の効果と可能性───九州大学ロバート・ファン／アントレプレナーシップ・センターにおける実践事例から」『日本ベンチャー学会誌』36: 91-105.

・Sekeroglu, Gamze, 2020, "The Effect of Women Board Members on Firm Performance: The Case of Turkey," Conference: 4th International Conference on Economics, Business Management and Social Sciences (ICEBSS 2019).

・清水洋，2022，『アントレプレナーシップ』有斐閣.

・首相官邸，2022，「①成長戦略 (1) 科学技術・イノベーション スタートアップ・エコシステムの構築」（2022 年 8 月 26 日取得）.
https://www.kantei.go.jp/jp/headline/seisaku_kishida/seichousenryaku.html）

・高野久紀，2022，「マイクロファイナンス──貧しい人々に、無担保で小額の資金を」独立行政法人日本貿易振興機構 アジア経済研究所ホームページ（2022 年 9 月 23 日取得）.
https://www.ide.go.jp/Japanese/Research/Theme/Eco/Microfinance/200608_kono.html）

・谷本寛治，2004，「CSR と企業評価」『組織科学』38（2）: 18-28.

第 8 章　SDGs とデータ・サイエンス

注 ─────────

(1)https://sdghelpdesk.unescap.org/toolboxes
(https://sdghelpdesk.unescap.org/toolboxes?title=&amp%3Bfield_sdgs_target_id=All&amp%3Bpage=8&field_sdgs_target_id=All&page=8)

参考文献 ─────────

・Kiyoki, Y., Chen X., Sasaki, S. and Chawan Koopipat (2016), "Multi-Dimensional Semantic Computing with Spatial-Temporal and Semantic Axes for Multi-spectrum Images in Environment Analysis", Information Modelling and Knowledge Bases XXVI, 14-30, IOS Press.

・Kiyoki, Y., Sasaki, S., Nhung Nguyen Trang, Nguyen Thi Ngoc Diep (2012), "Cross-cultural Multimedia Computing with Impression-based Semantic Spaces", Conceptual Modelling and Its Theoretical Foundations, 316-328, Lecture Notes in Computer Science, Springer.

・Suhardijanto, T., Kiyoki, Y., Ali Ridho Barakbah (2012), "A Term-based Cross-Cultural Computing System for Cultural Semantics Analysis with Phonological-Semantic Vector Spaces," Information Modelling and Knowledge Bases XXIII, 20-38, IOS Press.

・Sasaki, S., Takahashi, Y, Kiyoki, Y. (2010), "The 4D World Map System with Semantic and Spatiotemporal Analyzers", Information Modelling and Knowledge Bases XXI, 1-18.

・Kiyoki, Y., Petchporn Chawakitcharoen, Sompop Rungsupa, Xing Chen, Kittiya Samlansin (2021) "A Global & Environmental Coral Analysis System with SPA-Based Semantic Computing for Integrating and Visualizing Ocean-Phenomena with "5-Dimensional World-Map", Information Modelling and Knowledge Bases XXXII, Frontiers in Artificial Intelligence and Applications 333, pp. 76 – 91.

・CORAL CHART:
Queensland Brain Institute, The University of Queensland.
https://coralwatch.org/index.php/monitoring/using-the-chart/

第 10 章　ＳＤＧｓとサステナビリティ学

参考文献 ─────────

・白井信雄（2020）．持続可能な社会のための環境論・環境政策論．大学教育出版．

・J. ロックストローム・M. クルム（2018）．小さな地球の大きな世界～プラネタリー・バウンダリーと持続可能な開発．丸善．ジョン・ロールズ（2010）．正義論　改訂版．紀伊國屋書店．

・枝廣淳子（2015）．レジリエンスとは何か: 何があっても折れないこころ、暮らし、地域、社会をつくる．東洋経済新報社．

・前野隆司・前野マドカ（2022）．ウェルビーイング．日経 BP 日本経済新聞出版本部．

・イヴァン・イリイチ（2015）．コンヴィヴィアリティのための道具．筑摩書房．

・ドネラ・H・メドウズ（2015）．システム思考をはじめてみよう．英治出版．

・玄地裕・稲葉敦・井村秀文（2010）．地域環境マネジメント入門: LCA による解析と対策．東京大学出版会．

・ジョエル・ベスト（2021）．Think critically: クリティカル・シンキングで真実を見極める．慶應義塾大学出版会．

・古田尚也（2021）．NbS 誕生の歴史と社会的背景．Bio city (86) 21-29.

・ティム・ブラウン（2019）．デザイン思考が世界を変える: イノベーションを導く新しい考え方．早川書房．

・井上義和・牧野智和（2021）．ファシリテーションとは何か: コミュニケーション幻想を超えて．ナカニシヤ出版．

・森朋子・松浦正浩・田崎智宏・佐藤 真久（2022）. サステナビリティ・トランジションと人づくり：人と社会の連環がもたらす持続可能な社会（SDGs 時代の ESD と社会的レジリエンス研究叢書 4）. 筑波書房.

第 11 章　SDGs と数理工学

参考文献

・工学における教育プログラムに関する検討委員会 (1998),「8 大学工学部を中心とした 工学における教育プログラムに関する検討」. https://www.eng.hokudai.ac.jp/jeep/08-10/pdf/pamph01.pdf, (参照 2022-09-20).

・外務省(2015),「持続可能な開発のための 2030 アジェンダ (仮訳)」. https://www.mofa.go.jp/mofaj/gaiko/oda/sdgs/pdf/000101402_2.pdf, (参照 2022-09-20).

・男女共同参画学協会連絡会 (2019),「無意識のバイアス – Unconscious Bias – を知っていますか？」. https://www.djrenrakukai.org/doc_pdf/2019/UnconsciousBias_leaflet.pdf, (参照 2022-09-20)

・髙橋 憲一 (2006),「ガリレオの迷宮 – 自然は数学の言語で書かれているか？–」, 共立出版, ISBN : 4-320-00569-4.

・稲葉 寿 (2020),「感染症の数理モデル」, 培風館, ISBN: 978-4563011673.

・W. O. Kermack and A. G. McKendrick (1927)．"A Contribution to the Mathematical Theory of Epidemics". Proc. Roy. Soc. of London. Series A 115 (772)：700-721.

・気象庁 (2022),「世界の年平均気温」. https://www.data.jma.go.jp/cpdinfo/temp/an_wld.html, (参照 2022-09-20).

・大河内 直彦 (2015),「チェンジング・ブルー – 気候変動の謎に迫る」, 岩波書店, ISBN : 9784006032807.

・萩原 一郎・奈良 知惠 (2019),「折り紙の科学」, 日刊工業新聞社, ISBN: 9784526079672.

・miura-ori (2022),「ミウラ折りとは」, https://miuraori.biz/about/, (参照 2022-09-20).

・繁富香織 (2017),「細胞折り紙と医療」生物工学会『生物工学会誌』第 94 巻第 5 号.

・文部科学省 (2006), 科学技術政策研究所報告書「忘れられた科学 – 数学 ～主要国の数学研究を取り巻く状況及び我が国の科学における数学の必要性～ [POLICY STUDY №. 12]」. https://www.mext.go.jp/b_menu/shingi/gijyutu/gijyutu4/siryo/attach/1336891.htm, (参照 2022-09-20).

第 12 章　SDGs と建築デザイン

注

(1) 日本建築学会による〈SDGs 建築行動宣言〉（2021 年 3 月）では、以下の行動指針により、SDGs 達成が目指されています。

a. 科学技術での貢献：持続可能な発展を目指し、資源の有限性を認識してさらなる科学技術革新に貢献し、学術・技術・芸術を総合した豊かな人間生活の基盤となる建築・都市・農村・地域を研究する責任とそれらを創造する責任を果たした上で、市民とともにそれらの建築環境を使う責任を果たす。【ゴール 9, 11, 12】

b. 健全な環境づくり：感染症対策、健康と快適性、衛生及び福祉に配慮して伝統と文化を尊重し、ライフスタイルの改革を進め、社会生活の向上と人々の生活価値を高めるために努力する。【ゴール 3, 6, 11, 12】

c. 良好な社会ストックの維持活用：建築が近隣や社会に及ぼす影響を自ら評価し、人口減少社会の中で建築ストックの有効活用を進めて良質な社会資本の充実と公共の利益のために努力し、働きがいのある社会の構築に貢献する。【ゴール 8, 9, 10, 11, 12】

d. 気候危機・地震等災害対応と脱炭素社会：気候危機、地震等の災害に対してのレジリエントな対応、省エネルギーとクリーンエネルギーによる脱炭素社会、都市と農村の連携による循環・自然共生社会の構築、国産木材利用等適正な資源利用に貢献する。【ゴール 7, 11, 12, 13, 14, 15】

e. 生態系の保全と適正利用：地球環境と陸地海洋生態系に十分配慮して個々の地域の生態系と共生し、直接・間接の環境負荷を最小化した上で、大規模集中から分散ネットワークによる建築・まちづくり・むらづくりに貢献する。【ゴール 11, 12, 14, 15】

f. 衣食住の保障と平和で平等な社会づくり：基本的人権を尊重して弱者を守り、衣食住が保障された持続可能な平等で平和な国際社会の構築に貢献する。【ゴール 1, 2, 5, 10, 11, 12, 16, 17】

g. 建築とまちづくり教育：建築をつくる人、つかう人への教育を行い、子どもから高齢者、市民から専門家への幅広いつながりを意識した上で海外とも交流して協力関係を築き、みんなともに知識を共有し学ぶことにより、人間活動のための建築、都市、農村、地域の創造と維持にまい進する。【ゴール 4, 11, 12, 17】

(2) 本項に関連する SDGs は次の通り：【ゴール 7：エネルギーをみんなにそしてクリーンに】、【ゴール 11：住み続けられるまちづくりを】、【ゴール 12：つくる責任、つかう責任】、【ゴール 13：気候変動に具体的な対策を】、【ゴール 15：陸の豊かさを守ろう】

(3) 日本の国土面積（3,789 万 ha）の約 2/3 を占める森林面積（2,505 万 ha）のうち、約 4 割は人工林（1,020 万 ha）です。その大部分は終戦直後や高度経済成長期に造林されたもので、半数が主伐期である 50 年生を超え、利用期を迎えています。

(4) 国による木造建築に関する規制緩和として、「階数制限の緩和」（建築基準法第 9 次改正・平成 10 年公布、平成 12 年施行）、及び「公共建築に対する木材使用促進法の制定」（「公共建築物等における木材の利用の促進に関する法律」平成 22 年 5 月 26 日公布、平成 22 年法律第 36 号）があげられます。

(5) 例えば Cross Laminated Timber（CLT、JAS では直交集成板）など。

(6) パッシブハウスは、1990 年代にドイツのパッシブハウス研究所が定めた基準を満たす住宅のこと。断熱、日射遮蔽、日射熱利用暖房、通風、昼光利用の 5 原則をクリアしていることが条件となります。

(7) 一次エネルギーとは、自然界に存在しているエネルギー源のことで、石油、石炭、天然ガスなどの枯渇性のものと、太陽光、太陽熱などの再生可能なものに分類されます。Cf. 国土交通省「脱炭素

社会に向けた住宅・建築物の省エネ対策等のあり方検討会」

　https://www.mlit.go.jp/jutakukentiku/house/jutakukentiku_house_tk4_000188.html（参照 2022-9-25）

(8) 本項に関連する SDGs は次の通り：【ゴール 3：すべての人に健康と福祉を】、【ゴール 5：ジェンダー平等を実現しよう】、【ゴール 10：人や国の不平等をなくそう】、【ゴール 16：平和と公正をすべての人に】

(9) バリアフリーとは、生活の妨げとなる障壁（バリア）を取り除く（フリーな状態にする）こと。バリアフリー新法は、ハートビル法「高齢者、身体障害者等が円滑に利用できる特定建築物の建築に関する法律」（平成 6 年）及び交通バリアフリー法「高齢者、身体障害者等の公共交通機関を利用した移動の円滑化の促進に関する法律」（平成 12 年）を統合・拡充した法律です。

(10) 1980 年代以前の類似する思想として、デンマークを中心に展開された「ノーマライゼーション」（1963 年）があり、これは、身体的・精神的障害を持った人々でも、健常者とともに可能な限りノーマルな生活を送る権利があるという思想でした。バリアフリーの 7 原則は次の通り。

1. どんな人でも公平に使えること（Equitable Use）
2. 使う上での柔軟性があること（Flexibility in Use）
3. 使い方が簡単で自明であること（Simple and Intuitive Use）
4. 必要な情報がすぐにわかること（Perceptible Information）
5. 簡単なミスが危険につながらないこと（Tolerance for Error）
6. 身体への過度な負担を必要としないこと（Low Physical Effort）
7. 利用のための十分な大きさと空間が確保されていること（Size and Space for Approach and Use）

(11) 「高齢者、身体障害者等が円滑に利用できる特定建築物の建築の促進に関する法律」（旧ハートビル法）は、バリアフリー法の施行に伴い、現在は廃止されています。

(12) 内閣府「バリアフリー・ユニバーサルデザイン推進要項～国民一人ひとりが自立しつつ互いに支え合う共生社会の実現を目指して～」

　https://www8.cao.go.jp/souki/barrier-free/20barrier_html/20html/youkou.html（参照　2022-9-25）

(13) Cf. 新国立競技場におけるカームダウン・クールダウン Calm down, cool down について

　http://www.ecomo.or.jp/barrierfree/pictogram/calmdown-cooldown/（参照　2022-9-25）

(14) 本項に関連する SDGs は次の通り：【ゴール 4：質の高い教育をみんなに】、【ゴール 10：人や国の不平等をなくそう】、【ゴール 16：平和と公正をすべての人に】、【ゴール 17：パートナーシップで目標を達成しよう】

(15) 国連総会決議 2148 により定められた。スローガンは「Tourism; Passport to Peace」。SDGs の【ゴール 8】ターゲット 8.9「雇用創出、地方の文化振興・産品販促につながる持続可能な観光業を促進するための政策を立案し実施する」、及びゴール 12 ターゲット 12.b「雇用創出、地方の文化振興・産品販促につながる持続可能な観光業に対して持続可能な開発がもたらす影響を測定する手法を開発・導入する」と関連します。

(16) 「世界の文化遺産及び自然遺産の保護に関する条約」（Convention Concerning the Protection of the World Cultural and Natural Heritage）。2022 年 5 月現在、世界の 194 カ国が世界遺産条約の締結国となっています。

(17) 【ゴール 11】ターゲット 11.4 には「世界の文化遺産及び自然遺産の保全・開発制限取り組みを強化する」とあります。開発だけでなく、その制限も重要です。

参考文献 ───────────

・環境省「建設工事に係る資材の再資源化等に関する法律」（2000 年制定、2002 年 5 月 31 日施行法律第 104 号）.

　https://www.env.go.jp/recycle/build/gaiyo.html

・Ron Mace, 1985, "Universal Design: Barrier Free Environments for Everyone," Designers West 33（1）: 147-152.

第 13 章　SDGs と教育学──幼児教育

参考文献 ───────────

・Bian, L., Leslie, S-J., & Cimpian, A（2017）. Gender stereotype about intellectual ability emerge early and influence children's interests. Science, 355（6323）, 389-391.

・Cvencek, D., Meltzoff, A. N., & Greenwald, A. G.（2011）. Math-gender stereotypes in elementary school children. Child Development, 82, 766-779.

・厚生労働省（2020）. 2019 年 国民生活基礎調査の概況.

　https://www.mhlw.go.jp/toukei/saikin/hw/k-tyosa/k-tyosa19/dl/14.pdf,（参照 2022-08-13）.

・厚生労働省（2017）. 保育所保育指針. フレーベル館.

・Kuo, M., Barnes, M., & Jordan, C（2019）. Do experiences with nature promote learning? converging evidence of a cause-and-effect relationship. Frontiers in Psychology, 10:305.

・文部科学省（2017）. 幼稚園教育要領. フレーベル館.

・文部科学省(2021). 「持続可能な開発のための教育（ESD）推進の手引」

　https://www.mext.go.jp/content/20210528-mxt_koktou01-100014715_1.pdf,（参照 2022-08-11）.

・OECD.（2015）. Skills for social progress: the power of social and emotional skills.

・ルソー（著）・今野一雄（翻訳）（1962）. エミール（上）. 岩波文庫.

Rutland, A., Cameron, L., Bennet, L., & Ferrell, J（2005）. Interracial contact and racial constancy: a multi-site study of racial intergroup bias in 3-5 year old Anglo-British children. Journal of Applied Developmental Psychology, 26（6）, 699-713.

World Economic Forum（2022）Global gender gap report 2022.

Yoshikawa, H., Aber, J. L., & Beardslee, W. R（2012）. The effects of poverty on the mental, emotional, and behavioral health of children and youth: Implications for prevention. American Psychologist, 67（4）, 272-284.

【図3】梅干しづくりの様子

梅の収穫

梅

しその天日干し

完成した梅干し

第14章　SDGs と教育学―学校教育

注

(1) 松倉紗野香先生は埼玉県立伊奈学園中学校に英語科の教員として勤めるかたわら、認定 NPO 法人開発教育協会（DEAR）の理事を務める。前々任校（埼玉県上尾市立東中学校）では研究開発学校の指定を受け、研究主任としてグローバルシティズンシップ科を立ち上げ、現在ではグローバルシティズンシップ推進に伴う国際会議への出席やワークショップファシリテータとして活躍している。共著・分担執筆に『SDGs とまちづくり』『SDGs カリキュラムの創造』（いずれも学文社）、『18 歳選挙権と市民教育ハンドブック』『SDGs 学習のつくりかた – 開発教育実践ハンドブック II』（いずれも開発教育協会）などがある。

(2) この書籍は明石書店出版の『国際協力と開発教育 –「援助」の近未来を探る』である（田中、2008）。ここで紹介されていたのは「援助する前に考えよう」というワークショップであり、「あなたは途上国の田舎に旅に出ています。一枚の看板があり『この村は貧しく、学校に備品がありません。あなたが 10 ドル寄付してくれれば、購入することができます』と記されています。『あなたは 10 ドル寄付しますか、しませんか、その理由はなんですか？』」という問いから始まる。これまでの途上国支援の教育というと「寄付」が一つのゴールになっているケースが多くあったが、松倉教諭には「現実の途上国支援はそんなに単純なものではない」という実感があり、その実感に合致したワークショップの提案であった。

(3) 対象の中学校 1 年生は、1 学期に様々なワークショップを通じて世界の現状を体感し、自分たちがどのような立ち位置から世界を見ているのかを捉え直しを通じて、SDGs に出合っている。

参考文献

・電通（2022 年 4 月 27 日）「調査レポート サステナビリティ（CSR）電通、第 5 回『SDGs に関する生活者調査』を実施」.
　https://www.dentsu.co.jp/news/release/2022/0427-010518.html
（2022 年 9 月 19 日閲覧）
・松倉紗野香(2020)「中学校における SDGs の取組の視点と方策」『特集 SDGs で変えるこれからの学び』新教育ライブラリ Premier vol. 1、pp. 34-37　ぎょうせい.
・文部科学省（2018）『小学校学習指導要領（平成 29 年告示）』東洋館出版社.
・白井俊（2020）『OECD Education2030 プロジェクトが描く教育の未来―エージェンシー、資質・能力とカリキュラム』ミネルヴァ書房.
・田中治彦（2008）『国際協力と開発教育 –「援助」の近未来を探る』明石書店.
・田中治彦（2014）『「援助」する前に考えよう – 参加型開発と PLA がわかる本』開発教育協会.

第15章　SDGs と薬学

参考文献

(1)「6 年制薬学ガイド 2023 生命をささえる薬剤師」（一般社団法人日本私立薬科大学協会編, 2022 年 3 月 20 日発行）.
(2) ABS とは何か（国立遺伝学研究所、ＡＢＳ学術対策チーム）.
　https://idenshigen.jp/top/（令和 4 年 8 月 14 日閲覧）

第17章　SDGs と仏教

参考文献

本節の論述の中核は著者自身のオリジナルな考えにもとづく。ただしバラモン教のダルマ観と仏教のダルマ観については数多くの先行研究がある。ここではごく基本的な参考文献を若干記すにとどめる。そのほか引用した『ダンマパダ』の和訳の出典を掲げる。
・『仏教・インド思想辞典』（春秋社、1987）.［「法」pp. 403-407］
・Wilhelm Halbfass, *India and Europe: An Essay in Understanding*, State University of New York Press, 1988. [Chapter 17, Chapter 18]
・『中村元選集 第 10 巻　インド思想の諸問題』（春秋社、1967）.［第一編第三章　法（ダルマ）の観念］
・中村元訳『ブッダの 真理のことば 感興のことば』（岩波文庫、1978）.
・中村元『仏典のことば』（岩波現代文庫、2004）.［仏法と人間――プロローグ］
・『平川彰著作集 第 1 巻　法と縁起』春秋社、1988.

〈執筆者紹介〉

第Ⅰ部

	SDGs はじめの 5 講	菅原克也	武蔵野大学教授 東京大学名誉教授 教養教育部会部長

第Ⅱ部

01	SDGs の策定	足立香	武蔵野大学客員講師
02	SDGs と 17 のゴール—その意義と課題	受田宏之	東京大学教授 武蔵野大学客員教授
03	「持続可能性」とは何か	一方井誠治	京都大学特任教授 武蔵野大学名誉教授
04	「気候変動」の基礎知識	小川桂一郎	武蔵野大学名誉教授 東京大学名誉教授
05	SDGs と平和—地球の未来	石田淳	東京大学教授 武蔵野大学客員教授
06	SDGs を哲学する—考えるための例題集として	一ノ瀬正樹	武蔵野大学教授 東京大学名誉教授 武蔵野大学図書館長
	「持続可能性」と言語	平田秀	武蔵野大学准教授

第Ⅲ部

01	SDGs と文学	土屋忍	武蔵野大学教授　文学部長
02	SDGs とグローバルスタディーズ	藤本かおる	武蔵野大学准教授
03	SDGs と法学	佐俣紀仁	武蔵野大学准教授
04	SDGs と政治学	杉野綾子	武蔵野大学准教授
05	SDGs と経済学	松岡佑和	武蔵野大学准教授
06	SDGs と経営学	高橋大樹	武蔵野大学准教授
07	SDGs とアントレプレナーシップ	高松宏弥	武蔵野大学専任講師
08	SDGs とデータサイエンス	清木康	武蔵野大学教授 慶應義塾大学名誉教授 データサイエンス学部長
09	SDGs と人間科学	辻惠介	武蔵野大学教授　人間科学部長
10	SDGs とサステナビリティ学	白井信雄	武蔵野大学教授
11	SDGs と数理工学	時弘哲治	武蔵野大学特任教授 東京大学名誉教授
12	SDGs と建築デザイン	佐藤桂	武蔵野大学准教授
13	SDGs と教育学—幼児教育	今福理博	武蔵野大学准教授
14	SDGs と教育学—学校教育	小野健太郎	武蔵野大学准教授
15	SDGs と薬学	市瀬浩志	武蔵野大学教授　薬学部長
16	SDGs と看護学	香春知永	武蔵野大学教授
17	SDGs と仏教	丸井浩	武蔵野大学特任教授 東京大学名誉教授
	ターミナルケアの視点から見た SDGs の今後	小西達也	武蔵野大学教授

あ　と　が　き

　武蔵野大学の全学共通基礎課程を全面的に見直し、2021（令和3）年度の新学期に新カリキュラムの運用を始める。新カリキュラムでは、旧来の教養教育の枠組みを抜本的に見直し、「SDGs科目」を中核に据える。この2点に集約される西本照真学長の強い意向を受け、カリキュラム改革の具体的な作業が始まったのは2019（令和元）年初夏のことであった。武蔵野大学の教養教育は武蔵野大学教養教育部会が担う。当時の部長は小川桂一郎先生、科長は一ノ瀬正樹先生で、お二人の強い指導力が改革を牽引した。

　SDGs科目のカリキュラム設計と授業運営にあたっては、武蔵野大学の全学部・学科から多大なるご協力をいただいた。全学的な支援の態勢がなければ、広範な領域に及ぶSDGs科目の開設が実現することはなかったであろう。

　本書には実に多くの先生方からご寄稿をいただいた。執筆依頼を発送したのは2022（令和4）年の7月という遅い時期だったが、一人のもれもなく快諾を得て、秋には原稿が揃った。この場を借りて深く御礼を申し述べたい。

　本書が幅広い読者に迎えられることを念じて、あとがきとする。

菅原克也

装丁・本文デザイン・図表作成 ● 三枝未央
本文イラスト ● 野田節美
編集 ● 斎藤晃（武蔵野大学出版会）

SDGs の基礎 〜みずから学ぶ世界の課題〜

発行日 2023 年 3 月 13 日　初版第 1 刷
　　　 2024 年 3 月 25 日　初版第 2 刷

編著者　　武蔵野大学教養教育部会
発　行　　武蔵野大学出版会
　　　　　〒202-8585 東京都西東京市新町 1-1-20
　　　　　武蔵野大学構内
Tel. 042-468-3003　Fax. 042-468-3004

印刷 株式会社ルナテック

武蔵野大学出版会ホームページ
https://mubs.jp/syuppan/